城市轨道交通工程概论

ChengShi GuiDao JiaoTong GongCheng GaiLun

中铁第四勘察设计院集团有限公司

主编 / 朱丹

内 容 提 要

本书主要介绍城市轨道交通工程的相关技术和设备，由中铁第四勘察设计院根据我国城市轨道交通大量工程实践和经验汇编而成。内容涵盖城市轨道交通工程各主要子系统，包括：城市轨道交通线网规划与线路设计、车站建筑、地下车站结构、区间隧道、高架桥梁、车辆及综合基地、供电系统、通风空调系统、给排水及消防系统、信号系统、通信及综合监控系统、自动售检票系统、自动扶梯、电梯和屏蔽门、控制中心等。

本书可供城市轨道交通从业人员参考，也可作为高等院校和高职学校相关专业课程的教材。

图书在版编目(CIP)数据

城市轨道交通工程概论/朱丹主编. —北京：人民交通出版社，2012.7

ISBN 978-7-114-09844-4

Ⅰ.①城… Ⅱ.①朱… Ⅲ.①城市铁路—铁路工程—概论 Ⅳ.①U239.5

中国版本图书馆 CIP 数据核字(2012)第 122690 号

书　　名：城市轨道交通工程概论
著 作 者：朱　丹
责任编辑：高　培　吴燕伶
出版发行：人民交通出版社
地　　址：(100011)北京市朝阳区安定门外外馆斜街 3 号
网　　址：http://www.ccpress.com.cn
销售电话：(010)59757969,59757973
总 经 销：人民交通出版社发行部
经　　销：各地新华书店
印　　刷：北京盛通印刷股份有限公司
开　　本：787×960　1/16
印　　张：14
字　　数：236 千
版　　次：2012 年 7 月　第 1 版
印　　次：2012 年 7 月　第 1 次印刷
书　　号：ISBN 978-7-114-09844-4
定　　价：60.00 元

广州地铁广州东站站站台层

上海地铁
马戏城站站台层

北京地铁牡丹园站站台层

深圳地铁

科学馆站站台层

南京地铁

南京站站站台层

位于闹市的武汉轨道交通1号线

武汉轨道交通1号线高架站

苏州地铁金鸡湖区间风亭人工岛

广州地铁鹭江集中供冷站

广州地铁
区庄站暗挖三联拱结构

广州地铁3号线
广州东站站站后折返线隧道

武汉轨道交通厂、架修库内景

武汉轨道交通1号线
控制中心调度大厅

苏州地铁天平车辆段鸟瞰

苏州轨道交通主变电站

广州地铁3号线
广州东站站荣获鲁班奖

编写委员会

主　编： 朱　丹

副主编： 鄢巨平　李文胜　王效文　周心培

编　委：（以姓氏笔画为序）

王华兵　王腾飞　刘学军　刘新平

李昌恩　李重武　吴树强　杨　亚

张　琨　周小华　郑生全　杨承东

林昶隆　祝炎富　胡卫民　梅　宁

黄培林　彭华春　傅萃清　蒋　晔

熊朝辉　缪　东　黎　江

序

国内外的实践证明，当一个大城市发展到一定规模时，城市交通拥堵问题随之而来，为使居民出行便捷顺畅，发展城市轨道交通是解决城市交通问题的有效手段。改革开放加快了我国的城市化进程，大城市不断扩张，因而掀起了21世纪城市轨道交通建设的热潮。截至2010年底，经国家批准已建和在建城市轨道交通的城市已达28个。在这个建设热潮中，中铁第四勘察设计院集团有限公司（以下简称“铁四院”）勇立潮头，已经成为城市轨道交通勘察设计的主力军，设计范围遍及我国在建轨道交通城市的60%以上。20多年来，我院努力开拓城市轨道交通工程勘察设计领域，并取得了辉煌的业绩。

为了提高设计人员和工程管理人员的素质和水平，我院经常在院内、外举办各种综合性的城市轨道交通知识讲座和专题报告。为使讲座内容更系统化、规范化，使更多的人从中受益，我院组织有关专家在讲座、讲义的基础上汇总编写了《城市轨道交通工程概论》一书。这本书高度概括和总结了我国城市轨道交通工程设计和施工的经验，当然也包括铁四院人的经验。这本书的特点：一是切合实际，介绍的都是我国常用的成熟技术和设备。二是内容丰富，涉及城市轨道交通各大系统。三是简明扼要、浅显易懂。本书丰富的专业知识一定会使专业人士深受启发，其中的许多经验更值得借鉴。对初次涉足城市轨道交通工程领域人员而言，本书更是不可多得的“良师益友”，即使非专业人士也能从中学到多种工程知识。四是图文并茂，富有时代气息。

总结和学习前人的经验十分必要。高尔基说：“书，是人类进步的阶梯。”我相信这本《城市轨道交通工程概论》能作为您登临城市轨道交通工程领域的第一个台阶。

中铁第四勘察设计院集团有限公司总工程师

中国工程设计大师

王玉泽

前　言

中铁第四勘察设计院集团有限公司(以下简称“铁四院”)早在1988年就参与了南京地铁南北线的前期筹划工作。20世纪90年代初,铁四院参与了广州地铁1号线总体方案设计研究;主持完成了武汉地铁重大技术问题研究和武汉地铁南北线预可行性研究。90年代,铁四院还参与了广州、深圳、南京等城市地铁的各阶段设计工作。进入21世纪以来,随着我国城市轨道交通事业的发展,铁四院在城市轨道交通领域也取得了长足的进步和可喜的成绩。目前铁四院在全国范围内已设计完成和正在设计的城市轨道交通车站近300座、区间隧道超过250km。城市轨道交通工程设计人员也由当初的几十人,发展到今天的五六百人。

二十余年间,在北京、上海、广州、深圳、南京、武汉、苏州、无锡、昆明、长沙、杭州、郑州、厦门等十几个城市大量的轨道交通车站、区间隧道和配套设备系统的设计中,铁四院始终坚持质量至上,坚持自主创新。铁四院的设计人员成功地设计了位于既有铁路站场下方的南京地铁1号线南京站和广州地铁3号线广州东站。这两个站设计的施工方案是在保证既有干线铁路的绝对安全和正常运营的前提下,采用浅埋暗挖法和矿山法施工。这是我国第一次在铁路站场下方采用浅埋暗挖法和矿山法修建地铁车站。铁四院的设计人员在深圳地铁1号线科学馆站设计中,在国内第一次采用临时路面盖挖法,有效地解决了施工期间深南大道的交通疏解问题。铁四院的设计人员继设计广深港高速铁路10km长的珠江口狮子洋海底隧道和武汉万里长江第一隧道之后,又成功地设计了万里长江水下第一条城市轨道交通隧道——武汉轨道交通2号线江汉路站至积玉桥站越江区间隧道……这些工程目前均已实施,并取得了设计预期的效果。在长期的设计实践中,铁四院的设计人员积累了丰富的城市轨道交通工程勘察设计经验。

这本《城市轨道交通工程概论》是铁四院设计人员根据我国城市轨道交通的大量工程实践和自己的经验汇编而成的,内容涵盖了城市轨道交通工程的各主要子系统。本书具有相当的专业性,但又非纯专业的理论性论述。本书介绍的城市轨道交通工程知识既有一定的深广度，更具有通俗性、科普性。因此，本书特别适合初次接触城市轨道交通工程的广大管理人员和设计人员阅读，也可作为城市轨道交通工程项目的高级管理人才、设计总体人才、相关从业人员的培训用教材和工程院校相关专业学生的教材。

本书的最早发起人是王效文、傅萃清和周心培，他们在百忙中多次筹办讲座、亲自讲课、积极组稿、认真审稿，为本书的顺利编写打下了良好的基础。

在本书的编写过程中前后得到乐建迪、高剑、王长法、熊朝辉、李文胜、张 峰等领导的关心、支持和帮助；铁四院苏州、武汉、长沙、昆明等项目部领导及同仁也给予了大力的支持。在此，一并表示衷心的感谢。

吴维、刘庆权、黄信基、肖斌等老专家协助审查了本书部分章节，在此对他们辛勤的工作表示诚挚的感谢。

限于编者水平，各章节编写的深度不完全一致，错漏之处也在所难免，敬请专家、同仁批评指正。

编　者

2012 年 2 月

目　　录

第1章　绪　　论

1.1　国外城市轨道交通发展概况

1863年英国伦敦建成了世界上第一条地下铁道。19世纪末20世纪初,世界大城市曾经掀起一阵地铁建设热潮。20世纪上半叶,由于世界经济大萧条和两次世界大战,地铁建设跌入了低谷,莫斯科是第二次世界大战前修建地铁的少数城市之一。第二次世界大战结束后,随着经济复苏,世界各国又出现了新的地铁建设高潮。150年来,城市轨道交通建设仍能保持持续发展,特别是在汽车越来越多、道路越来越拥堵、环境问题日益严重的今天,建设城市轨道交通已经成为解决大城市交通问题的有效手段,也成为现代化城市的重要标志。表1-1为世界部分大城市轨道交通承担客运量情况。

世界部分大城市轨道交通承担客运量一览表　　表1-1

城市	首条线路建成时间	数量（条）	总长（km）	车站总座数	客运量（亿人次/年）	轨道交通比率	其他公交比率
莫斯科	1935.05.15	12	278	171	26	49.0	51.0
东京	1927.12.30	12	237	196	25	94.0	6.0
纽约	1904.10.27	26	421	468	15	68.0	32.0
墨西哥	1969.09.04	11	202	—	15	—	—
巴黎	1908.07.19	14	211	380	12	65.0	35.0
大阪	—	8	130	122	10	—	—
圣彼得堡	—	4	99	58	8	—	—
伦敦	1863.01.10	12	410	273	8	89.0	11.0
汉城	—	9	250	260	8	43.0	57.0
香港	1979.10.01	9	168	80	6	33.0	67.0
柏林	1902	—	—	—	—	54.0	46.0
维也纳	—	—	—	—	—	88.0	12.0

据不完全统计，目前除中国外，全世界有40多个国家的127个城市总共有约5243km的城市轨道交通运营线路，平均年客运量约230亿人次，平均日客运量约6000万人次。东京轨道交通的客运量占公共交通客运量的94%，伦敦占89%，维也纳占88%，纽约占68%，巴黎占65%。从表1-1不难看出，在世界发达国家和地区的大城市中，轨道交通在城市公共交通中名副其实地起到了骨干作用。

1.2 我国城市轨道交通发展概况

(1)我国城市轨道交通的建设

我国城市轨道交通的建设起步较晚。北京地铁虽然于20世纪50年代就开始筹划，但直到1969年才建成通车，前后用了十几年时间。上海地铁筹划基本上与北京同步，但正式开工建设已是三十年后的事了。20世纪90年代继北京、上海之后，广州、南京、深圳、武汉、重庆等城市都获批轨道交通建设。到目前为止，北京已建成通车轨道交通线路15条，运营里程372km，车站217座；上海建成通车线路11条，运营里程424km，车站282座；广州建成通车线路8条，运营里程236km，车站148座。我国部分城市首条轨道交通线的建成通车年份如表1-2所示。

我国部分城市首条轨道交通线建成通车年份表 表1-2

城市	线别	建成时间
北京	地铁1号线	1969年10月
香港	地铁观塘线北段	1979年10月
上海	地铁1号线	1993年5月
广州	地铁1号线	1997年6月
武汉	轻轨1号线	2004年9月
深圳	地铁1号线	2004年12月
南京	地铁1号线	2005年9月
重庆	轻轨较新线	2006年7月

(2)我国城市轨道交通展望

我国的城市轨道交通建设正在进入快速有序的发展阶段，国家发展和改革委员会、住房和城乡建设部发布的资料显示:“十五”计划期间,中国城市轨道交通建设投资高达2000亿元,建成了总长约550km的城市轨道交通线路。“十一五”期间各大城市在城市轨道交通建设方面投资达6000多亿元。截至2010年底,全国有36个城市申报城市轨道交通项目,已有28个城市获得国务院批复。据悉“十二五”期间城市轨道交通的建设规模为2380km,总投资约12350亿元。各个城市的轨道交通线网规划和建设规划在不断地调整修编,所以上述数据在建设实施中还会有很大变化。城市轨道交通建设不仅仅关系到城市公共交通,而且关系到众多行业,其中车辆、设备、钢材、水泥、木材等供应商和土建工程等各相关行业和公司也将有望直接受益。在可以预见的将来,城市轨道交通建设的热潮不但将持续发展,并且有从一线大城市向有经济实力的二线中等城市发展的趋势。

1.3 城市轨道交通的分类

(1)按运能分类

地铁与轻轨都属于城市轨道交通,其区别在于客运量的大小。

从理论上讲,客运量大,车辆相对长大,车辆的轴重自然较大,则需要用较重的钢轨;反之,客运量小、车辆相对短小、车辆轴重也就较轻,可以用较轻的钢轨,这就是“轻轨”一说的由来。

轻轨轴重一般在14t以下,地铁的轴重在16t左右。

根据《城市轨道交通工程项目建设标准》(JB 104—2008),城市轨道交通工程的建设规模按远期单向客运能力(断面运量)划分为三个运量等级和规模,即高运量、大运量和中运量。

①高运量——4.5万~7.0万人次/h。

②大运量——2.5万~5.0万人次/h。

③中运量——1.5万~3.0万或1.0万~2.0万人次/h。

(2)按走行方式分类

城市轨道交通按走行方式可分为:普通轮轨式,磁悬浮式,独轨式,而独轨式又可分为跨座式和悬挂式。

(3)按敷设方式分类

城市轨道交通线路的敷设一般分为高架、地面和地下三种方式。其中高架线和地下线为全封闭式,地面线一般为半封闭式。

高架线(图1-1):线路敷设在高架桥梁上。如武汉轨道交通1号线、上海城轨 3 号线都是利用拆除废弃的老铁路后,在原路基上修建的高架桥梁。北京城铁 13 号线大部分采用高架方式。

地面线(图 1-2):线路敷设在地面上。如上海地铁 1 号线的新龙华站以南和北京城铁 13 号线回龙观站以东地段。市郊线和城际线郊外段多采用地面线,以降低工程造价。

地下线(图 1-3):线路敷设在隧道里。如北京、上海、广州等城市轨道交通线路大部分均为地下线。地下线基本不占用地面空间,不影响城市景观,无噪声污染,但工程造价较高。

图 1-1　高架线

图 1-2　地面线

图 1-3　地下线

城市轨道交通线路采用什么敷设方式,决定于城市道路条件、周围建筑物、人口密度、建设环境和资金情况,应该因地制宜地规划和设计。顾名思义,地下铁道一般敷设在地下,但也可以钻出地面走在高架桥上,最典型的是上海地铁明珠(环)线。在人口集中、建筑密集的市中心钻入地下,有条件的地区则高架于地面。武汉轨道交通 1 号线全线都采用高架,而重庆市跨座式轻轨就有相当长一段建在隧道里。一般来说,无论轻轨还是地铁,在市区中心宜采用地下线,线路两端靠近郊区可采用高架线或地面线。

1.4　城市轨道交通的优越性

1.4.1　城市轨道交通的优越性

①安全。城市轨道交通线路或深埋地下,或高架空中,即便行驶于地面也是全封闭的。每条轨道交通线路都采用双线独立运营。因此,其运营十分安全。

②正点。由于采取独立运营和立交方式，最大限度地避免了交通事故和交通阻塞，因此能确保行车的正点率在 98% 以上。

③快速。一般城市轨道交通车辆的设计构造速度为 80km/h，旅行速度在 35 ~40km/h。而地面公交车辆的旅行速度很难确保达到 25km/h。

④舒适。车站和车厢里四季如春的小气候、柔和的色彩、明亮的灯光、优雅的环境给人以宾至如归的感觉。

⑤节能。每一单位运输量的能源消耗量，城市轨道交通系统仅为公共汽车的 3/5，私人用车的 1/6。

⑥环保。现代城市轨道交通是以电为能源，所以在行驶中不排放废气、废液，对周围环境的有害影响小。

⑦运能大。一条城市轨道交通线相当于一条 16 车道道路的旅客输送能力。

⑧用地省。城市轨道交通线路占地仅为公路的 1/8。

1.4.2 城市轨道交通存在的问题

(1)高造价

在众多优点的背后，城市轨道交通潜在的问题是高造价和高投入，以致一般城市在经济上承受不起。20 世纪 80 年代末，上海地铁的造价是每公里约人民币 6 亿元，到 90 年代初，广州地铁的造价达到每公里人民币 7 亿元以上。建一条地铁要花上百亿元，这笔钱中有 30% ~40% 是用来购买国外的车辆和机电设备。1999 年国务院 20 号文件规定:“新建地铁工程的车辆及设备的国产化率必须达到 70% 以上。”此后，通过提高设备的国产化率，各个大城市的地铁造价基本上都能控制在每公里人民币 5 亿元左右。

(2)低效益

城市轨道交通在高投入的同时并不能带来较高的经济效益。城市轨道交通是以社会效益为主的基础设施工程。世界上只有少数几个城市的城市轨道交通是盈利的。其盈利并不在于城市轨道交通本身的票房收入，而在于与城市轨道交通密切相关的房地产等的综合物业开发。所以在城市轨道交通的早期设计阶段就要同时做好相关物业的规划，并争取与城市轨道交通建设同步实施。

纵观城市轨道交通的优缺点，其“以人为本、服务大众”的优点是主要的，而其缺点将随着新的规划、设计、建设理念的引入，工程技术的创新，先进经营管理体制的建立而得到逐步改善和克服。

1.5 城市轨道交通工程项目的前期工作

(1)城市轨道交通工程项目前期工作

城市轨道交通工程项目的前期工作主要有三项,即编制城市轨道交通线网规划、城市轨道交通项目建议书和工程可行性研究报告(图1-4)。其中项目建议书的重要组成部分是预可行性研究报告,现在通行的城市轨道交通建设规划实际上就是一个时期内计划修建的几条轨道交通线的项目建议书。

编制城市轨道交通线网规划	规划建设依据
编制项目建议书（含预可行性研究）	申报立项依据
编制工程可行性研究报告	项目决策依据

图1-4 城市轨道交通工程项目前期工作

(2)预可行性研究报告主要内容

预可行性研究报告主要包括以下内容:

①项目建设的必要性。

②线路起讫点和走向、拟建规模。

③主要设计原则和技术标准。

④建设时机及工期。

⑤投资估算、资金筹措的设想。

⑥投资效益的预评价。

(3)可行性研究报告的主要内容

可行性研究报告主要包括以下内容:

①论证项目建设的必要性。

②客流预测分析。

③行车组织与运营管理。

④车辆选型与限界。

⑤主要设计原则与技术标准。

⑥线路走向、站位及工程方案。

⑦机电设备设计原则、标准、系统方案及构成。

⑧节能、安全、环境评价。

⑨主要工程、设备数量、匡算用地及拆迁数量。

⑩工程筹划。

⑪建设和经营管理体制。

⑫投资估算、资金筹措方案。

⑬财务分析和国民经济评价。

(4)前期论证研究阶段的主要支持性文件

前期论证研究阶段的支持性文件主要有以下八项:

①城市总体规划和城市轨道交通线网规划。

②城市轨道交通建设规划及批复意见。

③规划、交通等政府部门对项目建设的意见。

④主要技术专题研究报告。

⑤机电设备国产化研究报告。

⑥银行等金融机构对项目贷款的意向书。

⑦项目资本金的承诺文件。

⑧项目利用外资的意向书。

在完成上述主要支持性文件的同时,还应完成如图1-5所示的七个专题报告。

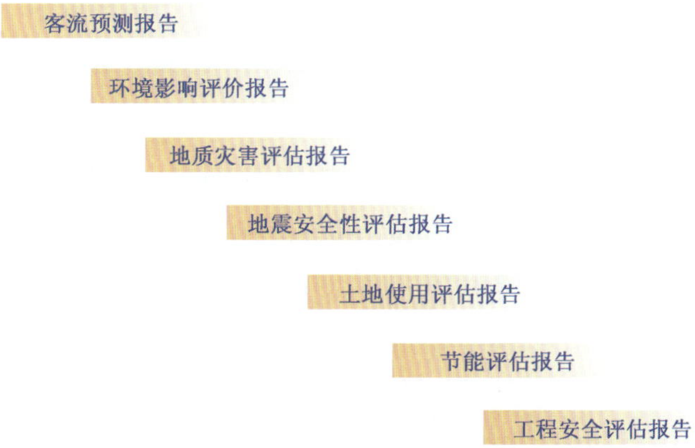

客流预测报告

环境影响评价报告

地质灾害评估报告

地震安全性评估报告

土地使用评估报告

节能评估报告

工程安全评估报告

图1-5 前期论证研究阶段专题报告

1.6 设计年限与设计阶段

(1)设计年限

城市轨道交通设计经常要涉及“设计年限”,路网规划要分年限,线路建设要分年限,客流预测要分年限,行车交路要分年限,车辆及设备配置要分年限。根据《城市轨道交通工程项目建设标准》(建标 104—2008)的有关规定,设计年限分为初期、近期和远期,具体的时段划分规定见图1-6。

初期	建成通车后第3年
近期	建成通车后第10年
远期	建成通车后第20年

图 1-6 设计年限时段划分

假设某条城市轨道交通线路计划于 2015 年建成，则：初期为 2018 年；近期为 2025 年；远期为 2040 年。

（2）设计阶段

城市轨道交通工程在完成建设规划、工程可行性研究报告及立项获批后转入设计阶段。根据《城市轨道交通工程项目建设标准》（建标 104—2008），城市轨道交通设计可分为三个阶段。

①总体设计：总体性的方案设计，以优化设计总体方案为目的。

②初步设计：专业性的方案设计，以落实具体专业方案为目的。

③施工图设计：详细设计，提供施工图，作为工程实施的依据。

与二十世纪八九十年代相比，现在的“工程可行性研究报告”在工程技术方案的比较和方案总体性的研究与协调方面更深入和全面。所以，根据不同情况，各个城市轨道交通工程项目的设计阶段也略有不同。一般城市在工程可行性研究报告得到批复后，均按总体设计、初步设计和施工图设计三阶段进行，对已有建设经验的城市和有一定设计经验的总体设计院也有采取两阶段设计者，即省略了总体设计阶段，如北京、上海某些城市轨道交通线路的设计。

如果说总体设计解决的是设计前期的总体方案问题，那么初步设计的重点就是研究具体的技术方案。线路的局部方案、车站配线、站位、出入口风亭、结构形式、施工方案、设备的选型和系统配置、各系统间的衔接等，都需要进行深入的方案比较和研究。初步设计就是工程的方案设计。设计者应该毫无保留地把存在的问题和解决的办法都反映在初步设计文件之中，不遗漏任何有价值的方案，其目的在于通过初步设计和初步设计审查，在施工图设计以前落实和解决所有的方案问题，为施工图设计的顺利开展创造条件。

施工图设计是根据初步设计审查确定的方案进行详细的实施性设计。随着调查、勘察和设计工作的深入，又会发现新问题，需要设计者及时研究解决。施工图设计交付施工后，在施工中还会出现新情况，需要变更设计。所以，严格意义上讲施工图设计包括施工期间的各类变更设计。

1.7 城市轨道交通工程的建设规模

(1)城市轨道交通工程建设标准

城市轨道交通工程项目的审批、设计和建设应严格遵守《城市轨道交通工程项目建设标准》(建标 104—2008),项目的主要技术特征见表1-3。

城市轨道交通主要技术标准表 表1-3

<table>
<tr><td rowspan="3">线路运能分类</td><td>Ⅰ</td><td>Ⅱ</td><td>Ⅲ</td><td>Ⅳ</td></tr>
<tr><td>高运量</td><td>大运量</td><td colspan="2">中运量</td></tr>
<tr><td colspan="2">钢轮钢轨</td><td colspan="2">钢轮钢轨/独轨</td></tr>
<tr><td>线路形式</td><td colspan="3">全封闭</td><td>部分平交</td></tr>
<tr><td>单向运能(万人次/h)</td><td>4.5~7</td><td>2.5~5</td><td>1.5~3</td><td>1~2</td></tr>
<tr><td>列车最大长度(m)</td><td>185</td><td>140</td><td>100</td><td>60</td></tr>
<tr><td>适用车型</td><td>A</td><td>B 或 Lb</td><td>B、C、L 及单轨</td><td>C 或 D</td></tr>
<tr><td>最高速度(km/h)</td><td>80~100</td><td>80~100</td><td></td><td>60~80</td></tr>
<tr><td>平均站间距(km)</td><td>1.2~2</td><td colspan="2">1.2~2</td><td>0.8~1.5</td></tr>
<tr><td>旅行速度(km/h)</td><td>35~40</td><td colspan="2">35~40</td><td>20~30</td></tr>
<tr><td>适用市区人口(万人)</td><td>≥300</td><td>≥300</td><td colspan="2">≥150</td></tr>
</table>

注:L 和 Lb 为直线电机车辆系列车辆。

(2)新建城市轨道交通工程的规模

城市轨道交通工程的建设规模应按不同设计年限的设计运量合理确定。根据《城市轨道交通工程项目建设标准》(建标 104—2008),初期建设规模宜符合以下规定:

①初期建设线路正线长度不宜小于15km。

②地下车站及区间的桥梁、隧道、路基、轨道等土建工程宜按远期一次建成,在不影响正常运营的条件下,地面车站、高架车站及地面建筑可分期建设。

③车辆配置应满足初期客流需求,列车运营密度不小于12对/h,初期列车编组宜与近期相同。

④车辆基地规模应根据线网规划统筹考虑,用地范围应按远期设计规模划定和控制。列车运用整备、检修设施、站场股道及相关房屋建筑按近期规范建设。其他地面建筑应根据工艺要求和远期规模,确定分期建设。

⑤初期各系统运营设备宜按近期配置,合理兼顾设备使用寿命,通过技术经

济比较,也可按远期需求一次配置。

1.8 城市轨道交通工程的项目组成

城市轨道交通工程项目的组成可分为工程基本设施和运营设备系统两大类。

(1)工程基本设施

城市轨道交通工程基本设施主要包括轨道、路基、隧道、桥梁、车站、主变电站、控制中心和车辆基地八大项,如图1-7所示。

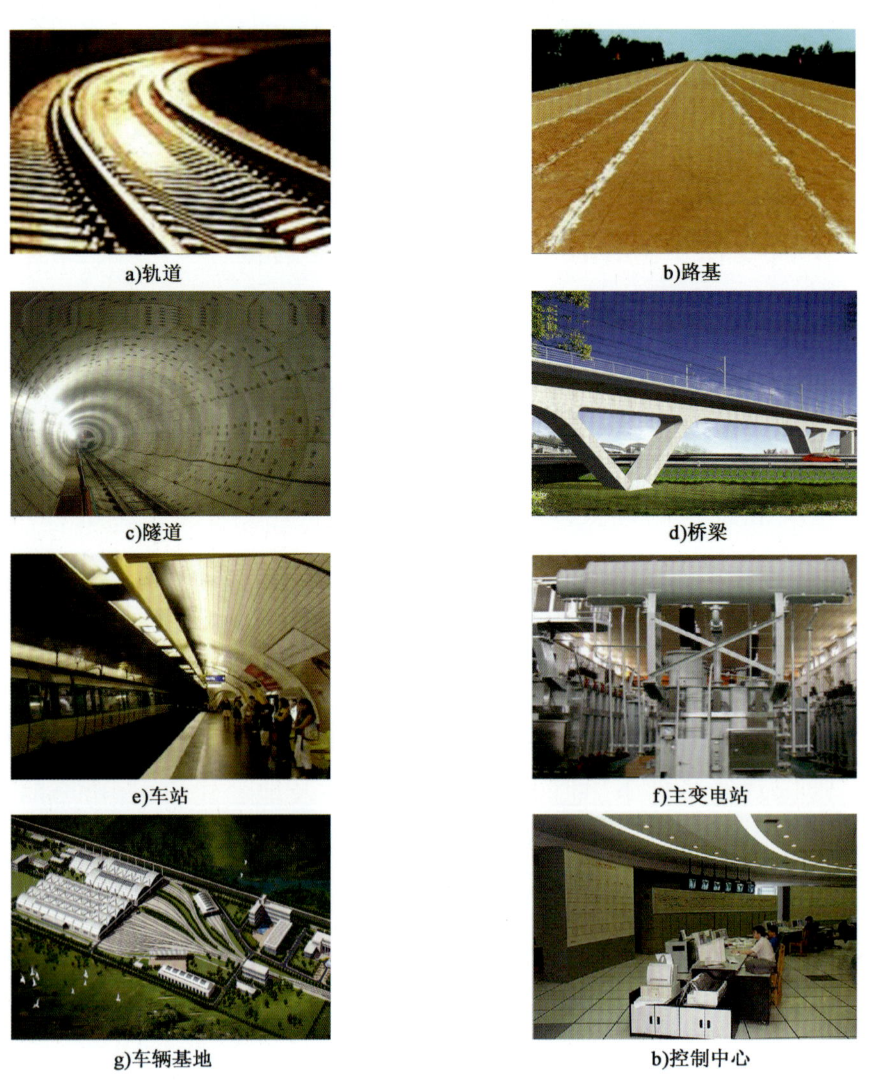

a)轨道 b)路基 c)隧道 d)桥梁 e)车站 f)主变电站 g)车辆基地 b)控制中心

图1-7 城市轨道交通工程基本设施

(2)运营设备系统

城市轨道交通运营设备系统主要包括:车辆、供电、通风、空调、通信、信号、自动扶梯、防灾报警、屏蔽门、自动售检票、监控设施和给排水及消防等,见图1-8。

a)车辆 b)供电 c)通风

d)空调 e)通信 f)信号

g)自动扶梯 h)防灾报警 i)屏蔽门

j)自动售检票 k)监控设施 l)给排水及消防

图1-8 城市轨道交通运营设备系统

1.9 城市轨道交通工程的建筑限界

为保障城市轨道交通安全运行、限制车辆断面尺寸、限制沿线设备安装尺寸而确定的建筑结构有效净空尺寸的图形称为限界。根据不同的功能要求,限界通常分为车辆限界、设备限界和建筑限界。限界测量示意如图 1-9 所示。

a)

b)

图 1-9　限界测量照片

(1)车辆限界

计算车辆(不论空车或重车)在平直的轨道上按规定速度运行,计及了规定的车辆和轨道公差值、磨耗量、弹性变形量,以及车辆的振动等正常状态下运行的各种限定因素而产生的车辆各部位横向和竖向动态偏移后的统计轨迹,并以基准坐标系表示的界线。

(2)设备限界

设备限界是在车辆限界外加未计及因素和安全距离(包括一系或二系悬挂故障状态)的界线。设备限界外安装的任何设备(包括误差和变形量)均不得向内侵入限界。

(3)建筑限界

建筑限界位于设备限界外,并考虑了沿线设备安装后的界线。任何沿线永久性固定建筑物(含误差及变形量)均不得向内侵入限界。

(4)限界加宽

限界一般按平直线线路条件制定,在曲线地段和道岔区建筑限界应作相应的加宽和加高。限界加宽(加高)应在缓和曲线范围递变。

(5)站台限界

①直线车站站台边缘与车辆外侧的间隙以 100mm 为宜。

②站台面的建筑高度一般低于车辆地板面 50～100mm。

③线路中心至外侧边墙的距离同区间隧道。

④设备区外墙在无管线等情况下,至线路中心应不小于 1800～1900mm。

以 B1 型直线区间隧道、桥梁及车站为例,其限界分别见图 1-10～图 1-15。

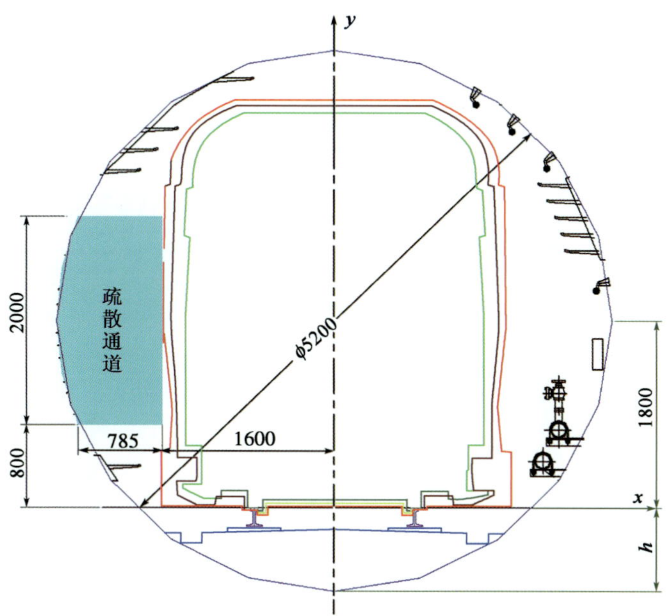

图1-10 圆形隧道限界图(尺寸单位:mm)

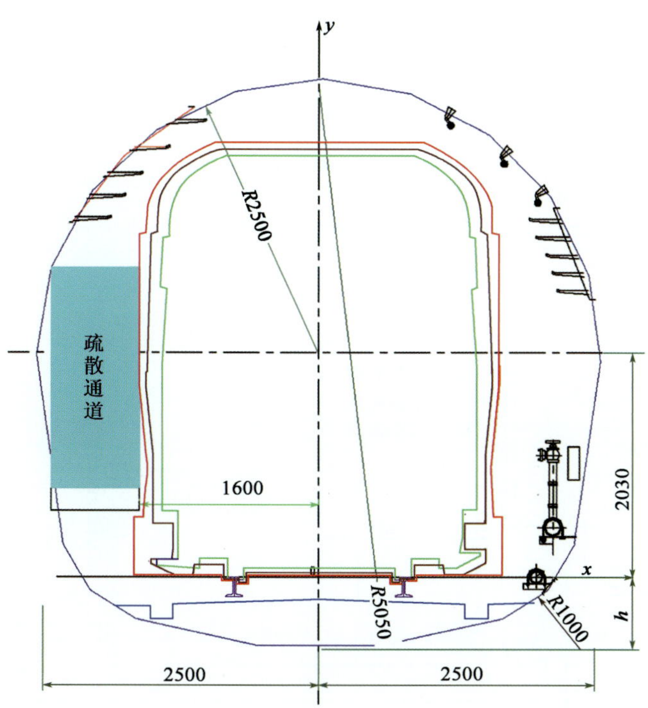

图1-11 马蹄形隧道限界图(尺寸单位:mm)

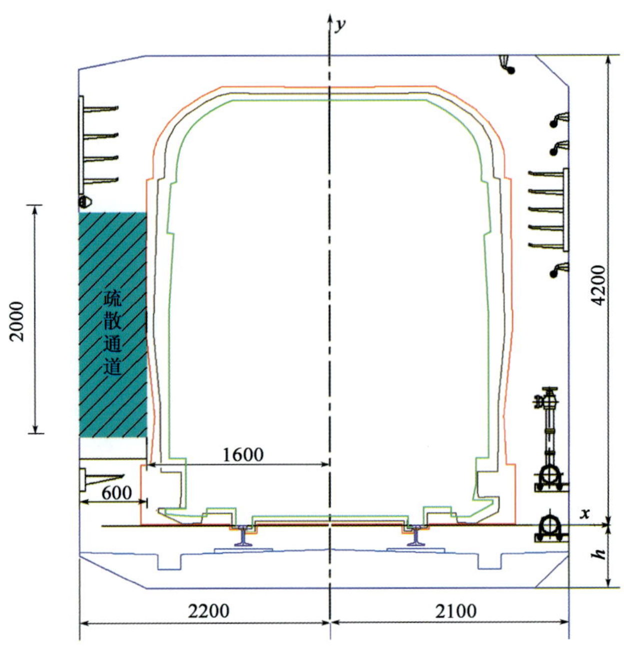

图 1-12　矩形隧道限界图(尺寸单位:mm)

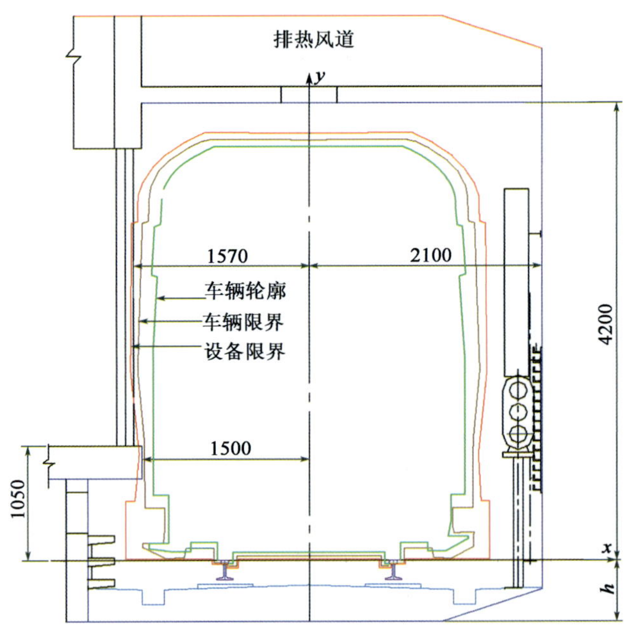

图 1-13　车站限界图(尺寸单位:mm)

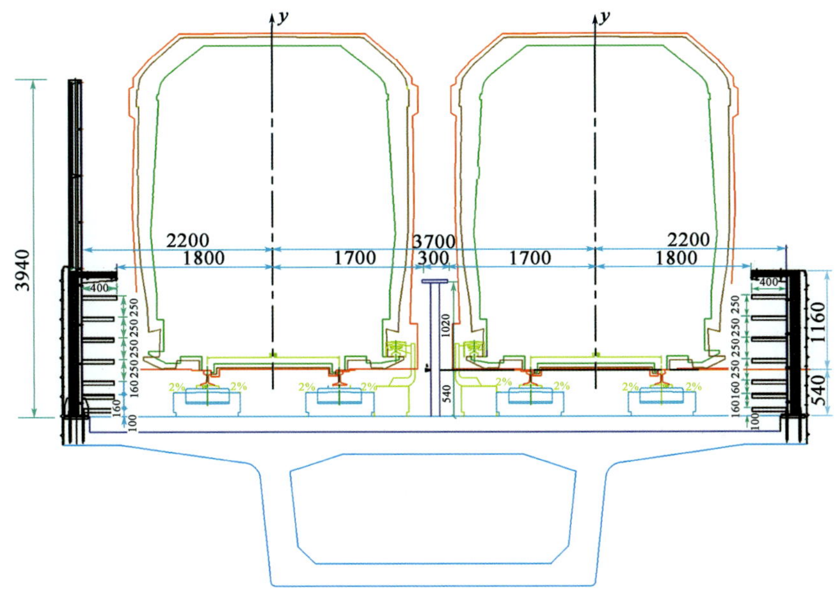

图 1-14 双线桥梁限界图(尺寸单位:mm)

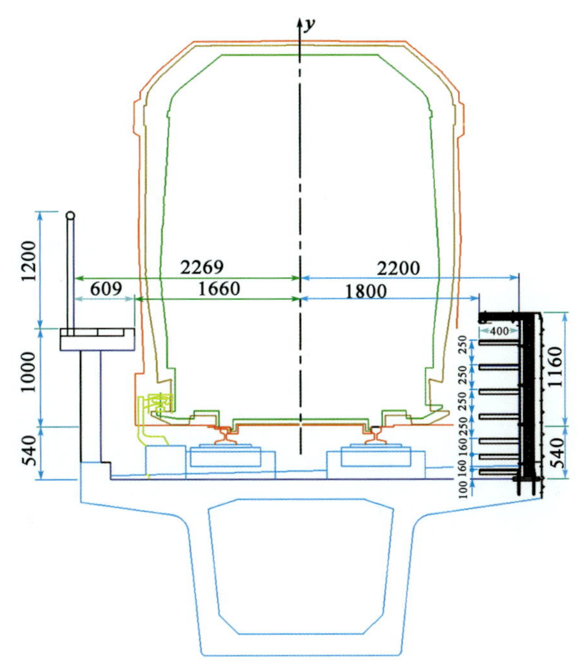

图 1-15 单线桥梁限界图(尺寸单位:mm)

以上各图中由内往外,绿色线条为车辆轮廓线,咖啡色线条为车辆限界,红色线条为设备限界,蓝色线条为建筑限界。

第2章 城市轨道交通线网规划与线路设计

2.1 城市轨道交通线网规划

2.1.1 规划的基本原则

城市轨道交通线网规划应服从城市总体规划,并遵循以下原则:

①线网规划应与城市总体规划密切结合,并留有适当的发展余地。

②线网规划的线路走向应该和城市的主客流方向相一致。

③线网应布置均匀,密度适当,做到换乘方便,“时距”最短。

④城市轨道交通线网应与公交线网有机地衔接,优势互补。

⑤线网上各条线的客流力求均匀。

⑥车辆段选址应先近后远,避免过长的正线和出入段线,要便于与大铁路相连接;注意节约用地,尽量做到统一规划、资源共享。

⑦线网规划时应考虑各条线的建设时序,与城市建设相结合。

2.1.2 规划规模的确定

城市轨道交通线网规模与城市的面积、人口及其在公共交通中的地位有密切的关系,一般可以用式(2-1)~式(2-3)估算线网规模。

(1)与城市公交的关系

$$L = \alpha \times \frac{Q}{q} \tag{2-1}$$

式中:L——路网总长,km;

α——城市轨道交通的比重(0.3~0.6);

Q——城市公交总客运量,万人次/年;

q——负荷强度,万人次/(km·年);伦敦为200,巴黎为586,东京为1159,莫斯科为1380,香港为1861。

(2)与城市面积的关系

$$L = A \times \delta_1 \tag{2-2}$$

式中:A——城市面积,km^2;

δ_1——路网密度指标,km/km^2;通常为 0.25 ~ 0.35km/km^2,其中伦敦为1.3,巴黎为 2.0,东京为 0.37,莫斯科为 0.26,香港为 0.20。

(3)与城市人口的关系

$$L = M \times \delta_2 \tag{2-3}$$

式中:M——城市人口,百万人;

δ_2——路网人口指标,km/百万人;伦敦为 140,巴黎为 90,莫斯科为 25,香港为 27。

2.1.3　线网的形态

线网的形态应根据城市的大小、地形特征、发展规模而定。线网形态多种多样、千变万化,但可简化归结为以下几种,见图 2-1、图 2-2。

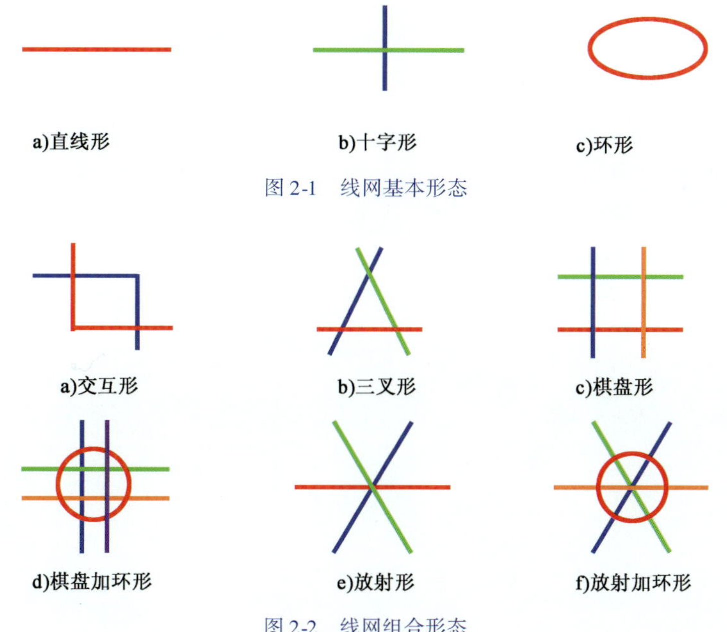

图 2-1　线网基本形态

图 2-2　线网组合形态

2.1.4　线网实例

武汉市和苏州市轨道交通线网见图 2-3、图 2-4。

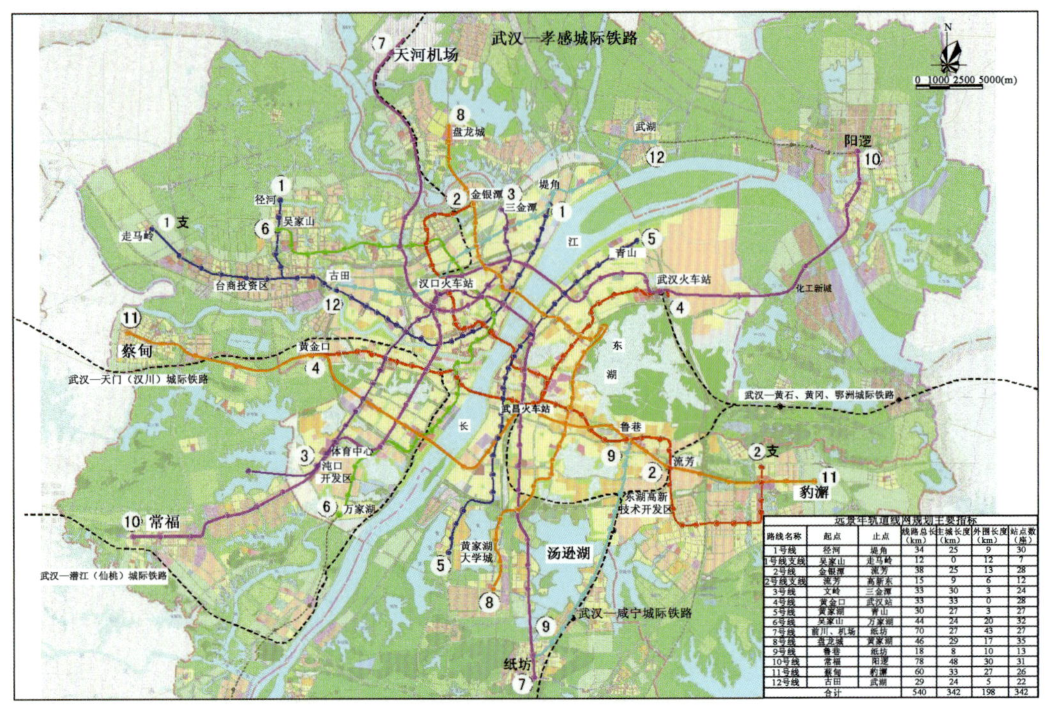

远景年轨道线网规划主要指标

路线名称	起点	止点	线路总长（km）	主城长度（km）	外围长度（km）	站点数（座）
1号线	径河	堤角	34	25	9	30
1号线支线	吴家山	走马岭	12	0	12	7
2号线	金银潭	流芳	38	25	13	28
2号线支线	流芳	高新东	15	9	6	12
3号线	文岭	三金潭	33	30	3	24
4号线	黄金口	武汉站	33	33	0	28
5号线	黄家湖	青山	30	27	3	27
6号线	吴家山	万家湖	44	24	20	32
7号线	前川、机场	纸坊	70	27	43	27
8号线	盘龙城	黄家湖	46	29	17	35
9号线	鲁巷	纸坊	18	8	10	13
10号线	常福	阳逻	78	48	30	31
11号线	蔡甸	豹澥	60	33	27	26
12号线	古田	武湖	29	24	5	22
合计			540	342	198	342

图 2-3　武汉市轨道交通远景线网规划图

图 2-4　2015 年苏州市城市轨道交通线网图

2.1.5　规划步骤

①客流是公共交通规划设计的主要依据。线网规划前，应进行城市的居民出行调查，根据 OD 分布图及地面道路规划资料初步拟定城市轨道交通线网。

②按初拟线网再预测路网客流量，验证线网的合理性，发现不合理的应调整路网，并再作客流预测，反复调整和验证，直至合理。

2.1.6　规划内容

(1)线网规划

线网中各条线路的基本走向应该沿城市主干道和主客流方向，尽量经过大的客流集散点，如商业中心、文化与体育中心、城市交通枢纽等。先由点及线，再由线成网。规划时，要充分预留将来发展延伸的余地。

(2)车站分布规划

车站分布规划是与线路规划同步进行的，也就是由点到线。客流集中的处所、地面公交枢纽、线网交汇处等应该设站。车站的站间距在城市中心可以近一些，一般 1km 左右；郊区可远一些，约 2 ~ 3km。

(3)联络线规划

为了行车调度的灵活，路网中各条线之间应能直接或间接地互相联通。联络线应根据线网情况、环境条件统一规划。此外，还应考虑与铁路的联络，线网中至少要有一处与铁路接轨，便于大型设备、材料的运输。

(4)敷设方式规划

城市轨道交通线路敷设方式应根据城市现状和远期规划而定，敷设方式一经确定，在城市建设规划中应作相应的控制。

2.2　客流的预测和分析

客流不仅是公共交通规划设计的主要依据，还关系到项目的社会必要性、投资效益、经济性、车辆选型、车站规模、设备容量和工程投资等。

目前，我国尚无统一的城市轨道交通客流预测方法，一般沿用城市交通规划的“四阶段法”进行客流预测。

(1)出行生成预测

在研究分析沿线城市建设及土地开发变化、人口分布及就业情况的基础上作出行生成预测。

(2)出行分布预测

根据各交通小区的生成量、吸引量、小区间阻抗和城市布局预测居民出行分布量。

(3)出行方式划分

居民可选择多种出行方式如:步行、自行车、公交车和城市轨道交通等。

(4)线网客流分配

按行程最短、时间最省和最舒适的原则分配线网客流。

2.3 城市轨道交通的线路

2.3.1 线路主要技术标准

城市轨道交通线路技术标准主要取决于建设条件、客运量、车辆类型和行车速度等。详见表2-1。

线路主要技术标准表　　表2-1

基本车型		A	B	C/D
最小曲线半径(m)	正线	350/300	300/250	100/50
	联络线	250/200	200/150	80/25
	车场线	150	110/80	80/25
最大坡度(‰)	正线	30/35	30/35	60
	联络线	40	40	60
	车场线	1.5	1.5	1.5
竖曲线半径(m)	正线	5000/3000	5000/2500	1000
	联络线	2000	2000	1000
钢轨(kg/m)	正线	60		
	其他	50		
道岔(N_0/V_0)	正线	单开9/35		
	车场线	单开7/25	单开7/25、6/20	

注:表中N_0指道岔号,V_0指道岔侧向通过的允许速度(km/h)。

2.3.2 线路设计的基本原则

①线路走向应符合城市轨道交通线网规划要求,并与城市主客流方向相一致。

②线路应该尽量沿城市主干道布设，以减少施工拆迁工程。在城市中心宜采用地下线，其他地区条件许可时宜采用高架线或地面线。

③线路平面位置及高程应根据城市现状、规划道路、地面建筑物、地下管线、地下构筑物、文物古迹保护要求、环境与景观、地形与地貌、工程地质与水文地质条件、采用的结构类型与施工方法以及运营要求等因素，经技术经济综合比较后确定。

④线路应贯穿规划沿线的商业、居住、体育、文化、旅游、休闲和水陆空交通枢纽等客流密集地区，并应与地面公共交通有机配合，优势互补。

⑤城市轨道交通宜按独立运营设计，线路之间的交叉处应采用立体交叉。

⑥两端线路设计应根据规划预留延伸发展的条件。

2.3.3　正线平面及纵剖面

①线路平面曲线与直线之间应根据曲线半径、设计速度及超高设置等因素设置缓和曲线。

②圆曲线的最小长度，A 型车不宜小于 25m，B 型车不宜小于 20m。

③道岔应设在直线上，道岔基本轨端部至曲线端部的距离不宜小于 5m。

④在线路长大陡坡段不宜与平面小曲线重叠。

⑤隧道内和路堑段的正线最小坡度一般不宜小于 3‰。

⑥两相邻坡段的坡度代数差等于或大于 2‰时，应设置竖曲线。

⑦车站站台计算长度内和道岔范围内不得设置缓和曲线，竖曲线离开道岔端部的距离不应小于 5m。

⑧隧道内折返线和停车线应布置在面向车挡的 2‰的下坡道上。

2.3.4　辅助线与车站配线

城市轨道交通的辅助线包括出入段(停车场)线和联络线。

(1)辅助线——出入段线

因车辆段和停车场多设在地面，出入段线要完成从地下(或高架)到地面的过渡。出入线应连通上、下行正线。当出入线与正线需交叉连接时，一般应采用上跨或下穿等立交方式。

(2)辅助线——联络线

线网中各线路间应统筹考虑设置联络线，便于相互间的联络和车辆的调度。联络线虽然长度短，但往往受周围建筑物的限制，布置时会有一定困难，在地质不良地区一般采用明挖施工，明挖的上部空间作为换乘通道。

(3)车站配线

车站配线包括折返线、停车线和渡线,见图2-5。

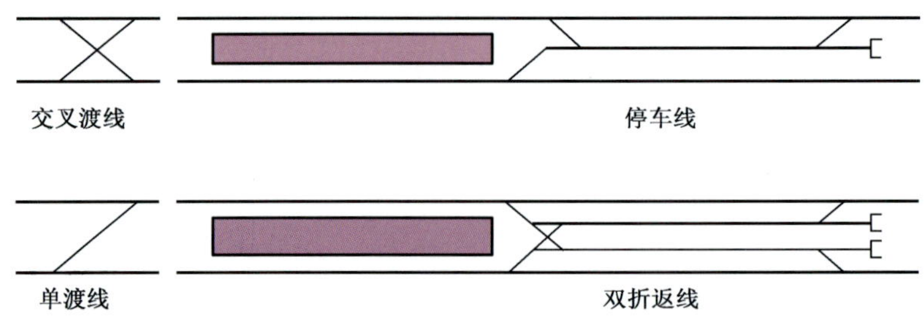

图2-5 车站配线示意图

一条线路的起、终点站或区段折返站应设折返线或折返渡线。《地铁设计规范》(GB 50157—2003)规定:“当两个具备临时停车条件的车站相距过远时,根据运营需要,宜在沿线每隔3~5个车站设停车线或渡线。”

在车辆出入段线、折返线、停车线和岔线上,应根据情况设置安全线。安全线长度一般不小于40m。在困难条件下,可设置脱轨道岔。

2.4 城市轨道交通的运营组织

(1)行车密度

城市轨道交通的运营组织应采取高密度、小编组运行。《城市轨道交通工程项目建设标准》(建标 104—2008)规定行车密度大运量线路不应小于30对/h,中运量线路不应小于20对/h。规范规定远期设计行车最大通过能力宜采用40对/h,至少应大于30对/h。

(2)列车编组

列车编组取决于远期高峰小时最大断面客流和车辆选型。一般小运量的可采用2辆编组,中运量的采用4辆编组,大运量的采用6辆编组,上海地铁1号线车站预留了远期8辆编组。列车4辆编组示例见图2-6。

图2-6 列车4辆编组示例

(3)运输能力

列车编组与行车密度都以满足运输能力为目的。设计运输能力应有适当的储备,一般预留10%~15%的运能储备。

(4)行车交路

在一条线路上,各站上、下车旅客和区间断面客流的分布总是不均匀的。客流一般呈线路两端小、中间大的形状,数学上称之为“正态分布”。列车从一个折返站到另一个折返站之间的往返运行,叫做一个行车“交路”,见图 2-7。

图 2-7　行车交路示意图

规范规定:“在客流不均匀的线路上,应组织分区段运行,列车运行交路应根据各设计年限客流断面的分布情况确定。”如果所有列车都从头开到尾,显然是不经济的。理论上讲,一条线路上的列车可以分长交路、短交路重叠套跑。但是从运营管理和方便旅客角度考虑,交路也不宜分得过多。

2.5　城市轨道交通的轨道

城市轨道交通的轨道由钢轨、扣件、轨枕和道床四部分组成。

2.5.1　钢轨

钢轨(图 2-8)直接和车轮接触,引导列车按规定的方向运行。它将车轮荷载传于轨枕。在地铁中,钢轨兼有轨道电路及供电负回路之功能。每延米钢轨质量差 10kg,其对整个轨道交通工程的造价影响不是很大。为提高线路的稳定性、保障行车安全、减少维修养护,现在地铁或轻轨的正线及车辆段试车线,均采用 60kg/m 的钢轨。

图 2-8　钢轨

2.5.2　扣件

扣件的主要作用是:保持轨距和保证轨道的稳定;调整钢轨高度和方向;满足钢轨电气绝缘和减震降噪要求。整体道床常用的扣件有:

(1)ω 形弹条螺栓式扣件

该扣件采用 ω 形弹条扣压件,扣压力由 T 形螺栓的螺母力矩来调整。见图 2-9a)。

(2)e 形或 PR 型弹条无螺栓式扣件

该扣件钢轨与铁垫板的联结直接由 e 形弹条一端插入铁垫板上圆孔中,其结构简单,零部件少,造价低,养护维修工作量小,缺点是扣压力不能调整。见图 2-9b)。

a)ω形扣件

b)e形扣件

图 2-9 扣件

2.5.3 轨枕

轨枕的功能是支承钢轨,保持轨距和线路方向,并将钢轨的荷载传递至道床。主要有钢筋混凝土枕和木枕两种。木枕在城市轨道交通工程中已基本不用。常用的为钢筋混凝土短枕(支承块)和钢筋混凝土长轨枕。

2.5.4 道床

道床可分为有砟道床和无砟道床两种。有砟道床维修工作量大,适用于地面线和车辆段线路;无砟道床线路平稳、维修工作量小,适用于地下线路及高架线路。无砟道床又称整体道床,主要有长枕式整体道床、短枕式整体道床、无枕式整体道床和浮置板式整体道床这四种形式。见图 2-10 ~ 图 2-12。

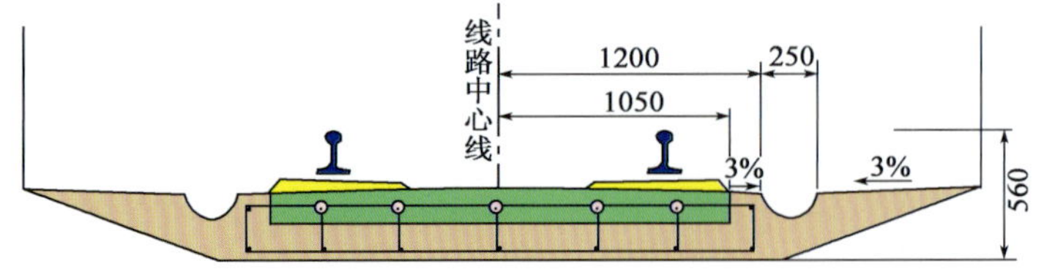

图 2-10 长轨枕式整体道床(尺寸单位:mm)

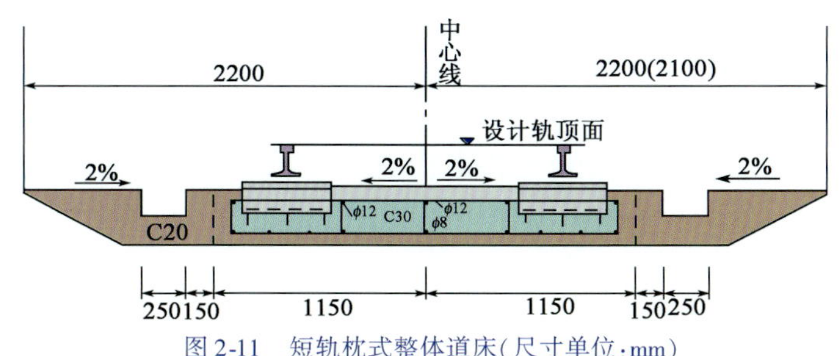

图 2-11　短轨枕式整体道床(尺寸单位:mm)

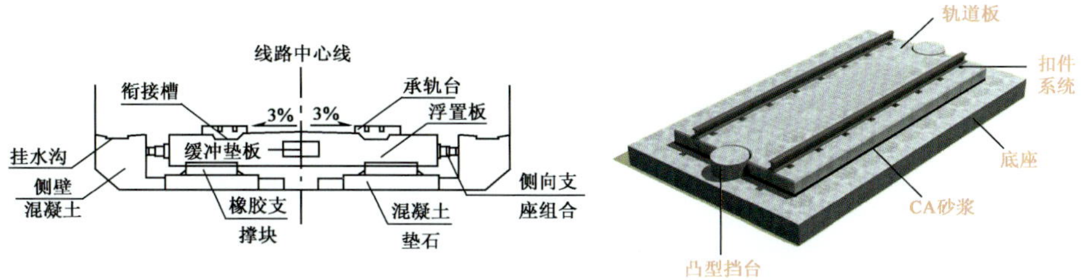

图 2-12　浮置板式整体道床

(1)长轨枕式整体道床

这种道床是将长轨枕埋入整体道床内。铺设时纵向钢筋从轨枕预留圆孔中穿过,加强了轨枕与道床的联结。

(2)短轨枕式整体道床

短轨枕又称支承块,将制好的短轨枕埋入混凝土整体道床内,与道床形成整体结构。这两种道床性能比较见表 2-2。

道 床 比 较 表　　表 2-2

比较项目	长轨枕式整体道床(双层钢筋网)	短轨枕式整体道床	
		单层钢筋网	双层钢筋网
结构整体性能	整体性更强 稳定性更好	整体性强 稳定性好	整体性更强 稳定性更好
轨枕比较	长枕相对笨重,须厂制	短枕轻巧、基地预制	短枕轻巧、基地预制
可施工性	在基地组装轨排,施工精度易保证,现场需龙门吊架轨,钢筋绑扎不方便	施工灵活,施工精度有保证,可现场用支撑架架轨,可多开工作面,钢筋绑扎方便	施工灵活,施工精度有保证,可现场用支撑架架轨,可多开工作面,钢筋绑扎较方便
水沟设置	侧沟	中心水沟	中心水沟
可维修性	一般无需维修	抗疲劳能力不足,道床少量开裂需修补	一般无需维修
实践性	上海地铁	广州、深圳地铁	北京地铁、武汉轻轨

(3)无轨枕式整体道床

长轨枕和短轨枕均为预制件。无轨枕式道床没有预制轨枕，承轨台和道床混凝土均为就地浇筑，是名副其实的“整体道床”。但施工工艺要求高，质量难以保证，所以极少采用。

(4)浮置板式整体道床

在工厂里将道床分段浇筑成大板状预制件，运至工地后分段吊装就位。大板与底座之间铺有橡胶支撑块，形成减振系统，能达到减振降噪效果。

2.5.5 道岔

道岔是轨道的重要设备，其作用是引导列车从一股轨道转入另一股轨道，它能否正常工作直接关系到城市轨道交通运营的效率及行车安全。

城市轨道交通正线上常用的道岔有单开道岔和双开（对称）道岔两种。考虑到道岔制造难易、养护维修方便和部件的通用性互换性等，一条城市轨道交通线路上道岔类型不宜过多。其中，单开道岔最为简单，使用最多。

(1)单开道岔

单开道岔由尖轨转辙器、辙叉与护轨、连接部分及岔枕组成。其平面示意图和技术指标分别见图2-13和表2-3。

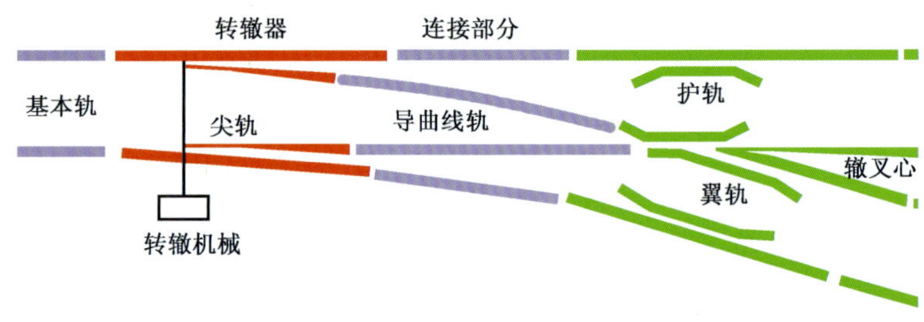

图2-13 单道岔示意图

单开道岔技术指标表　　表2-3

道岔号数 N	辙叉角 α	导曲线半径(m)	道岔全长(m)	侧向允许通过速度(km/h)
7	8°07′48″	150	23.672	25
9	6°20′25″	180(200)	29.054	30(35)
12	4°45′49″	350	36.815	50

(2)对称道岔

把直线轨道分为左右对称的两条轨道的道岔,又称双开道岔,属于特种道岔。见图 2-14。

①优点:相对同号单开道岔而言,可缩短道岔区长度,减少工程投资。

②缺点:道岔结构相对薄弱,左右开均需限速,一般在停车线上选用,但单价稍高。

(3)交叉渡线

交叉渡线由四副单开道岔和一组菱形交叉设备组合而成。见图 2-15。

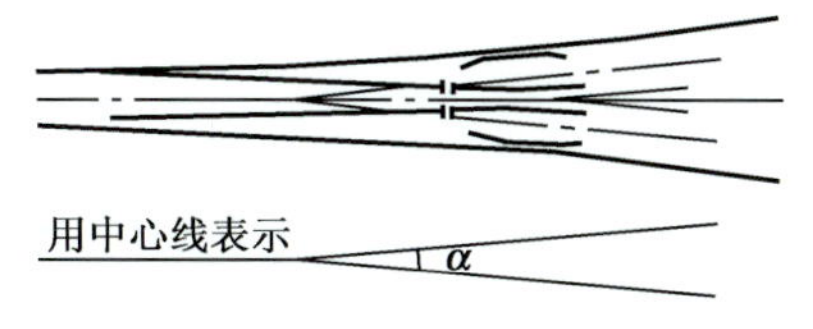

图 2-14　对称道岔

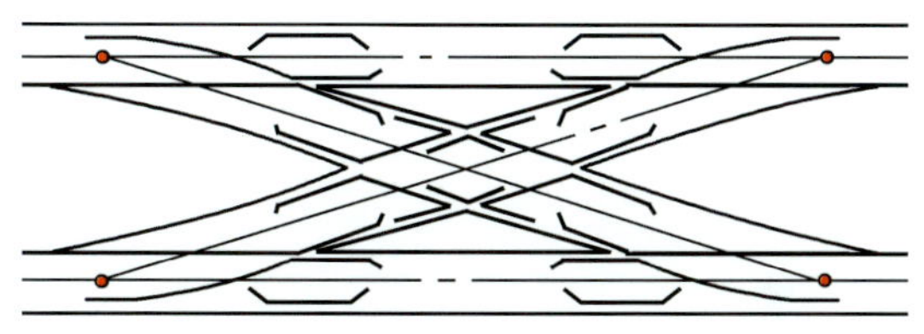

图 2-15　交叉渡线

2.5.6　车挡

车挡是线路重要的安全设备,能防止车辆意外冲出线路,正常情况下,信号应保证车辆不得冲撞车挡。车挡一般设在折返线、试车线、停车线、列检线、材料线等线的尽端。见图 2-16。

a)固定式车挡

b)滑移式车挡

c)液压缓冲滑动式车挡

图 2-16　各式车挡

2.5.7　轨道减振工程措施

轨道振动分级标准及轨道减振措施见表 2-4。

振动分级标准及轨道减振措施表　　表 2-4

分　类	一般措施	中等减振措施	高等减振措施	特殊措施
振动分级	超标 3～5dB	超标 10～12dB	超标 10～18dB	超标 18～40dB
减振措施及方案	综合减振降噪措施	1. 弹性短枕道床； 2. 轨道减振器扣件； 3. LORD 扣件； 4. 双层非线性胶垫扣件	1. Vanguard 扣件； 2. 橡胶型浮置板； 3. 梯子道床	钢弹簧浮置板

表中一般措施栏中的综合减振降噪措施包括加强线路养护、钢轨打磨、涂油，也包括设计时避免采用小半径曲线等。

第3章　车站建筑

3.1　概述

城市轨道交通车站是接送旅客，直接为旅客服务的场所。因此，车站应设置在客流相对集中的地方，如火车站、客运码头、公交枢纽、空港、商业中心、文化体育中心和娱乐休闲会所等，以最大限度地吸引旅客。需要换乘的城市轨道交通车站之间，或城市轨道交通与其他交通方式之间应有机衔接，为旅客提供便捷的换乘条件。

车站作为旅客上下车的公共建筑，应该具有安全、文明、舒适的乘车环境。同时，车站的各项设施和设备的能力应满足事故情况下旅客6min内紧急疏散的要求。

城市轨道交通车站也是操控列车运行的场所。车站建筑空间布置应满足各设备系统使用功能的要求。当建筑空间有富余、有条件时应尽量做到综合开发利用。

城市轨道交通车站应体现现代交通建筑的特点，地面站、高架站和地下车站的地面建筑还应与周围的城市景观相协调。图3-1为城市轨道交通车站实景图。

图3-1　城市轨道交通车站实景图

3.2 城市轨道交通车站形式

城市轨道交通车站形式主要取决于车站所处的建筑环境、工程的规划条件、车站布局和服务功能要求，以及线路敷设方式、地质条件、结构形式、施工方法等。按线路敷设方式又可分为地下站、地面站和高架站；按站台布置形式一般可分为岛式站台车站、侧式站台车站和侧岛侧或双岛等混合式站台车站。

3.2.1 地下站

（1）侧式站台车站

侧式站台车站一般可分为设地面站厅的地下单层侧式站台车站、全地下单层侧式站台车站和全地下多层侧式站台车站等形式。

地下单层侧式站台车站具有埋深浅、围护工程省的优点，但是两个站台分离，增加了楼扶梯和售检票设备使用与管理的不便。侧式站台车站总平面图、站台层布置图、车站纵剖面图、车站横断面图见图 3-2 ~ 图 3-5。

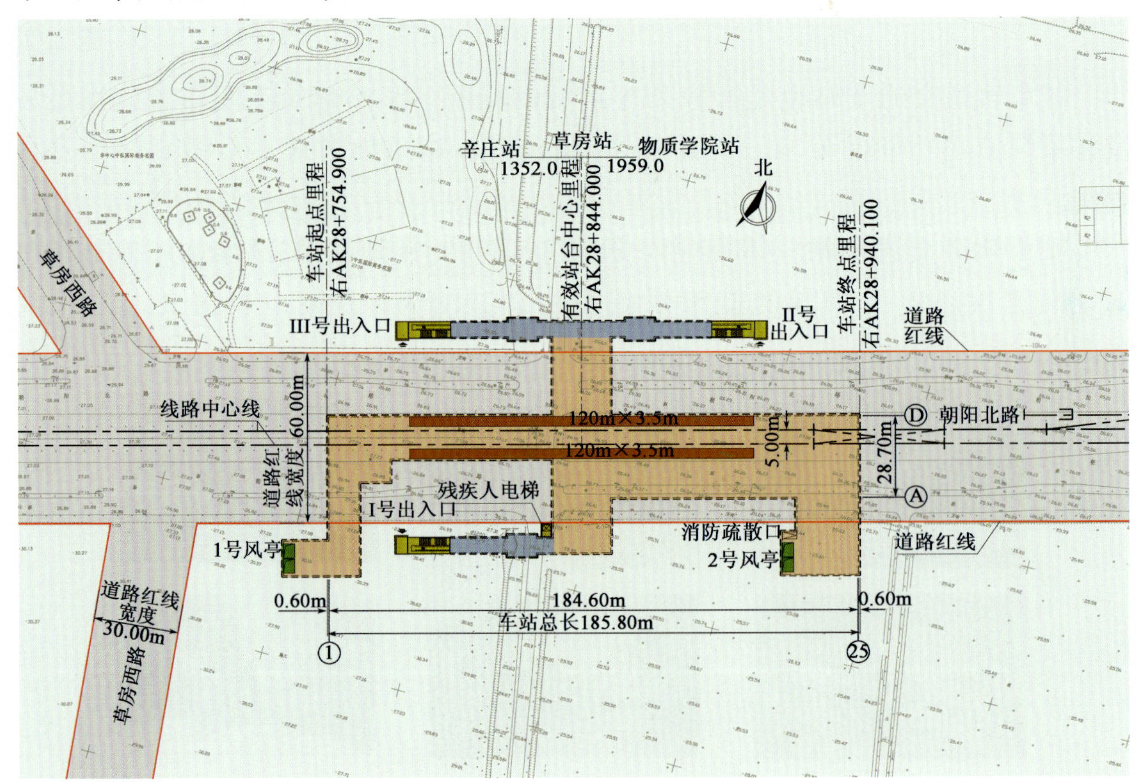

图 3-2　侧式站台车站总平面图

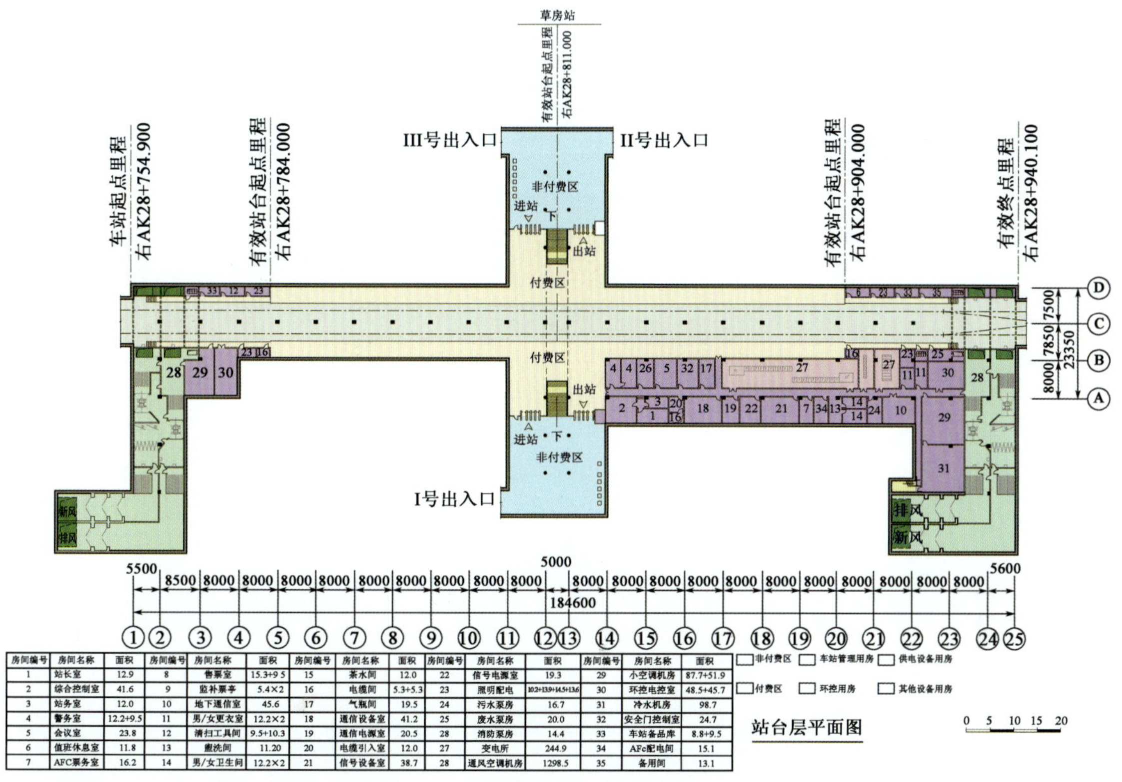

房间编号	房间名称	面积	房间编号	房间名称	面积	房间编号	房间名称	面积	房间编号	房间名称	面积	房间编号	房间名称	面积
1	站长室	12.9	8	售票室	15.3+9 5	15	茶水间	12.0	22	信号电源室	19.3	29	小空调机房	87.7+51.9
2	综合控制室	41.6	9	监补票亭	5.4×2	16	电缆间	5.3+5.3	23	照明配电	10.2+13.9+14.5+13.6	30	环控电控室	48.5+45.7
3	站务室	12.0	10	地下通信室	45.6	17	气瓶间	19.5	24	污水泵房	16.7	31	冷水机房	98.7
4	警务室	12.2+9.5	11	男/女更衣室	12.2×2	18	通信设备室	41.2	25	废水泵房	20.0	32	安全门控制室	24.7
5	会议室	23.8	12	清扫工具间	9.5+10.3	19	通信电源室	20.5	28	消防泵房	14.4	33	车站备品库	8.8+9.5
6	值班休息室	11.8	13	盥洗间	11.20	20	电缆引入室	12.0	27	变电所	244.9	34	AFc配电间	15.1
7	AFC票务室	16.2	14	男/女卫生间	12.2×2	21	信号设备室	38.7	28	通风空调机房	1298.5	35	备用间	13.1

图 3-3 站台层布置图(尺寸单位:mm)

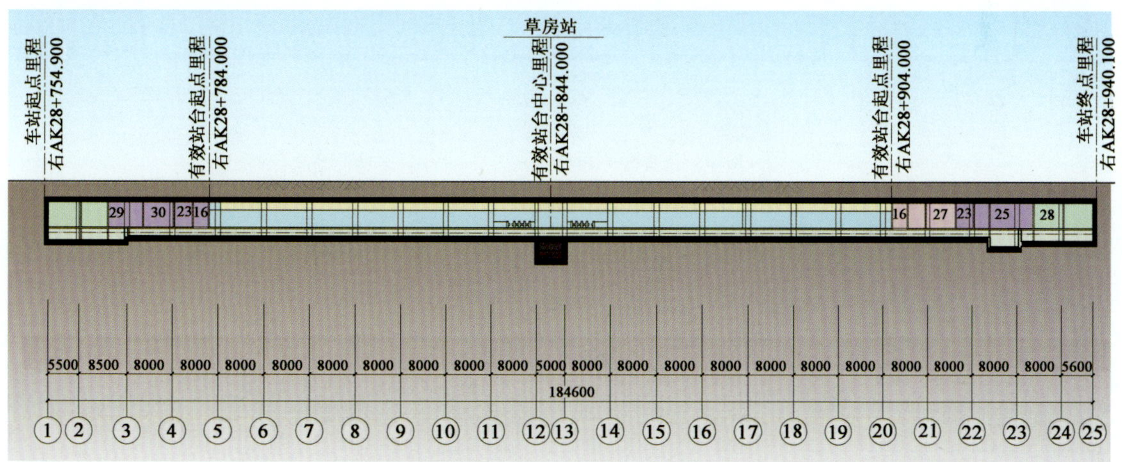

图 3-4 侧式站台车站纵剖面图

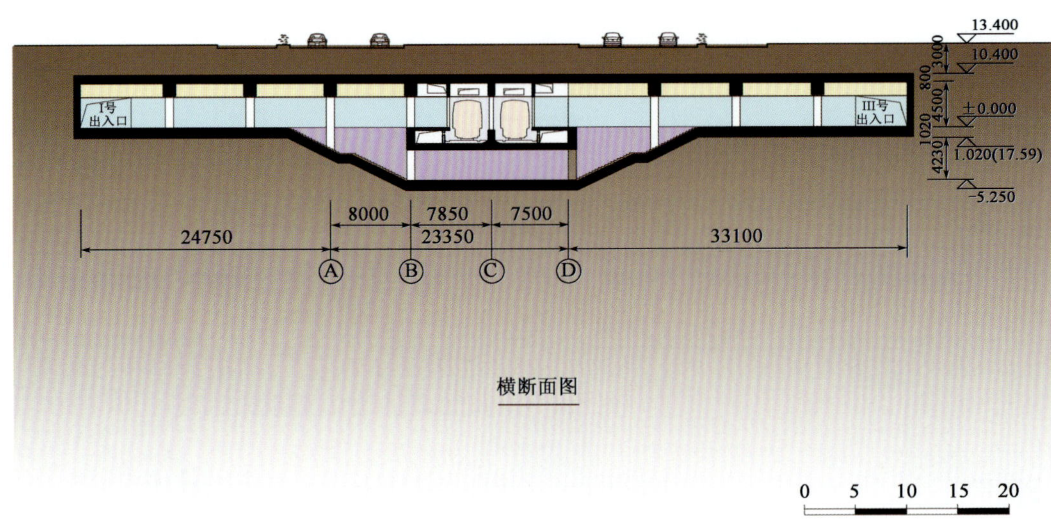

图 3-5 车站横断面示意图(尺寸单位:mm)

(2)岛式站台车站

岛式站台车站地下一层为站厅层,地下二层为站台层。其优点是站厅分区合理,布局灵活;站台利用率高,换乘方便,疏导乘客能力大;站台层埋置较深,从工程上讲与区间暗挖隧道连接较容易。岛式站台车站站厅层、站台层布置见图 3-6 ~ 图 3-8。

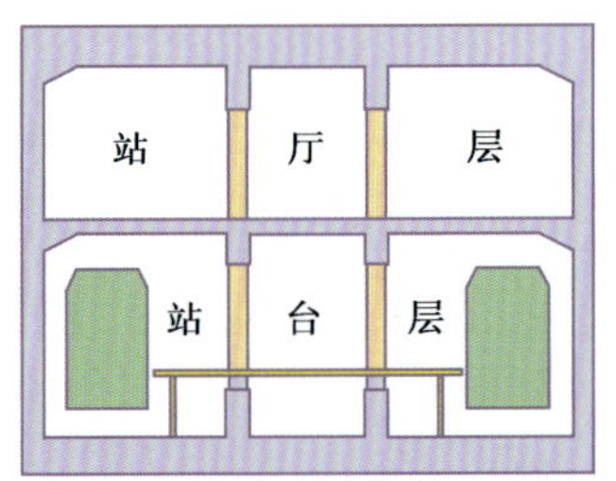

图 3-6 明挖岛式站横断面示意图

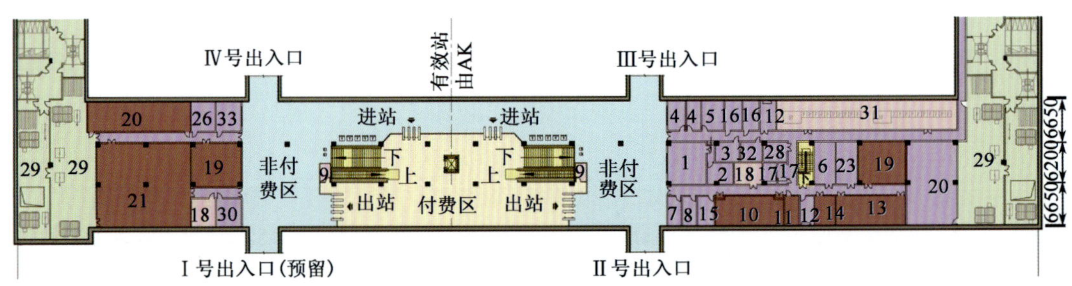

图 3-7 站厅层布置(尺寸单位:mm)

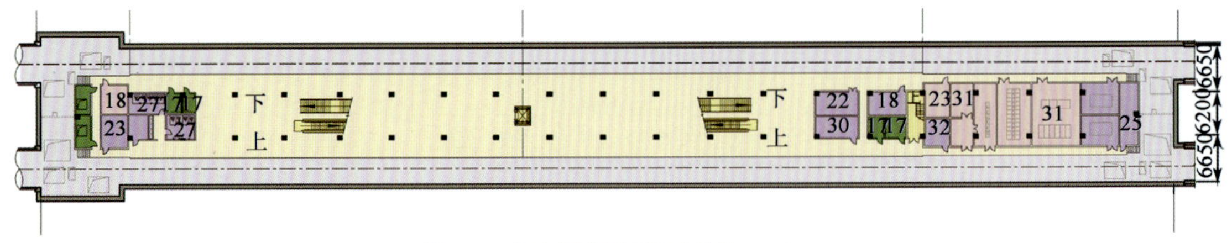

图 3-8 站台层布置(尺寸单位:mm)

(3)侧岛侧式车站

当两条线的两个侧式站台车站设置平行换乘站时，中间两个侧式站台合并就形成了侧岛侧式站台或双岛式站台形式。见图3-9、图3-10。

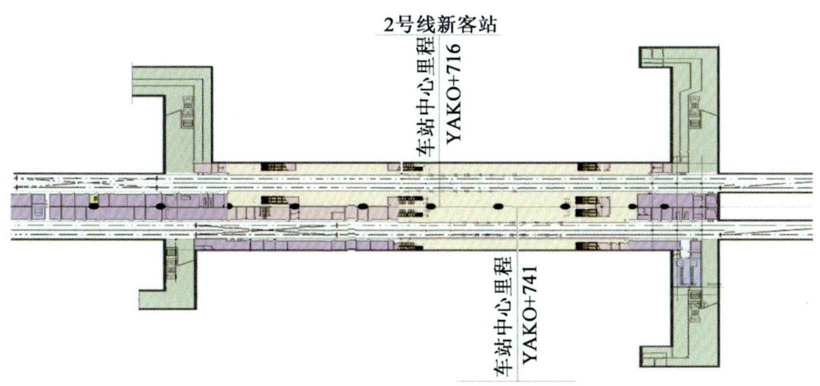

图3-9 侧岛侧式车站站台层布置

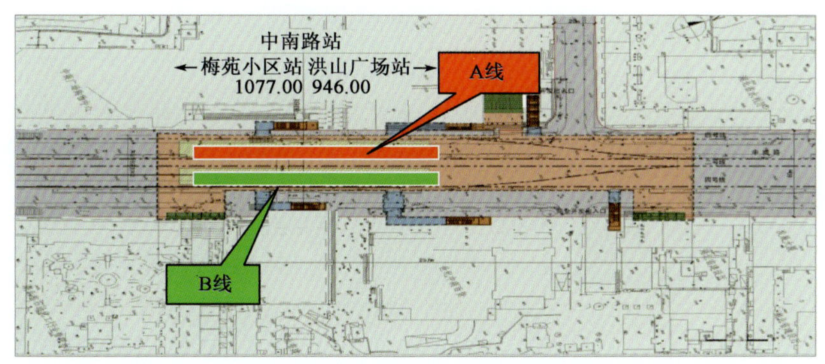

图3-10 双岛式车站总平面布置

(4)特殊形式的车站断面

在特定情况下可采用特殊形式的车站结构形式。见图3-11～图3-14。

3.2.2 高架车站

高架车站(图3-15)可以设于道路一侧或道路中间，车站形式可以为岛式或侧式，也可以为侧岛侧式车站。车站形式的选择应尊重规划、结合车站的功能要求，尽量方便乘客乘降。采用岛式站或侧式站，将直接影响高架区间的平面线形。因高架区间一般采用双线桥梁，所以当采用岛式站时，车站两端区间要设喇叭口过渡段。因岛式站有省设备和便于管理的优点，所以越来越多地被采用。平面设计上采用1500m左右的大半径橄榄形站台曲线车站可以适当缩短过渡段长度。

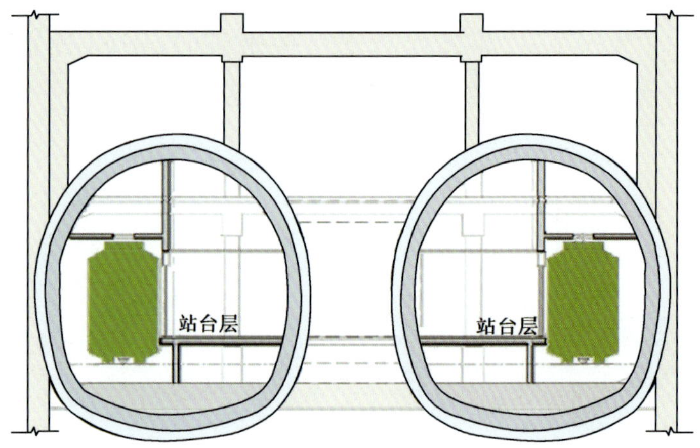

图 3-11　南京站示意图

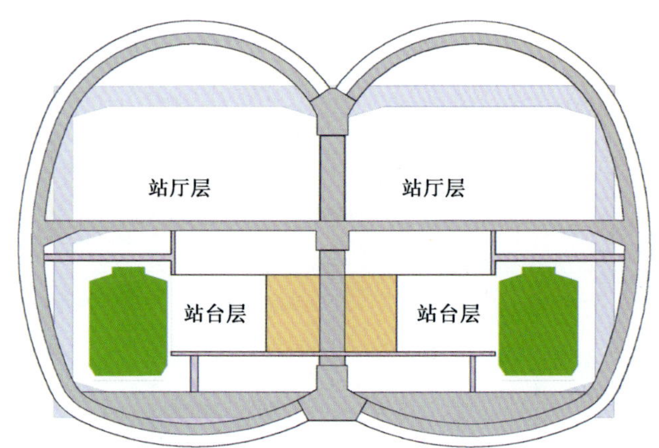

图 3-12　北京石榴庄站示意图

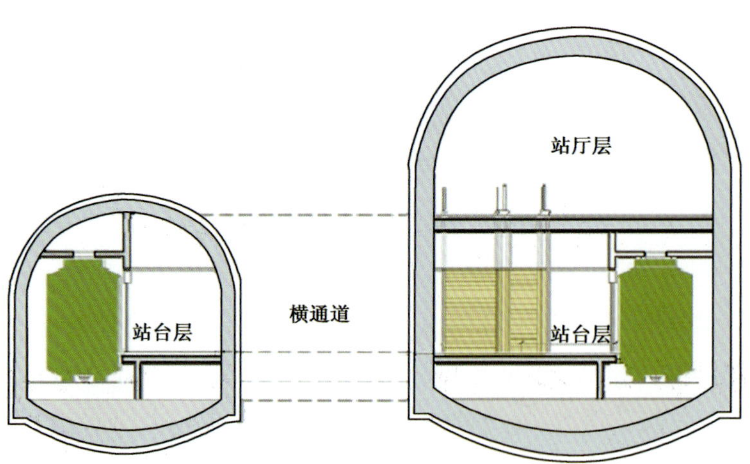

图 3-13　广州东站示意图

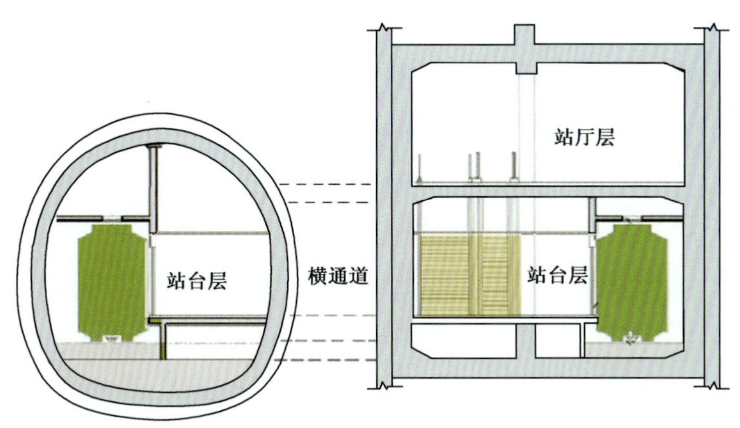

图3-14 北京知春路站示意图

a)

b)

图3-15 高架车站

高架车站的站内建筑布置要求基本与地下车站相同，但一般站台层在上，而站厅层在下。当车站位于道路一侧或虽位于道路中间但采用地道过街时，站厅设在地面一层，整个车站为地面两层；当车站采用天桥过街时，站厅层设于地面二层，站台层在地面三层，地面一层供物业开发。当车站位于道路一侧时，往往可以与商住建筑相结合综合开发。

由于高架车站屹立于街市，因此对其外观立面的建筑设计要求较高。车站建筑既要有各自的特色和风格，还应重视与周围建筑景观相协调。见图3-16。

图3-16 高架车站渲染图

3.3 车站功能分区与规模

3.3.1 车站的功能分区

车站由站厅、站台、设备及管理用房、车站服务设施、人行通道(或天桥)、地面出入口、风道、地面风亭等组成。车站的功能分区与要求如下：

①城市轨道交通车站的主要功能是为旅客营造方便、舒适、安全的乘车环境，应能为车站的运营与管理提供合理、协调和安全的工作条件。

②车站出入口是旅客进出车站的通道，并可能作为城市过街地道。出入口通道不宜过长，并应满足人防、消防和紧急疏散等有关要求。一般一个车站宜设四个出入口。设计客流量小的车站，其出入口可酌减，但不得少于两个。

③站厅公共区是旅客售检票、进出站的地方。检票口以外为非付费区，进入检票口后为付费区。要求检票口与售票机、检票口与楼扶梯之间保持适当距离，并使客流流线合理。

④站厅设备区是车站运营管理区，除满足各种设备管理用房对使用面积的要求外，还应满足各房间之间的相互关系，如：车站控制室应朝向站厅公共区，并与站长室相邻等。

⑤站台层公共区是旅客候车和上下车的地方，应根据列车编组和预留要求设计站台长度，并根据远期高峰客流设计站台宽度。站台与站厅间楼扶梯的设置，应满足紧急情况下旅客疏散的需要。

⑥车站其他各项功能设计应根据建筑限界、设备安装和运营管理的要求，合理确定各部位的尺寸和使用面积。

⑦车站结构或房间的高度应满足设备和各种管线布置的要求。

⑧车站的风道、风亭是改善地下车站内部环境不可缺少的附属构筑物。地下车站的地面建筑(含出入口)应与周围环境相协调。

3.3.2 管理、设备用房

管理及设备用房是车站工作人员办公、设备安装和操作的空间，其布置应满足车站的管理要求和设备的安装使用要求。以武汉轨道交通2号线为例，标准地下车站管理、设备用房配置分别见表3-1、表3-2。

标准地下车站管理用房表　　表 3-1

序　号	房间名称	面积(m^2)	说　明
1	站长室	12	应与车站控制室相邻
2	车站控制室(含门禁)	40	面向站厅,位于客流多的一端
3	交接班、会议室	25	设于较安静处
4	警务室	15	靠近站厅公共区设置
5	票务室	20	—
6	站务员室	5	每站台一间,宜设于楼扶梯下
7	旅客服务中心	12	设于进站闸机旁
8	更衣室	12×2	—
9	工务用房	10	—
10	茶水间	6	—
11	卫生间	15/18	设于站厅非付费区
12	乘务员休息室	15	折返站设,一般设在车挡尽端
13	备品库	12	—
14	清扫工具间	6×2	站厅、站台各一间
15	垃圾存放点	2	有道岔站设,位于站台层道岔区附近

标准地下车站设备用房表　　表 3-2

序　号	房间名称	面积(m^2)	说　明
1	信号设备室	90	信号集中站(含电源)
2	通信设备室(含综合监控)	75	信号非集中站,设于站厅,靠车控室
	通信设备室	60	信号集中站
3	弱电系统电源室	30	与通信设备室合建
4	公安通信设备室	20	与警务室相邻
5	商用通信设备室	45	—
6	AFC 维修室	15	—
7	通风空调机房	随设备	设于站厅两端,约 800 ~ 900m^2
8	隧道通风机房	随设备	不含风道
9	环控电控室	50×2	紧邻环控机房
10	冷水机组房	100	—
11	降压变电所	随设备	站台层,约 250m^2
12	跟随式降压变电所	随设备	根据需要布置
13	牵引降压混合变电所	随设备	根据需要布置,约 500m^2 左右
14	照明配电(含蓄电池)室	20×4	每层每端各一个
15	气瓶间	15×2	靠近通信、信号、降压所布置
16	污水泵房	15	—
17	废水泵房	20	站台下坡方向端头
18	屏蔽门设备及管理室	25	设于站台层

车站管理、设备用房各条线可能并不完全相同。尤其是设备用房,同一设备各个厂家产品的大小、规格、安装和维修空间要求各不相同,所以应根据具体设备而定。总的来说,为控制地下车站工程造价,管理、设备用房面积应从严控制。

对于换乘车站,如果两条线统一规划设计同步建设,则各个房间的面积基本上可按标准站的1.5倍控制;不是统一规划设计同步建设的,基本上按两个标准站考虑。

3.3.3 车站规模与站台宽度

车站规模是由客流决定的,主要体现在站台的宽度上。站台宽度由高峰小时客流量计算确定,计算客流应根据各站的不同情况,分别乘以1.1~1.4的超高峰系数。通常采用的站台宽度:换乘站≥12m、一般中间站≥10m。最小车站站台宽度≥8m。

站台宽度根据客流计算确定。目前常用的计算方法见式(3-1)~式(3-4)。

(1)岛式站台宽度

$$B_d = 2b + n \times Z + t \tag{3-1}$$

(2)侧式站台宽度

$$B_c = b + Z + t \tag{3-2}$$

其中

$$b = \frac{Q_{上} \times \rho}{L} + b_a \tag{3-3}$$

或

$$b = \frac{Q_{上、下} \times \rho}{L} + M \tag{3-4}$$

式中:b——侧站台宽度,m;

n——横向立柱数;

Z——横向立柱宽,m;

t——每组楼梯与自动扶梯宽度之和,m;

$Q_{上}$——远期每列车高峰小时上车设计客流量,人;

$Q_{上、下}$——远期每列车高峰小时上、下车设计客流量,人;

ρ——站台上的人流密度,0.33~0.75m^2/人;

L——站台计算长度,m;

M——站台边缘至屏蔽门立柱内侧的距离,m,无屏蔽门时 $M=0$;

b_a——站台安全防护宽度,取0.4m,采用屏蔽门时以 M 替代 b_a 值。

根据式(3-3)、式(3-4)计算,取大者。

3.4 城市轨道交通换乘站

城市轨道交通线网上两条或几条线路相交的地方设城市轨道交通换乘站,以便实现旅客从一条线到另一条线的换乘。从广义上讲,所谓换乘不限于城市轨道交通之间的换乘,还包括各种不同交通方式之间的转换,如城市轨道交通与铁路、公交、私家车、自行车、轮船、航空等交通方式的换乘。

3.4.1 城市轨道交通换乘方式

城市轨道交通的换乘按付费方式可分为付费区换乘和非付费区换乘,付费区换乘旅客不需要出站、进站和二次购票,是设计优先采用的换乘方式。

城市轨道交通的换乘按换乘区域可分为同站台换乘、经站厅换乘和经通道换乘。同站台换乘时,旅客只需从站台左(右)侧下车到站台右(左)侧上车即可。经站厅换乘时,旅客需先由站台上至站厅,再下至要换乘的站台,旅客上下、起落较大。通道换乘时,旅客经通道由站台至站厅、站厅至站厅或站台至站台,换乘灵活,但一般换乘距离较远。当两条线平行并上下重叠时,旅客可经楼、扶梯实现上下站台换乘。这几种换乘方式的优缺点比较如表3-3所示。

不同区域换乘方式比较表 表3-3

换乘方式	优点	缺点	适用条件
同站台换乘	路径便捷、无高程损失、不需要换乘设施	客流大时,站台上容易混乱	两条线平行
经站厅换乘	换乘客流分散、不易发生拥堵	换乘高差大,易受进出站客流干扰	两条线交叉
经通道换乘	设置灵活、适用性强	换乘路经长、增加通道工程	两条线交叉
上下站台换乘	从站台至站台,换乘路径比经站厅换乘便捷	换乘能力受限制、需其他方式辅助	两线相交或平行重叠

3.4.2 城市轨道交通换乘车站形式

根据建筑布置的不同,两条线间换乘站的平面形式一般可分为"十"字形、"T"字形、"L"字形和"平行"四种形式。

"十"字形换乘站,两个站都位于十字路口中心,出入口分布均匀,路口四个象限的旅客进出站走行距离基本相等。站台中心可设换乘楼梯,两线间换乘经楼梯从站台到站台十分方便。

"T"字形换乘站,有一个站可位于路口中心,另一个站位于路口一侧,不同象限的旅客进出站走行距离有差别。换乘楼梯一般设在两站相交的节点处,换乘时旅客在站台上的纵向流动较大。

"L"字形换乘站,两个站偏设于路口一隅,部分方向的旅客进出站距离较远。两线间的旅客一般要经通道换乘。

"平行"布置换乘站,又可分为平行重叠式和平行并列式。平行重叠式可以为同线别占用同一站台,也可以不同线别、不同站台交错布置。

各种换乘方式的优缺点比较见表3-4、表3-5。

两线交叉换乘方式比较表　　表3-4

分　类	优　缺　点	选 用 条 件	示　意　图
"十"字形	换乘客流集中在车站中部 易形成公共站厅 站台形式组合灵活多样 换乘楼梯布置受限制 两线不同期建设时预留工程量较大 第三层站台较短时,楼、扶梯距离站台端部会较近	车站位于十字路口 两条线基本正交等分	
"T"字形	纵向换乘客流大,路线较长 可形成公共站厅,但布置较难 可采用岛岛或侧岛换乘 预留工程较小	当不能采用"十"字形布置时,可采用"T"字形布置	
"L"字形	换乘距离长 一般只能采用岛岛组合 预留工程较小 相交端建筑布置较困难	受条件限制,不能采用"十"字形和"T"字形布置时,采用"L"字形布置	

两线平行换乘方式比较表 表3-5

分类	特点	选用原则	示意图
上下平行	共三层,地下一层共同厅可部分同站台换乘 部分需经楼、扶梯换乘 设置换乘楼扶梯条件好	当两条线同期建设时才能采用 适合于换乘客流大的车站	
同层平行	有宽大的共同站厅 地下两层结构宽度较大 可分期实施 一般有岛岛和侧岛侧两种形式 可部分同站台换乘	要求建设用地开阔 两条线可不同期施工 适合于换乘客流大的车站	

"十"字形换乘车站布置示意见图3-17～图3-20。

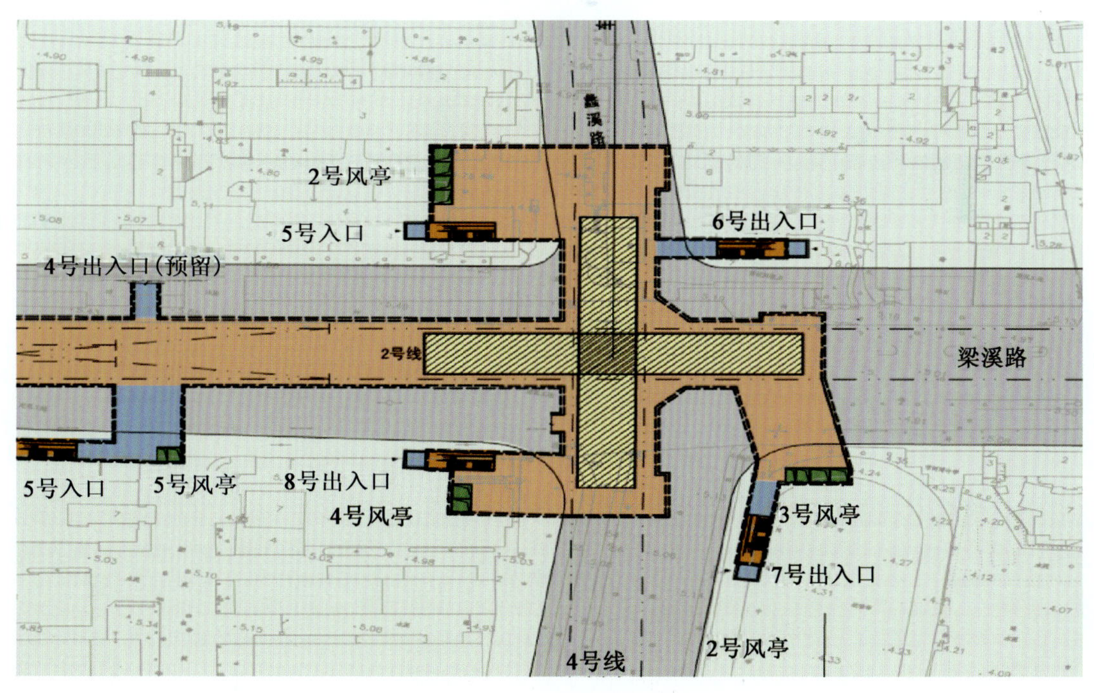

图3-17 十字换乘站总平面图

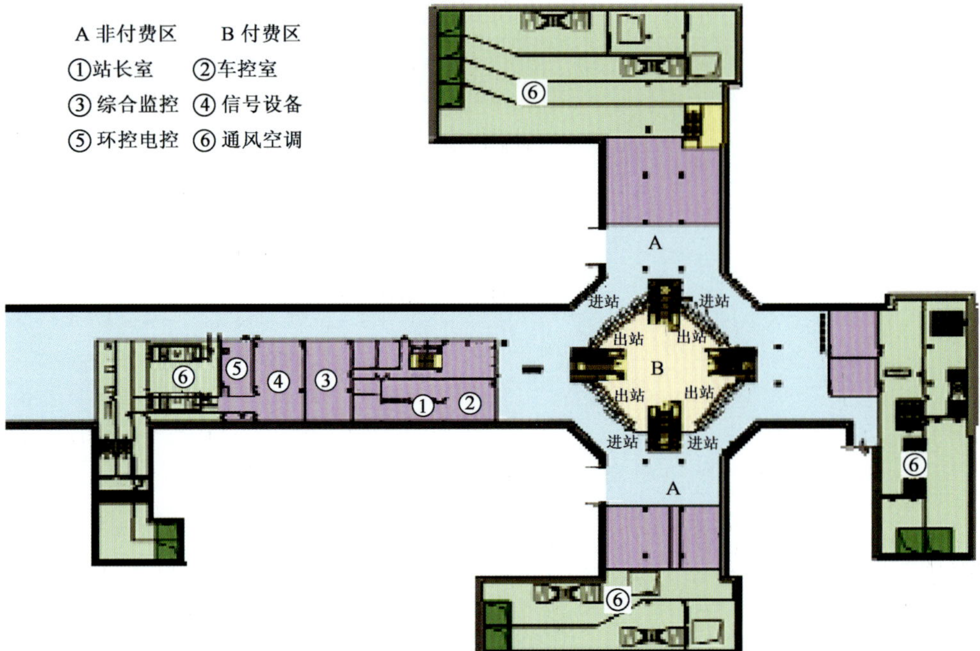

图 3-18　站厅层平面图(尺寸单位:mm)

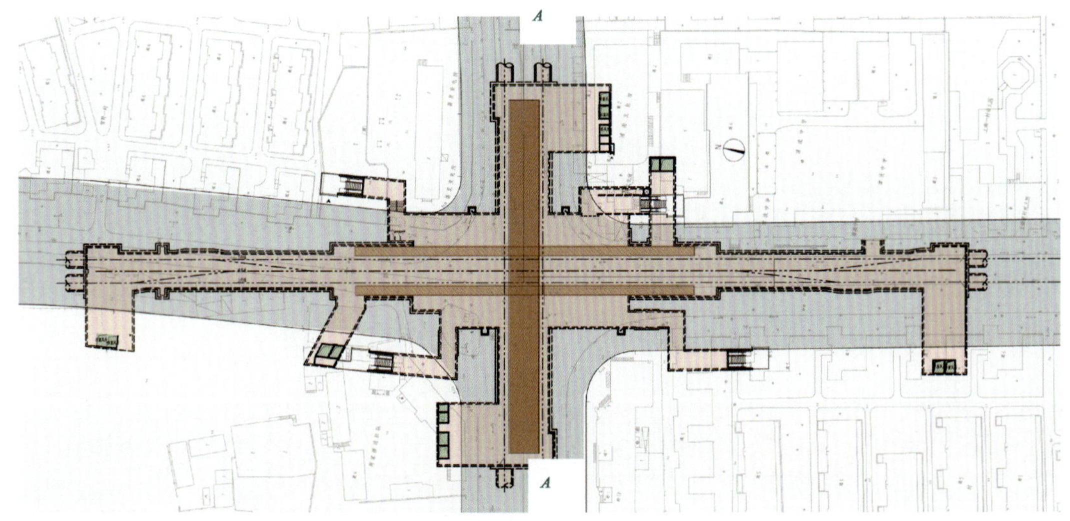

图 3-19　侧岛换乘车站布置示意图

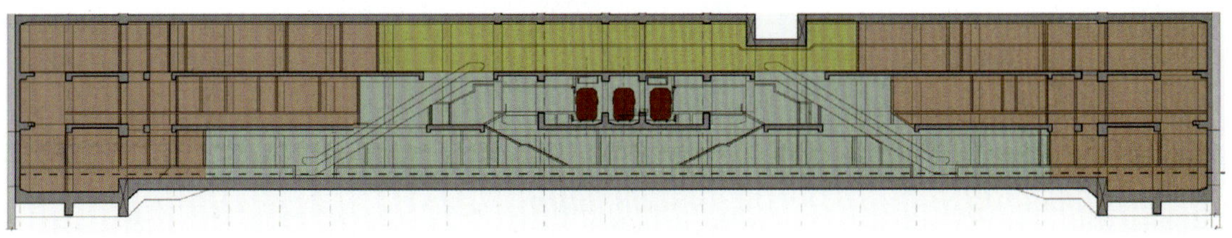

图 3-20　A-A 剖面

3.5 车站建筑装修与环境

车站建筑装修是车站的重要组成部分。建筑装修按照装修区域或部位,可划分为外部装修和内部装修。外部装修是指车站外部建筑物的装修,如出入口、风亭、外部设施等,外部装修注重外部造型效果,特别是高架站和地面站。车站内部装修除了应满足各种使用功能要求外,还应为旅客提供舒适、愉悦的乘车环境。莫斯科地铁的富丽堂皇、巴黎地铁的浪漫情趣无不给人留下深刻印象。我国各个城市轨道交通车站的建筑装修也各具特色,有的是一条线一种基本色彩和装修风格,有的一站一景把建筑装修与地面人文环境有机结合。如:滨海车站饰以阳光、沙滩等海洋元素;体育中心站饰以健身、健美的运动元素;博物馆站突出历史文化元素……多民族城市也可以把不同的民族文化元素加入到各个车站装修设计中,形成一个车站一个民族的风格。如图3-21所示,为世界部分城市地铁车站风格图。

车站建筑装修一般应遵循以下基本原则:

①车站建筑装修应重点突出、主次分明,力求适用、美观、经济。

②车站建筑装修应充分体现地域风貌与文化内涵。

③合理地选用安全、环保和无害化的装修材料,降低工程费用。

a)北京地铁 b)北京地铁圆明园站 c)巴黎地铁 d)莫斯科地铁 e)伦敦地铁 f)台北捷运剑潭站

图3-21 世界部分城市地铁车站风格图

第 4 章　地下车站结构

4.1　概述

城市轨道交通的地下车站，其结构形式、施工方法，乃至工程造价与工程地质、水文地质、道路、地面建筑、地下建(构)筑物和周围的环境条件密切相关，往往需要进行多方案的技术经济比较确定。地下车站的建造，应减少施工中和建成后对环境可能造成的不利影响，同时也应考虑将来因城市规划建设，周围环境的改变可能对结构产生的作用。

地下车站结构无论在使用期间或施工期间都应有足够的强度、刚度和稳定性，并应按使用年限 100 年进行耐久性设计。应能经受地震，且具有一定的人防抗力，满足平战转换的功能要求。

4.2　明挖地下车站结构形式

地下车站通常采用明(盖)挖法施工，相应的车站结构主要形式如下：

①单层多跨框架结构，适用于侧式站台车站。

②两层单跨框架结构[图 4-1a)]，适用于岛式站台车站。

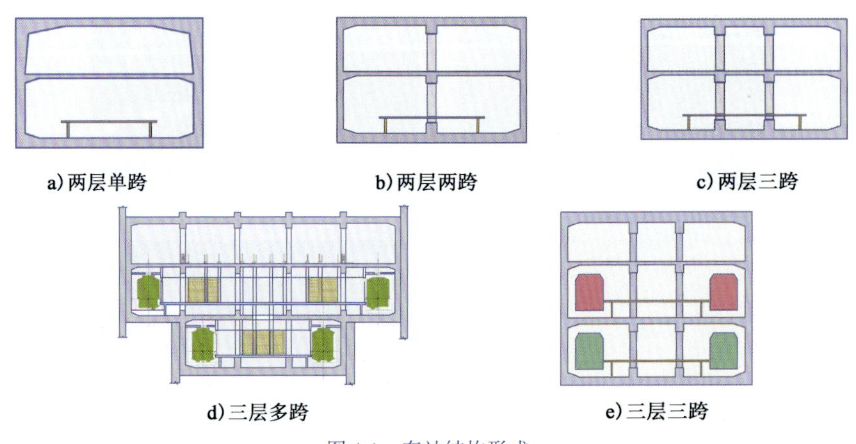

图 4-1　车站结构形式

③两层两跨框架结构[图4-1b)],适用于岛式站台车站。

④两层三跨框架结构[图4-1c)],适用于岛式站台车站。

⑤三层不等跨框架结构[图4-1d)],适用于平行部分重叠换乘站。

⑥三层三跨框架结构[图4-1e)],适用于平行重叠的换乘站。

4.3 明挖地下车站结构的设计

4.3.1 围护结构入土深度的确定

地下车站围护桩墙的入土深度由基坑的稳定性验算确定。基坑稳定性验算除考虑基坑桩墙抗倾覆稳定、抗滑移稳定外,尚应着重考虑坑底抗隆起稳定、不透水基底抗承压水稳定和透水性基底的抗管涌稳定。取验算结果最大值来确定围护结构入土深度。

(1)抗坑底隆起

由围护墙底两侧土体的滑动力矩和抗滑动力矩(包括墙体的抵抗弯矩)的平衡,试算出围护墙入土深度。抗隆起安全系数的取值随基坑等级而定。

(2)抗坑底管涌

若基坑底面以下处于松散的砂层,并作用有渗透水压,当动水力坡度大于砂的极限动水力坡度时,砂粒会随渗透水压涌动,称为"管涌"。增加墙体入土深度,使地下水流线增长,从而降低动水力坡度,有助于防止管涌的发生。

(3)抗坑底承压水

基坑底有一层薄的不透水层,其下方有较大的承压水水头,当土体不足以抵抗水压力时,基坑底就会发生涌水。当基坑底不能满足抗涌水稳定条件时,可采用隔水帷幕隔断滞水层或用井点降水,降低承压水水头。有条件时也可将围护墙直接打入较深的隔水层阻断承压水。

对于饱和含水的软弱地层,为满足基坑的稳定要求、使基底能提供足够的被动土压力,适当减少围护桩墙的入岩深度,通常需要进行施工降水和基底搅拌(旋喷)加固。

4.3.2 围护结构的计算

《地铁设计规范》(GB 50157—2003)规定"桩墙式围护结构的设计应根据设定的开挖工况和施工顺序,按竖向弹性地基梁模型逐阶段计算其内力及变形。当计入支撑作用时,应考虑每层支撑设置时墙体已有的位移和支撑的弹性变形"。围护结构计算有增量法和总量法两种,目前较常用的为增量法。

①总量法。按总量法计算时,侧向水土压力一次加载,然后按开挖分步计算

围护墙和支撑的内力。

②增量法。按增量法计算时,侧向水土压力分次加载,因此某一开挖阶段围护墙和支撑的内力为前面各次计算内力的总和。

4.3.3 车站主体结构设计

1)作用在地下结构上的荷载

根据《地铁设计规范》(GB 50157—2003)的规定,作用在地下结构上的荷载可分为永久荷载、可变荷载和偶然荷载。

(1)永久荷载

结构自重、土压力、水压(浮)力、地面建筑物压力、混凝土收缩徐变影响、预加应力、设备重力和地基下沉影响等。

(2)可变荷载

基本可变荷载——地面车辆荷载(含动力作用及其引起的侧向土压力)、轨道交通车辆荷载及其动力作用、人群荷载等。

其他可变荷载——温度变化影响、施工荷载等。

(3)偶然荷载

地震影响、沉船、抛锚或河道疏浚产生的撞击力等灾害性荷载。

2)地下结构计算

(1)计算模式

按照围护墙与主体结构墙之间结合关系的不同,通常有三种地下结构计算模式:

①单一墙。围护墙直接作为主体结构的侧墙。适用于比较厚的地下连续墙作围护的情况,主体结构板的主筋与连续墙钢筋之间用接驳器相连,见图4-2a)。

②复合墙。围护墙与内衬墙之间不能传递剪力,只能传递法向力。前者承受施工阶段的荷载,完成主体结构内衬墙后的荷载增量由两者共同承担,见图4-2b)。

③叠合墙。围护墙与主体结构墙的叠合面之间能传递剪力,两者可视作整体墙。此种围护结构形式也多采用地下连续墙,内衬墙相对较薄,见图4-2c)。

(2)明挖框架结构计算

结构视作支承在弹性地基上的平面框架,将结构分解成若干计算单元,地层的约束以弹簧单元代替,进行有限元计算分析。

所有这些计算都可借助SAP系列软件或其他专用软件实现。当结构纵向受

力不均匀时，应进行必要的纵向计算分析。对受力复杂的结构（如换乘节点）宜采用三维空间有限元法计算分析。

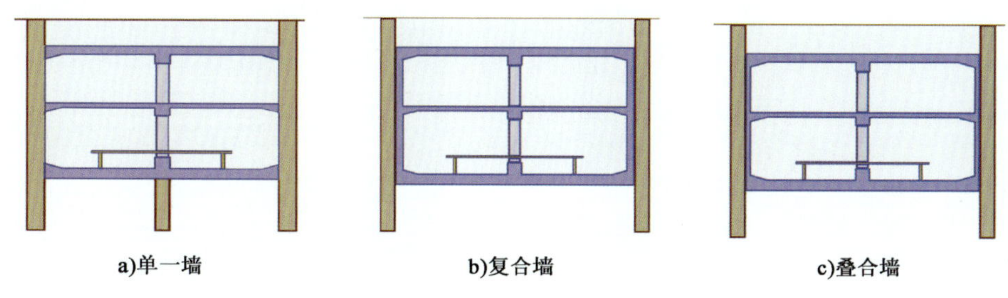

图4-2 地下结构计算模式

(3)主体结构的抗浮

规范对明挖地下结构的抗浮安全性暂无明确的规定。《地铁设计规范》(GB 50157—2003)对沉管法隧道的抗浮要求是“施工阶段的抗浮安全系数不小于1.05”,“运营阶段的抗浮安全系数不小于1.10”。当结构自重和覆土不足以抗浮时，也可采取措施将围护墙计入结构抗浮重力。通常采用的抗浮措施是结构底板下设置抗拔桩。

4.4 明挖地下车站的施工

4.4.1 基坑围护桩墙施工

明挖施工的城市轨道交通地下车站的基坑围护结构方案，应考虑下列因素，经技术经济比较后确定：

①工程地质和水文地质条件。

②基坑宽度和深度，对周边建(构)筑物的影响。

③围护结构与主体结构之间的相互关系。

④主体结构的防水要求和防水方案。

⑤围护结构方案工程造价的经济性。

常用的地下车站基坑围护的方式有：放坡喷锚支护、土钉墙、重力式水泥土搅拌桩、地下连续墙、钻孔桩、套筒钻孔咬合桩、挖孔桩和SMW工法桩等。

1)地下连续墙

地下连续墙是在基坑开挖前，从地面用专用的成槽设备在泥浆保护下开挖成槽，然后下放钢筋笼，浇筑水下混凝土，组成一幅一幅连续的围护墙体，见图4-3和图4-4。

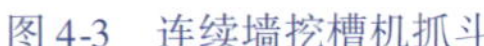
图 4-3　连续墙挖槽机抓斗

图 4-4　连续墙围护的基坑

地下连续墙通常适用于深基坑和安全防护等级及止水要求较高的基坑。地铁基坑连续墙厚度一般采用600～1000mm。

(1)适用地质条件

地下连续墙最适合于第四系软弱地层，如以淤泥类软土、饱和砂层为主的地层。也可用于强风化地层，在中风化及以上地层中因成槽困难一般不宜采用。当基坑周围有重要建筑物时，通常优先采用地下连续墙作围护。

(2)地下连续墙的优点

①围护结构的整体刚度较大，地层变形较小。

②接头较严密，防渗性(止水效果)好。

③设计时可作为主体结构的一部分来考虑。

④机械化程度高，施工条件好。

(3)地下连续墙的缺点

①仅作为临时挡土结构时，成本较高。

②在遇到岩层时需先冲孔，成槽困难。

③泥浆易污染环境；要有专用的施工机具。

(4)地下连续墙的分幅

地下连续墙的墙幅一般为6m，可根据实际需要调整。分幅应考虑基坑形状、出入口及风道的设置和支撑的布置。

(5)常用接头形式

常用的地下连续墙接头形式有：锁口管接头、接头箱接头、工字钢接头、十字钢板接头和预制构件接头等。无论是施工的难易程度还是防水效果，工字钢接头均明显优于锁口管接头，但工字钢接头用钢量较大。

2）钻孔灌注桩

钻孔桩通常用作建筑物的基础，作为基坑围护是以排桩的形式承受水平侧压力。钻孔桩一般也需要泥浆护壁和水下灌注混凝土，但钻孔桩具有设备相对简单、造价较低和对硬地层适应性强的优点。钻孔桩根据桩间关系的不同有分离单桩和咬合桩之分。

（1）分离桩

桩与桩之间有一定间距。桩间距较大时，桩间土体采用锚喷防护，桩间外侧多采用旋喷止水帷幕，见图 4-5a）。

（2）咬合桩

桩与桩之间有一部分是重合的，桩的施作要采用特殊的工艺，要求先浇筑的桩身混凝土缓凝，使后钻孔时能钻掉一部分先浇筑混凝土，从而达到两桩的混凝土能直接接触。咬合桩的优点是防水性能好，不需要在桩间做止水帷幕，见图 4-5b）。

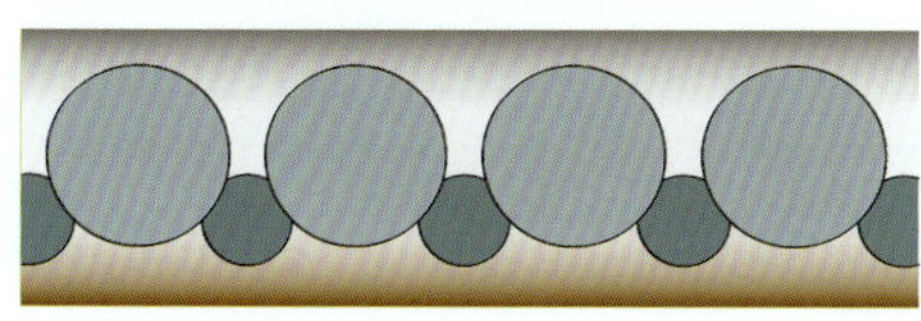

a)分离桩

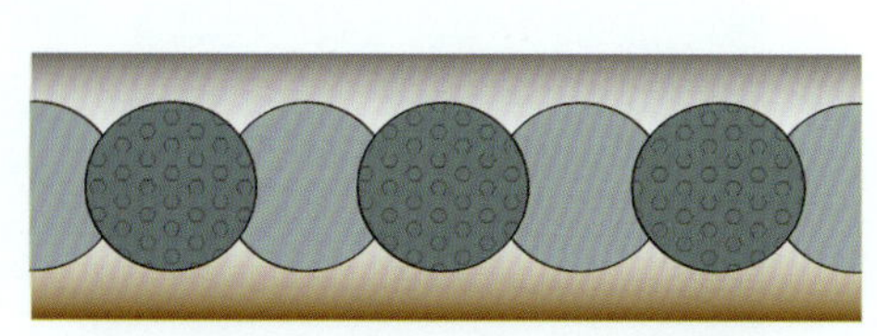

b)咬合桩

图 4-5　钻孔灌注桩示意图

钻孔桩的优点：

①适用于土或岩石等各种地层。

②施工机械化程度高，成孔速度较快。

③成本较地下连续墙低。

④成桩施工对周边地层或建筑物影响小。

钻孔桩的缺点：

①分离桩净距不宜小于150mm，桩间无连接，整体刚度较差。

②桩间要采用旋喷或摆喷止水，基坑变形和桩间止水效果不理想。

③排桩施工垂直精度低，容易在深处开岔、错位，影响止水效果。

3）人工挖孔桩

人工挖孔桩是以人力代替机具成桩，适用于基本无水的地层，能多桩同时施作，综合成桩速度快，造价低廉。挖孔桩一般为圆形断面，在地质条件好、无地下水的情况下，也可挖成矩形断面，这样处理有利于配筋和与主体侧墙的结合，见图4-6～图4-9。

图4-6　挖孔桩井口

图4-7　挖孔桩成桩

图4-8　挖孔桩加锚索围

图4-9　挖孔桩桩间混凝土防护

（1）适用地质条件

适用于无水或少水以黏土及粉质黏土为主的土层或半土半石地层。

（2）优点

①施工机具简单，成本低。

②工作面多，综合施工速度比较快。

③无泥浆及噪声污染。

④混凝土质量有保证，做成咬合桩时防水效果好。

(3)缺点

①工人在井内作业，环境恶劣、风险性大，一般限制使用。

②成桩施工中如果抽水，容易引起周边地层的变形。

③在软弱地层中，容易发生涌泥、涌沙、坍孔等险情。

4)土钉墙支护

土钉墙是以密布的锚杆加固土体，开挖表面辅以钢筋网和喷混凝土防护，经加固的土体形成类似于重力式挡墙的支挡建筑物，见图4-10。

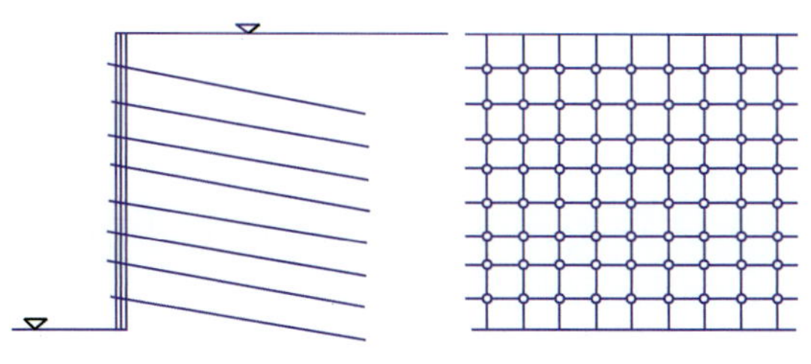

图4-10 土钉墙支护

(1)适用地质条件

一般适用于无水砂性土地层，采取措施后也可用于少水的砂性土地层。要求周边环境条件容许，无重要建筑物。基坑深度以不超过10m为宜，个别工程地质和环境条件允许时也有达到12m以上的。

(2)优点

①施工速度快，投资少，至少可节省一半。

②无内支撑，基坑作业空间开阔，基坑开挖和主体结构浇筑快。

③土钉支护可以和预应力锚杆(索)联合使用。

(3)缺点

①土钉和锚杆需占用基坑周围的地下空间。

②不适用于淤泥、流砂及有大量渗水的地层。

③施工时土体位移较大，因此使用条件受限制。

5)SMW工法桩

SMW(Soil Mixing Wall)工法桩可以简单地理解为加有型钢的搅拌桩墙。作为围护墙，主要受力的是里面的型钢(图4-11、图4-12)。设计时在型钢与水泥土接合牢固的情况下，桩的刚度按型钢刚度的1.2倍考虑。水泥土的主要作用是止水和传递桩间土压力。

图 4-11　型钢在起吊安插中

图 4-12　SMW 中已安插到位的型钢

SMW 中的型钢表面涂有减阻剂，主体结构完成后，型钢可被拔出回收，因此，可靠度高并且比较经济是 SMW 的最大优点。SMW 造价受型钢的倒用、摊销次数影响较大，摊销次数越多，造价越低。

6）重力式水泥土搅拌桩

该方法是对基坑两侧一定宽度的土体采用水泥深层搅拌（软土）或高压喷射注浆（砂类土）进行土体加固，形成重力式加固体挡土墙。

该方法的优点是施工简单，无需采用支撑系统，开挖施工空间大。

该方法的缺点是基坑越深，加固体越大。一般适用于深度小于或等于 7m 的基坑。

7）放坡喷锚防护

当车站基坑开挖深度较浅（如单层车站），且周围场地开阔时，可考虑采用放坡开挖，坡面用喷锚防护。

放坡喷锚防护具有造价低、施工简便、速度快的优点，但要做好基坑内外的排水。

4.4.2　基坑支撑体系

浅的基坑可以采用无支撑的自立桩围护。较深的基坑桩、墙围护结构通常需设一道或多道支撑（锚索），以减小桩（墙）身的内力，增加基坑的稳定性。支撑体系包括下列几部分：

（1）冠梁

在围护墙顶部灌注的钢筋混凝土梁称冠梁，其作用是把单个（幅）的桩（墙）连成整体；便于架设第一道支撑；也可兼顾支护第一道支撑以上的土体。

（2）围檩

根据支撑设置需要，间隔一定高度设一道水平的腰梁叫围檩。围檩一般凸出在围护墙表面,可以采用钢筋混凝土或型钢做围檩。围檩的作用就是把桩(墙)传来的土压力传给内支撑或锚索。当采用地下连续墙时,一般无需设置围檩,但为增加整体刚度,现在多采用另设围檩。

(3)钢支撑(钢管支撑、型钢支撑)

钢支撑具有安装、拆卸方便,可以施加预应力以合理地控制基坑变形的优点。钢支撑可以多次倒用,回收再利用率高,较为经济。钢支撑一般采用 ϕ609mm 钢管,也可采用型钢(工字钢、槽钢)的焊接构件。

(4)钢筋混凝土支撑

钢筋混凝土支撑具有刚度大、形状和布置随意性大的特点。适用于不规则形状的基坑,如车站基坑两端和换乘节点。但施作时间长,拆除比较费事,不能回收利用。当基坑变形控制要求较高时,采用钢筋混凝土支撑。第一道支撑一般多采用钢筋混凝土支撑。

(5)支承立柱及纵梁

当基坑宽度较大时,为提高支撑的抗压稳定能力,往往要增加支撑的中间约束,减少自由长度,需要设置支撑之间的联系纵梁和支承立柱。立柱多由 4 支角钢组成,纵梁可采用槽钢或工字钢组成。

(6)锚索

工程地质条件允许,以及对基坑内空有特殊要求时,可采用锚索(杆)拉锚的围护墙。锚索变形较大,还可能影响相邻地下空间的开发利用,选用时要慎重考虑。锚索一般不能重复使用,因此造价较高。

支撑体系的选用关系基坑的稳定和围护结构的经济合理性。当地面建筑对沉降要求较高时,第一道支撑的位置应适当提高;基坑深、土压力大时,最下面的一道支撑应尽量放低。钢支撑应施加预应力。

4.4.3 围护结构的选用

基坑围护结构应根据场地工程地质及水文地质条件和周围环境、基坑安全等级,并结合各种围护结构自身的特点选用。

(1)10m 以下基坑

在场地及地质条件允许时,应优先考虑最经济的敞口放坡开挖。不具备条件的可采用加筋水泥土挡墙、土钉墙、SMW 桩和人工挖孔桩等。

(2)10 ~ 14m 之间的基坑

适宜采用 SMW 桩、钻孔桩+止水帷幕、地下连续墙、放坡喷锚防护等。

(3)14m 以上基坑

一般宜采用钻孔灌注桩、地下连续墙等。

对于同一个基坑也可根据情况采用一种或多种围护结构结合的形式。

4.4.4 明挖施工工序

地下两层车站明挖基坑深约15m左右,以标准段一般设三道支撑为例。明挖顺筑法基坑开挖支护和结构回筑施工工序(图4-13)如下。

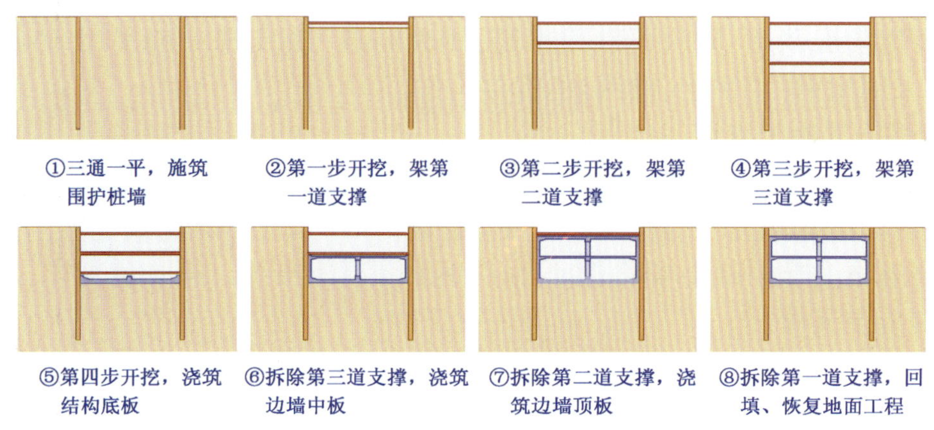

图4-13 明挖顺筑施工

(1)前期工作

三通一平→场地围挡→管线改移→围护桩墙施工→帷幕止水→坑底地基处理→基坑内降水

(2)基坑开挖

第一步开挖→架第一道支撑→第二步开挖→架第二道支撑→第三步开挖→架第三道支撑……

(3)回筑施工

做基底垫层→铺设底板防水层→灌注底板混凝土→拆第三道支撑→铺设边墙防水层→浇筑边墙、中柱及中板混凝土→拆第二道支撑→铺设防水层浇筑站厅层边墙、中柱及顶板混凝土→拆第一道支撑→做顶板防水层→管线复位回填→恢复路面及绿化。

除明挖顺筑法施工外,还有全盖挖施工和半盖挖施工。盖挖法又可分为永久路面盖挖法和临时路面盖挖法。从方便施工考虑,现在多采用半盖挖法施工,详见图4-14~图4-17。

车站基坑开挖应分段、分层进行,随开挖随支撑。在软弱地层中应逐条拉槽架设支撑;地下水位高时,应提前抽水降水。车站基坑纵向分部开挖示意图见图4-18。

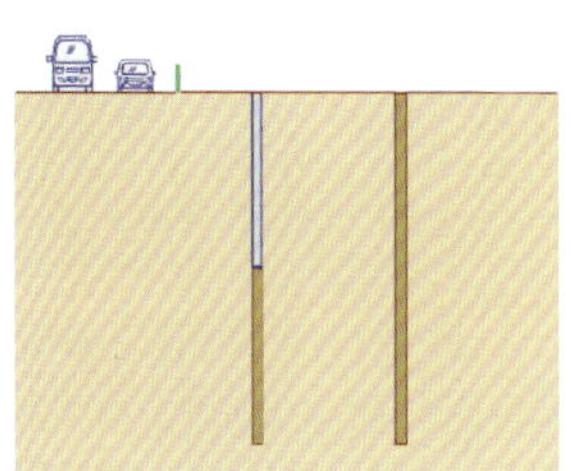

①三通一平，做围护桩和立柱

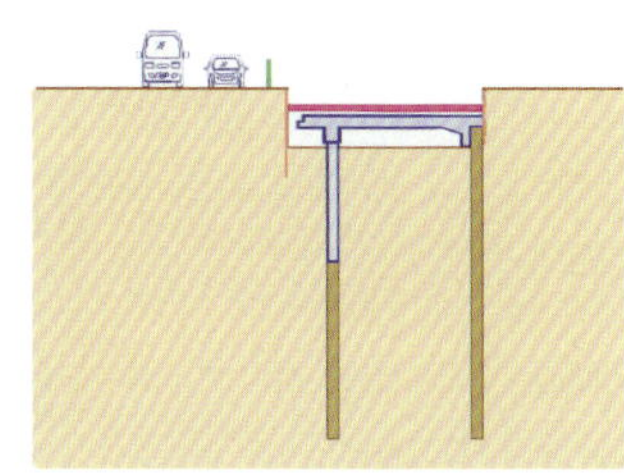

②浇筑半边结构顶板

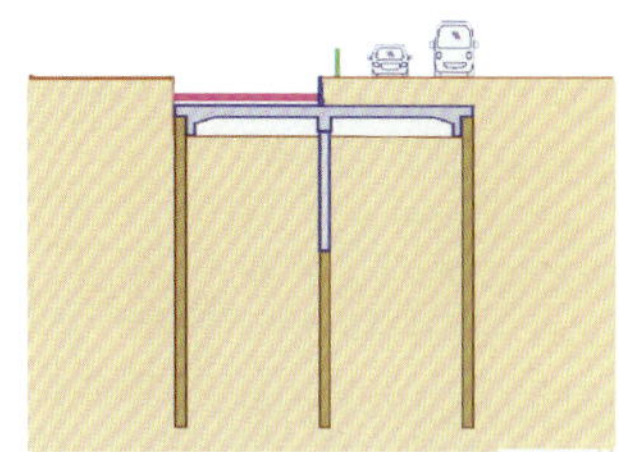

③恢复半边路面，浇筑另一半顶板

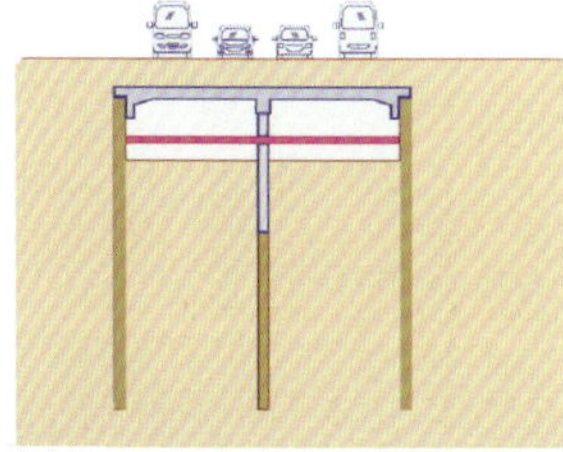

④恢复地面交通，内部开挖支撑

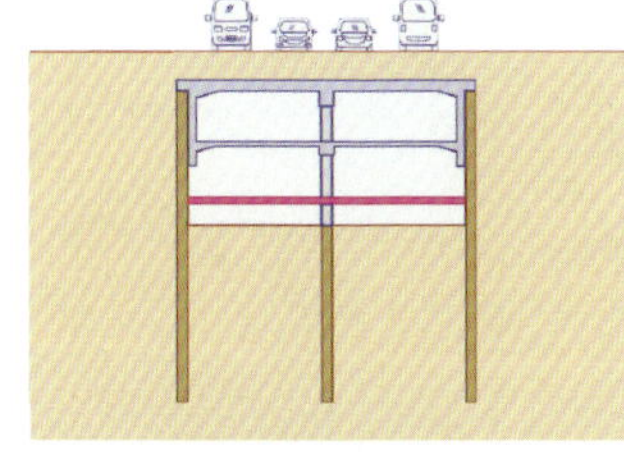

⑤浇筑中板侧墙，向下开挖支撑

⑥浇筑底板和侧墙

图4-14 全盖挖逆筑施工

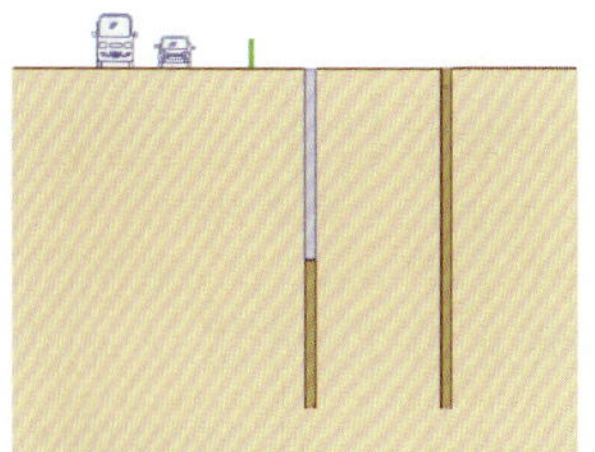

①三通一平，做围护桩和立柱

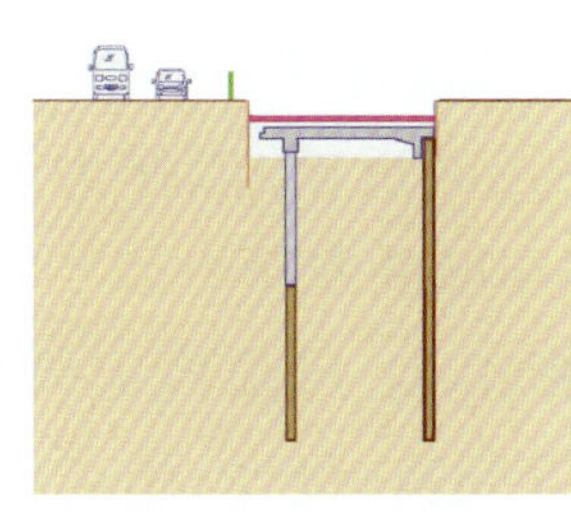

②浇筑半边结构顶板

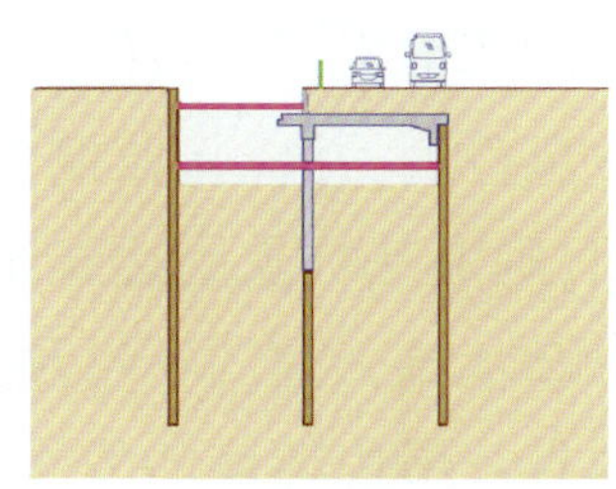

③恢复半边路面

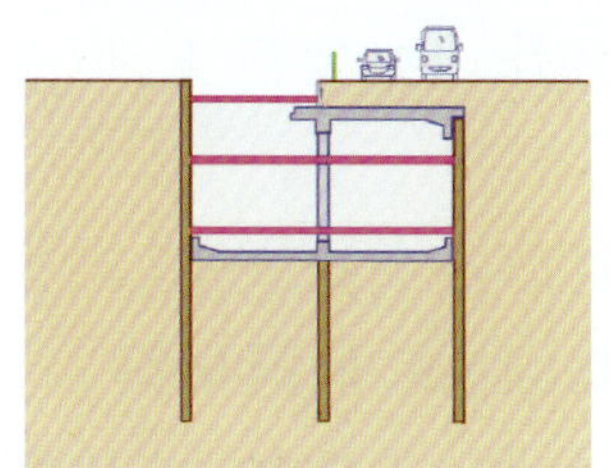

④向下开挖支撑，浇筑底板

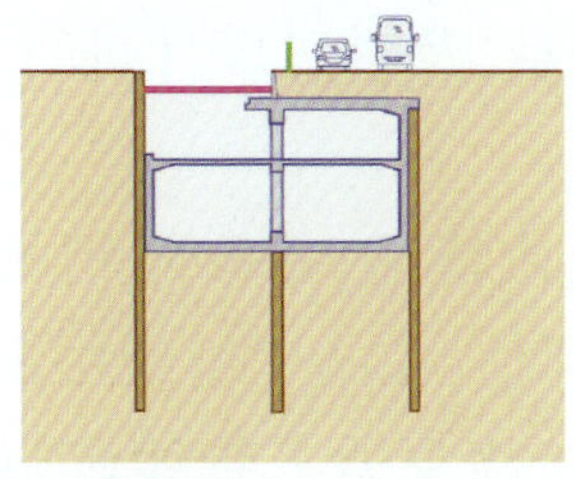

⑤逐步拆除支撑，浇筑侧墙和中板

⑥浇筑另半边顶板，回填恢复路面

图4-15 半盖挖顺筑施工

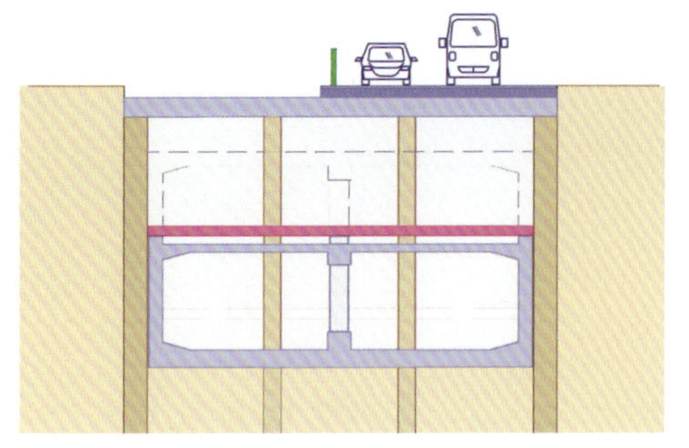
图 4-16　临时路面半盖挖施工

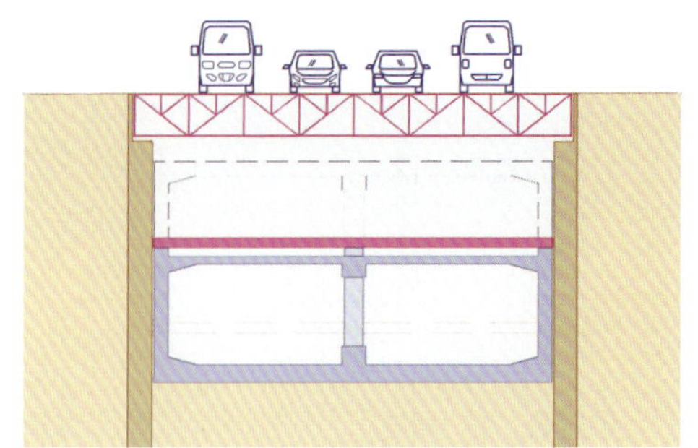
图 4-17　临时路面全盖挖施工

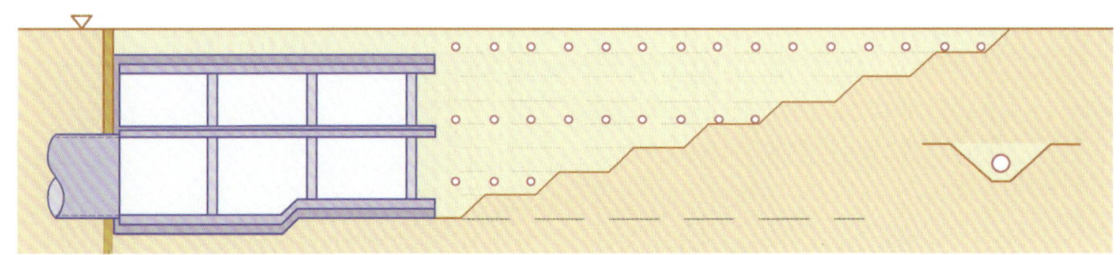
图 4-18　车站基坑纵向分部开挖示意图

4.5　基坑监测与信息化施工

①基坑工程应按照规范规定和设计要求，做好全过程的施工监测和支护结构的质量检测，并应将监测的结果及时反馈，以作为动态设计和信息化施工的重要依据，确保基坑及周边建筑物和环境的安全。

②基坑工程的不可预见因素很多，风险性大，设计和施工首要问题是确保基坑本身及周边环境的安全。负责勘察、设计、施工与监测等项工作的有关单位在这一系统工程的实施过程中应做到密切联系，互相配合。

③基坑支护设计应遵循动态设计与信息化施工相结合的原则。设计人员应根据施工过程中监测反馈的信息，及时对设计进行验证，并作出必要修正，以不断完善设计。

④基坑施工单位应根据土质特征，并参照相关规范制订各项报警值，根据监测数据分析和预测，进行风险评估，在施工组织中制订可靠的抢险加固预案。

⑤基坑监测包括：地面建筑物及地下管线沉降、基坑位移、支撑轴力、桩墙内力、侧墙土压力及地下水位等内容，可根据基坑等级和场地具体情况选测。

《建筑基坑支护技术规程》（JGJ 120—1999）的规定，根据支护结构破坏、土体失稳或过大变形对基坑周边环境及地下结构施工的影响程度，基坑侧壁安全等级分为三级:一级——影响很严重,重要性系数1.1;二级——影响一般,重要性系数1.0;三级——影响不严重,重要性系数0.9。

基坑监测主要项目选择表见表4-1,基坑围护体系的报警值见表4-2,地下管线及建筑物位移控制值见表4-3。

围护体系报警值 表4-1

监测项目 / 基坑等级	支护结构位移	地面建筑沉降裂缝管线变形	地下水位	锚杆拉力	支撑轴力	立柱位移	桩墙内力	基底隆起	孔隙水压力	土压力量测
一级	√	√	√	√	√	√	△	√	△	△
二级	√	√	√	△	△	△	○	√	○	○
三级	√	√	√	○	○	△	○	△	○	○

注:表中,△为宜测项目,○为可测项目。

围护体系报警值 表4-2

<table>
<tr><td rowspan="2">基坑工程监测等级 / 监测项目</td><td colspan="2">一级</td><td colspan="2">二级</td></tr>
<tr><td>变化速率(mm/d)</td><td>累计值(mm)</td><td>变化速率(mm/d)</td><td>累计值(mm)</td></tr>
<tr><td>围护墙顶变形</td><td rowspan="3">2~3</td><td>25~30</td><td rowspan="3">3~5</td><td>50~60</td></tr>
<tr><td>围护墙最大侧向位移</td><td>40~50</td><td>65~80</td></tr>
<tr><td>地表最大沉降</td><td>25~30</td><td>50~60</td></tr>
<tr><td>孔隙水压力、土压力、支撑轴力、锚杆拉力、结构内力</td><td colspan="4">60%~80%</td></tr>
</table>

地下管线及建筑物位移控制值 表4-3

项目 / 监测对象	变化速率(mm/d)	累计值(mm)	备注
煤气、供水管线位移	2	10	刚性管道
电缆、通信管线位移	5	10	柔性管线
地下水水位变化	300	1000	—
邻近建(构)筑物位移	1~3	20~60	根据结构确定

4.6 暗挖地下车站

(1)地下车站结构形式

在不能明挖施工时,如车站位于交通或景观要求不能中断的道路下方,或铁路站场下方,工程地质条件又允许的情况下,可采用暗挖的车站结构。暗挖车站结构根据环境条件和地质情况可采用多种结构形式，见图4-19。我国城市轨道交通地下车站主要的结构形式见表4-4。

我国城市轨道交通地下车站主要的结构形式　　表4-4

地下车站结构形式	备　注
大跨单拱结构	适宜于Ⅱ级及以上围岩
单层双联拱结构	适宜无地下水的围岩
两层双联拱结构	北京地铁石榴庄站等
两层三联拱结构	北京地铁天安门西站等
高低洞分离结构	广州地铁广州东站
双洞分离结构	南京地铁1号线站

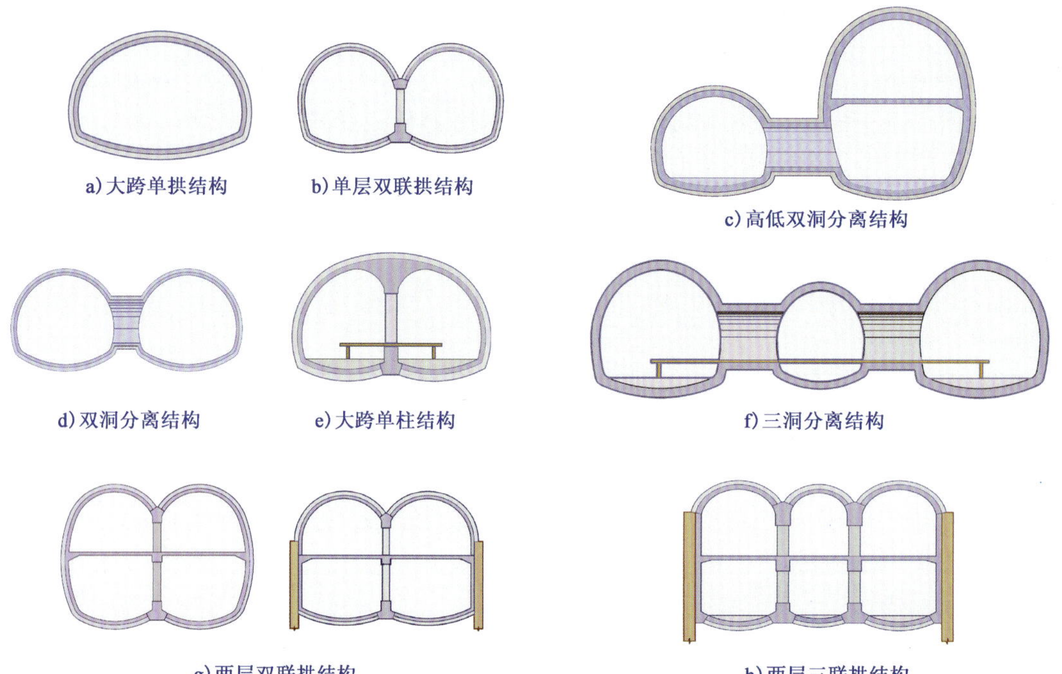

图4-19　我国常用的暗挖车站结构形式

（2）暗挖地下车站的施工方法

城市轨道交通地下车站通常采用明挖施工。当环境条件限制而工程地质条件又基本允许时也可采用暗挖法施工。如位于长安街地下的北京地铁复兴门—八王坟线、位于铁路站场下方的广州地铁3号线广州东站站和南京地铁1号线南京站站，都只能采用暗挖施工；有的车站位于繁忙的十字路口或高架桥下，往

往也不得不采用暗挖施工。常用的暗挖施工工法有以下几种：

①台阶法。适用于没有地下水，围岩条件又较好的大断面单洞车站隧道。折返线、渡线地段也多有用台阶法施工的。

②中隔壁法。即 CD 法或 CRD 法，适用于地质条件稍差的大断面隧道。由于增加了中隔壁，分步开挖跨度减小，能较好地控制地面沉降。

③侧壁导坑法。适用地质条件较差的单洞大跨的车站隧道。先开挖两侧导坑，后开挖拱部，“先墙后拱”施工能减少拱部沉降，确保安全。

④中洞法。适用于围岩条件稍好的联拱车站隧道。先开挖中洞做中(墙)柱和上(中)、下纵梁，再自上而下开挖、施筑两侧联拱。施工中保证中柱的稳定是关键。中洞法也适用于折返线喇叭口段联拱隧道施工。

⑤柱洞法。柱洞法适用于围岩较差的两层双跨或三跨车站，其中柱的做法同中洞法。因为两层车站边墙较高，所以在两侧拱脚处开挖导坑；再在导坑中采用挖孔桩或钻孔桩完成边墙的支护桩；完成拱部初期支护后，自上而下开挖支撑；最后自下而上完成二次衬砌。由于已经做了支护桩，所以柱洞法虽然造价较高，但相对于别的方法更安全可靠。

图 4-20　CRD 法实景

暗挖工法详见图 4-20 ~ 图 4-25。

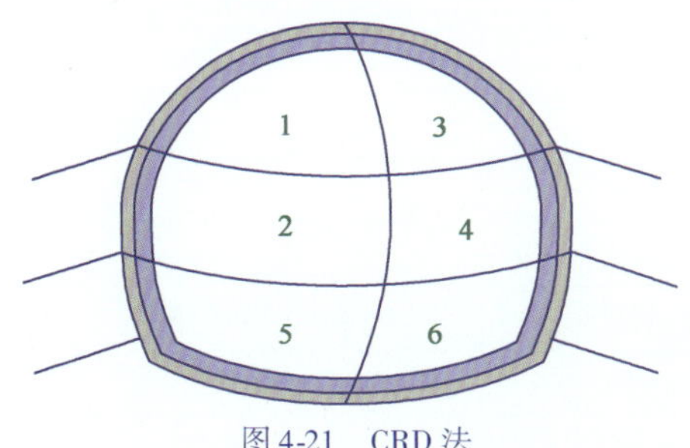

图 4-21　CRD 法

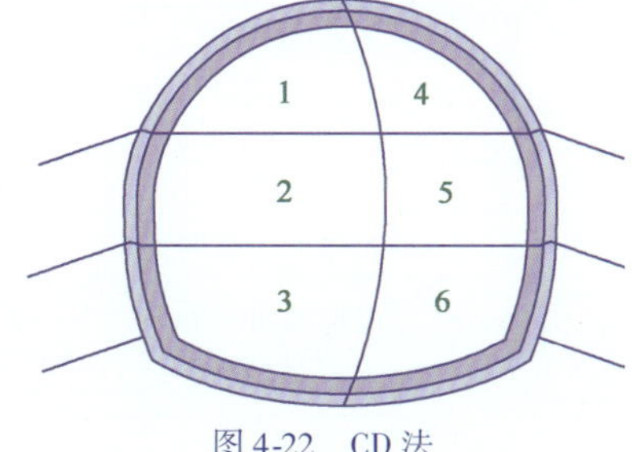

图 4-22　CD 法

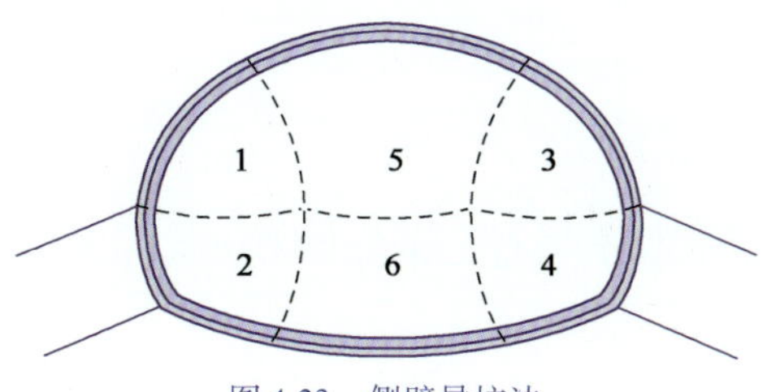

图 4-23　侧壁导坑法

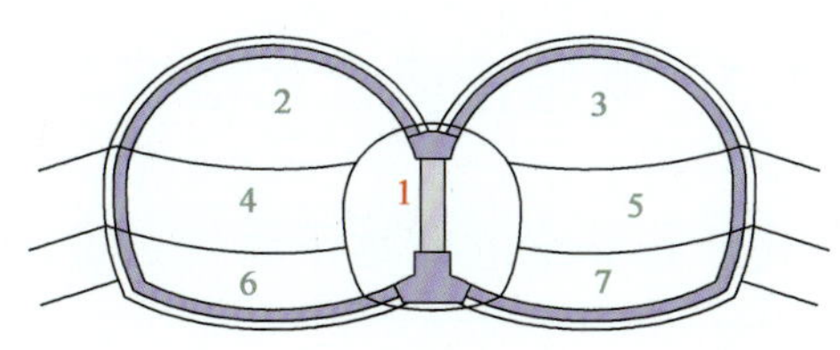

图 4-24　中洞法

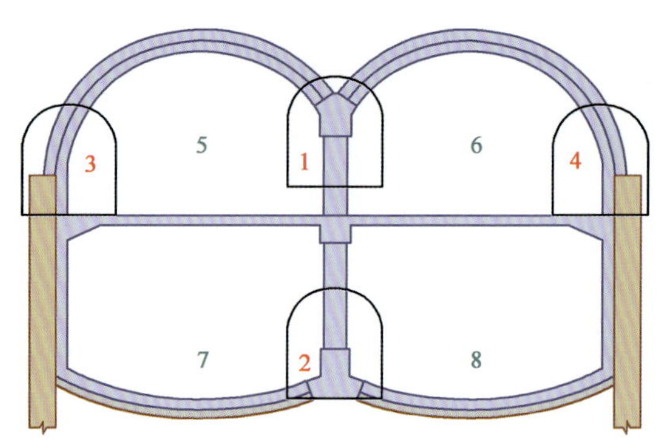

图 4-25　柱洞法

(3)地下车站施工方法技术经济比较

城市轨道交通地下车站施工方法的技术经济比较见表 4-5。

地下车站施工方法技术经济比较表　　表 4-5

比选内容 \ 施工方法		明挖法	盖挖法	暗挖法
投资	土建费	低	较低	高
	拆迁费	高	高	低
	自动扶梯及运营费用	低	低	高
	综合造价	低	较低	高
施工	施工难度	施工简便	技术成熟难度小	技术复杂难度大
	结构防水质量	容易保证	较容易保证	较难保证
	地面沉降量	小	小	较大
	施工工期	短	较长	长
	安全性	好	较好	较差
对环境的影响	对市民生活影响	大	较大	小
	对地面交通干扰	时间长	时间较短	没影响
	房屋拆迁量	大	大	极少
	管线拆迁量	影响大	影响大	极少

4.7　明暗挖混合式地下车站

由于道路交通或地下管线的原因,只能采用部分明挖、部分暗挖时,常用的结构形式有:

①车站两端为明挖两层框架结构,中部为暗挖单层分离洞结构,有联络通道

相通。但站厅层不贯通。如南京地铁1号线南京站站。

②车站两端为明挖两层框架结构，中部为暗挖两层双联拱或三联拱结构，站厅层贯通。如北京地铁4号线石榴庄站。

③车站的一侧为明挖两层框架结构，地下一层为站厅，二层为站台；另一侧为暗挖单洞结构。如北京地铁10号线知春路站，见图4-26。

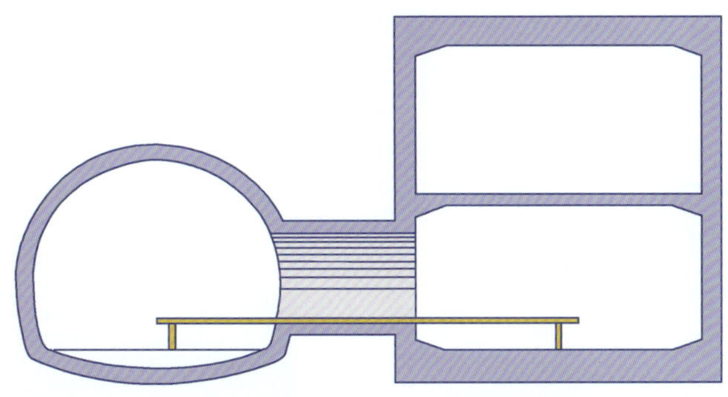

图4-26　北京知春路站标准横断面示意图

4.8　地下结构防水

(1)地下结构的防水原则

根据《地铁设计规范》(GB 50157—2003)，地下结构防水应遵循的原则是：以防为主、刚柔结合、多道防线、因地制宜、综合治理。

(2)地下结构防水标准

城市轨道交通地下车站及机电设备集中区段的防水等级应为一级。一级防水标准的要求是：结构不允许渗水，结构表面无湿渍。

区间隧道及联络通道等附属的隧道结构防水等级应为二级。二级防水标准要求为：顶部不允许滴漏，其他不允许漏水，结构表面可有适当湿渍，总湿渍面积不应大于总防水面积的6/1000；任意100m^2防水面积上的湿渍不超过4处，单个湿渍的最大面积不大于0.2m^2。

(3)防水方案

①必须建立以混凝土自防水为根本的防水体系，任何附加的防水措施只能是对混凝土自防水的补充，而不能取代混凝土自防水，一般防水混凝土的抗渗等级不得小于P8，当埋置深度大于20m时，则不得小于P10。

②在条件允许时，应优先采用“全包防水”，即全断面附加外防水层。

在地质条件允许，且围护结构为地下连续墙时，也可考虑采用“半包防水”

的方式，即仅在顶板设附加外防水层，侧墙、底板完全依靠混凝土自防水。

(4)常用的两大类防水材料

市场上防水材料品种繁多，还有许多进口的防水材料，但是产品质量良莠不齐。城市轨道交通工程是百年大计，一定要慎重选用。

①刚性防水材料。以水泥混凝土为基体，通过提高混凝土表面或内部密实度，消除混凝土表面的裂缝，提高抗渗透性能，达到防水目的。

②柔性防水材料。卷材和涂膜，为不透水性材料，多采用有机薄膜材料，防水原理是将建筑结构与环境水隔离，从而达到防水目的，见图4-27和图4-28。

图4-27 防水卷材施工

图4-28 防水涂料施工

城市轨道交通地下车站常用的防水措施见表4-6。

地下车站常用防水措施表 表4-6

部 位	结构主体			后浇带	施工缝	变 形 缝
防水措施	防水混凝土(S8)	防水涂料(顶板)	防水板(侧墙底板)	中埋式、外贴式止水带	镀锌钢板止水带、外贴式止水带	中埋式橡胶止水带、防水嵌缝材料、外贴式止水带

第5章 区间隧道

5.1 概述

区间隧道是地铁车站与车站之间的行车通道,正线一般为上、下行分离的两条隧道。当车站端头设有渡线、存车线或折返线时,在两条正线之间需设岔线,形成分叉形三线或四线并列的隧道。

根据工程地质和水文地质、地面建筑和周边环境、地下管线和隧道埋深等条件,区间隧道可采用明挖法施工、矿山法施工或盾构法施工。施工方法的确定必须做到因地制宜、安全可靠、技术先进和经济合理。

不同的施工方法采用不同的隧道断面结构。明挖法施工的隧道多采用矩形框架;矿山法施工的隧道一般采用带仰拱的马蹄形断面;盾构法施工的隧道通常采用圆形断面。各类隧道断面示意图见图5-1~图5-3。

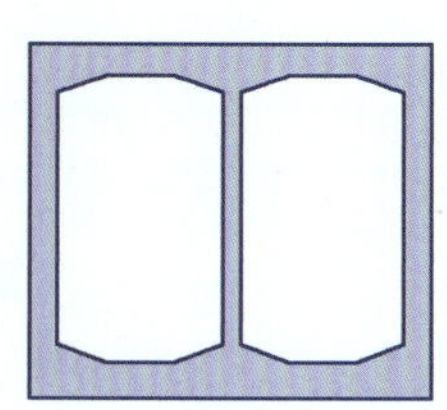

图5-1 明挖隧道

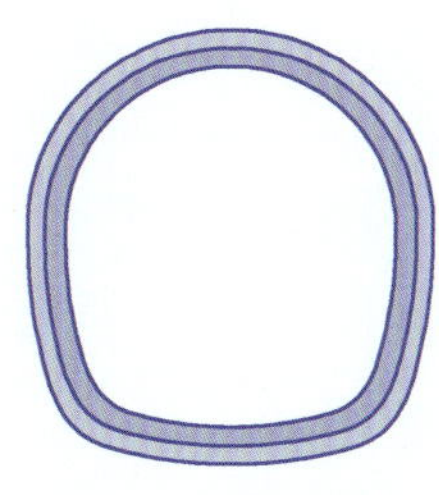

图5-2 马蹄形隧道

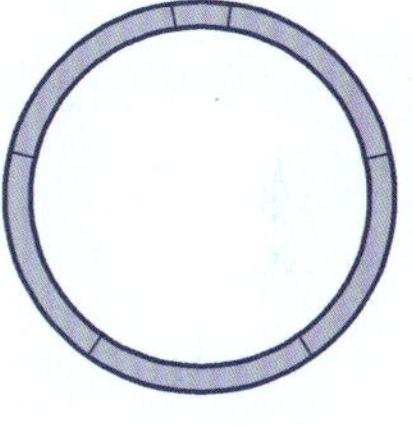

图5-3 圆形隧道

5.2 盾构法区间隧道

5.2.1 盾构法概述

盾构是修建隧道的专用机具,盾构法施工具有以下优缺点。

盾构法优点:

①地面作业很少,施工隐蔽性好,因噪声、振动对环境造成的影响小。

②穿越河底或海底时,不影响通航,不受气候的影响;穿越地面建筑群和地下管线密集区域时,对周围环境影响较小。

③机械化、自动化程度高,劳动强度低。

④施工速度较快,作业安全。

盾构法缺点:

①施工设备费用较高。

②对地层变化的适应性较差。

③覆土较浅时,地表沉降较难控制。

④泥水盾构的泥浆要做专门处理,占用施工场地较大。

⑤不适用于结构尺寸复杂多变的隧道施工。

5.2.2 盾构分类与构造

(1)盾构按性能分类

盾构按性能可分为以下四类:

①敞口(挤压)式盾构。

②土压平衡盾构。

③泥水平衡盾构。

④硬岩隧道掘进机(TBM)[图5-4a)]。

(2)盾构按形状分类

盾构按形状可分为以下六类:

①单圆盾构,为目前最常用的盾构。

②双圆盾构[图5-4c)],上海地铁已投入使用。

③马蹄形盾构,国内尚无此种盾构。

④半圆形盾构,国内尚无此种盾构。

⑤矩形盾构,已用于出入口通道。

⑥三圆盾构,用于车站,国内尚无此盾构形式。

a)掘进机

b)盾构

c)双圆盾构

图5-4 盾构类型

(3)盾构机构造

盾构机按系统分可分为壳体、推进系统和衬砌拼装系统三大部分。

①盾构壳体。盾构壳体由切口环(刀盘)、支承环和盾尾三部分组成,通过外壳钢板组成一个整体。

②推进系统。由电机、液压设备和千斤顶等组成,通过千斤顶的伸缩,推动盾构机前进。

③衬砌拼装系统。衬砌拼装系统最常用的是杠杆式拼装器,由举重臂和驱动部分等组成。

盾构机按组成成分可分为刀盘、支承环和盾尾。动力、推进和拼装系统都安装在中部支承环内。盾尾是拼装管片的保护壳。此外,盾构主体以外,还有变电、注浆和通风等后配套设备,见图5-5。

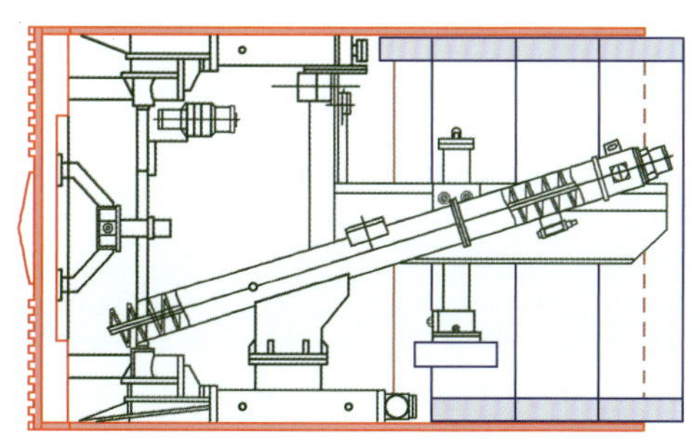

图5-5 盾构机刀盘及机身剖视图

(4)盾构机平衡土压的原理

在地铁工程中常用的盾构机有土压平衡盾构和泥水平衡盾构两种。

①土压平衡盾构。在正常掘进时,刀盘切削下来的土充满土舱腔室,利用土舱泥土压力与作业面的水、土压力相平衡;同时,用螺旋式输送机进行与盾构推进量相应的排土作业。在掘进过程中,始终保持开挖土量与排土量的平衡,以保持正面土体的稳定,使盾构机在尽量不松动围岩的状态下掘进,见图5-6。

②泥水平衡盾构。除被动平衡作业面水、土压力外,还通过向密封的土舱中注入适当压力的泥浆,使其在开挖面形成保护泥膜;同时,刀盘切削下来的土体与泥水混合后形成高密度泥浆,以平衡作业面的水、土压力。然后由排泥泵及管道把渣土泥浆输送到地面进行渣、浆分离回收处理。在掘进过程中,需始终保持密封舱中的泥浆压力。因此,泥水平衡盾构机能适用于淤泥质软土、饱和含水的砂质土层和砂砾石层等软弱地层,见图5-7。

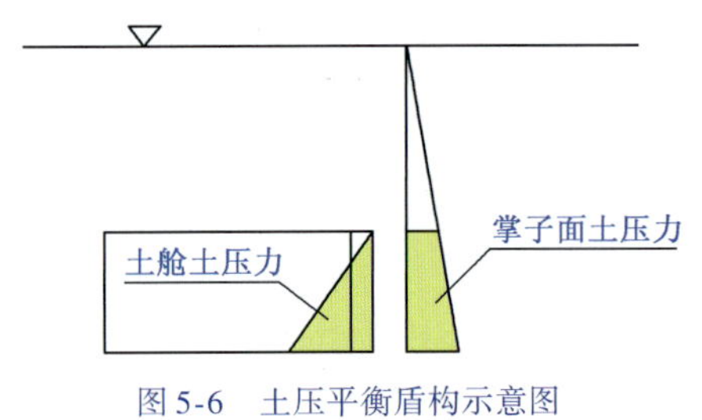

图 5-6 土压平衡盾构示意图

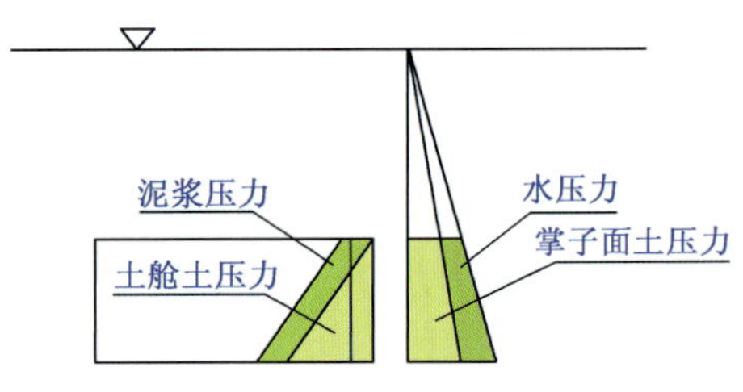

图 5-7 泥水平衡盾构示意图

5.2.3 盾构选型

盾构选型主要应考虑工程地质及水文地质条件、开挖面的稳定性、隧道埋深、隧道断面大小、环境条件、辅助工法、线路技术条件、工期及造价等因素。

对地下水丰富的砂性土,应考虑使用泥水平衡盾构。对透水性差的黏性土,可考虑使用土压平衡盾构。

5.2.4 盾构施工

(1)盾构施工主要步骤

①在区间隧道的起始端和终点端各建一个工作井。

②盾构在始发(起始端)工作井内安装就位。

③依靠盾构千斤顶的推力(作用在已拼装好的衬砌环和工作井的后背上),将盾构从始发工作井的墙壁开孔处推出(称为进洞)。

④盾构在地层中沿设计轴线推进,在推进的同时不断出土和拼装衬砌管片环(掘进和拼装)。

⑤及时向衬砌背后注浆,防止地层产生位移,并固定衬砌环位置。

⑥盾构进入接收(终点端)工作井并拆除(称为出洞)。

(2)盾构始发

盾构始发主要内容包括:洞口前方土体加固、设置盾构始发基座、盾构机组装就位调试、安装密封胀圈、组装临时管片衬砌、盾构机试运转,拆除洞门处临时围护墙、盾构机推入作业面加压和掘进等,见图 5-8。

(3)盾构到站

盾构到达掘进是指盾构到达接收井之前 50m 范围内的掘进。盾构机前端到达接收井壁后,人工凿穿墙壁并安装盾构接收基座。做好洞圈封堵工作。加强到达掘进段的盾构定位测量工作,并及时纠正盾构到达偏差。减小推力,适当降低掘进速度。见图 5-9。

图 5-8 盾构始发掘进

图 5-9 盾构到达掘进

(4)盾构过站

盾构从区间掘进到车站一端后,将盾构从车站一端拖至车站的另一端。这样做可以省去大型起重运输设备,免除了盾构的解体、吊装、运输、安装、试调以及车架转换等多道工序,车架(后配套)与盾构可以同时安装,因而可以大大缩短盾构区间的施工工期,也有利于延长盾构使用寿命。

盾构过站因增加车站结构工程的施工工期压力,还可能延长车站工期,并且需降低车站结构底板,从而增加了工程量,因此很少被采用。

(5)盾构调头

从一条区间隧道掘进到接收工作井后,将盾构平移、旋转 180°,调转到另一条线位上,再做反方向掘进准备的过程称为盾构调头。盾构调头与工作井的地面场地条件无关。盾构无需解体,也不存在因再次拆卸而影响盾构的质量和使用寿命,且有降低工程费用与缩短工期的优点。因此,在盾构施工组织时应尽可能考虑井内调头方案。

(6)盾构转场

盾构转场是指盾构到达接收井后,将盾构解体,用大型起重机械将解体后的盾构部件吊出地面,用大型运输设备运到另一个工作井旁;然后再吊放井下,将盾构部件重新组装调试的过程。盾构转场是全线施工组织的需要。显然,盾构转场费用高、施工工期长,影响盾构寿命。在起重设备、作业空间、运输条件许可的情况下,也可将盾构整体吊运转场。

(7)盾构通过中间井

①直接拼装管片通过。苏州市轨道交通 1 号线工程在盾构通过金鸡湖风井时,采用直接拼装管片通过的方式。

②回填后盾构通过。武汉轨道交通 2 号线盾构通过武昌岸盾构井时,采用回填塑性混凝土后盾构机掘进并拼装管片通过的方式。

(8)建(构)筑物保护

区间隧道沿线往往会遇到一些建(构)筑物(图5-10),如:商住楼、高层建筑或跨河桥、立交桥等基础。为了保证这些建筑物的安全,在盾构通过时需采取必要的保护措施。保护措施如下:

①跟踪注浆。

②隔断保护。包括隔离桩、旋喷桩、注浆。

③基底加固。包括注浆、树根桩、加筏板基础。

④基桩托换。包括被动基桩托换、主动基桩托换。

盾构施工的主要辅助工法有压气法、降水法、冻结法、注浆法等。

5.2.5 盾构井(图5-11)

图5-10 建(构)筑物

图5-11 盾构井

(1)盾构井功能分类

①始发井。为盾构机的出发提供场所,用于盾构机的组装、固定以及设置反力装置和安装其他设备等。一般在车站两端与车站结合设置。

②到达井。为盾构机到达接收后进行拆解、吊出等操作提供场所,也可作为盾构调头井。一般设在车站两端,故与始发井一样也叫端头井。

③中间井。为改变隧道掘进方向或为满足隧道使用功能上的要求而设置。如:区间中间通风井,或区间过长出于工期要求增加的盾构工作井。中间井可以是通过井,也可以是盾构始发或接收井。

(2)盾构井平面尺寸

盾构井一般采用矩形钢筋混凝土结构,也可采用圆形盾构井。采用矩形井时的尺寸要求如下。

①盾构井的纵向长度:

$$L = L_1 + L_2 + L_3 \tag{5-1}$$

式中:L_1——盾构机与前方壁间预留空隙,一般取1m;

L_2——盾构机盾体长度;一般为7.5~8.5m;

L_3——反力架与负环管片长度,一般大于2.5m。

②盾构井的横向宽度:

$$W_{总} = 2W + D \tag{5-2}$$

式中:W——盾构与工作井结构内壁间预留拼装空间,一般为0.6~0.8m;

D——盾构外轮廓直径,一般为6.3m左右。

(3)盾构井端头加固范围

纵向加固长度:加固长度随地质情况而定,一般大于盾构主机长度加1.5~2.0m。国内各城市加固长度一般为6~9m。盾构到达端的加固长度一般可比出发端短1~2m。

径向加固厚度:一般取1.5~3.0m,上海地铁、南京地铁及深圳地铁均采用3.0m,而北京地铁和广州地铁则采取1.5~3.0m。

国内各城市盾构井端头加固范围见表5-1。

国内各城市盾构井端头加固范围一览表　　表5-1

盾构井端头加固 / 城市	始发端加固长度	到达端加固长度	竖向加固范围	水平方向加固范围
北京	一般取6~8m	一般取3~4m	上下各1.5~3m	左右各1.5~3m
广州	一般取6~8m	一般取6~8m	上下各1.5~3m	左右各1.5~3m
上海	一般取5~6m	一般取3~4m	上下各3m	左右各3m
南京	一般取8m	一般取6m	上下各3m	左右各3m

(4)盾构井端头加固方法

加固措施的选择主要考虑工程地质和水文地质条件,同时考虑盾构端头部位的埋置深度及地面施工条件等因素。目的是要求加固后的地层能有长时间的自稳能力,开挖后不致有大量水土流失而坍塌。常用的端头加固处理方法有:搅拌桩、旋喷桩、注浆法、冷冻法等,见图5-12。

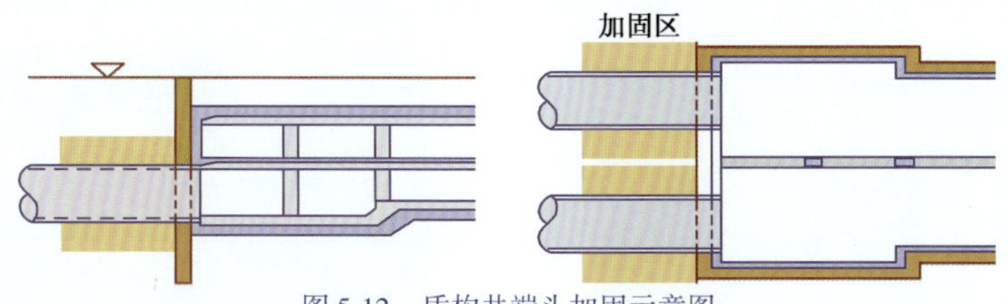

图5-12　盾构井端头加固示意图

(5)盾构井施工方法

根据工程地质及环境条件的不同,盾构井常用的施工方法有围护开挖法、沉箱法、沉井法等,最为常用的是围护开挖工法。

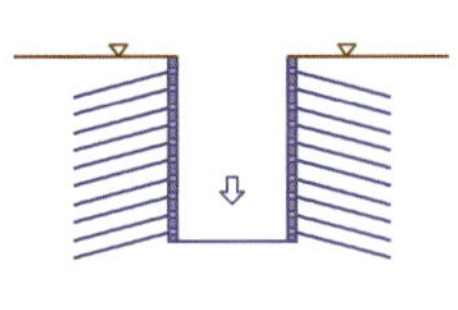

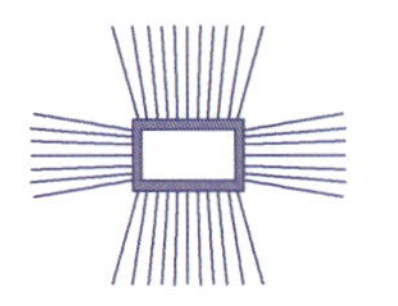

图 5-13　矿山法盾构井施工示意图

地质条件允许、地下水不发育或可采用抽排降水的情况下，盾构井可采用矿山法随挖随喷锚（格栅）的施工方法，见图 5-13。

5.2.6　盾构隧道管片衬砌

（1）盾构隧道内净空

为保障地铁安全运行，限制车辆断面尺寸，限制沿线设备安装尺寸及确定建筑结构有效净空尺寸的图形称为限界。根据不同的功能要求，限界分为车辆限界、设备限界、建筑限界和隧道内轮廓。

圆形隧道限界内径为 5100mm（B1 型）或 5200mm（A 型或 B2 型）。隧道内径 5400～5500mm，随预留沉降量和变形量而定，见图 5-14。图中由里到外分别为车辆轮廓、车辆限界、设备限界、建筑限界和隧道内轮廓。

与矩形隧道不同，圆形隧道在曲线地段不加宽，采用隧道中心线向曲线内侧偏移，并采用将内轨下降半个超高和外轨上升半个超高的方法解决。对于曲墙马蹄形隧道，也可采用类似办法解决曲线地段的加宽。

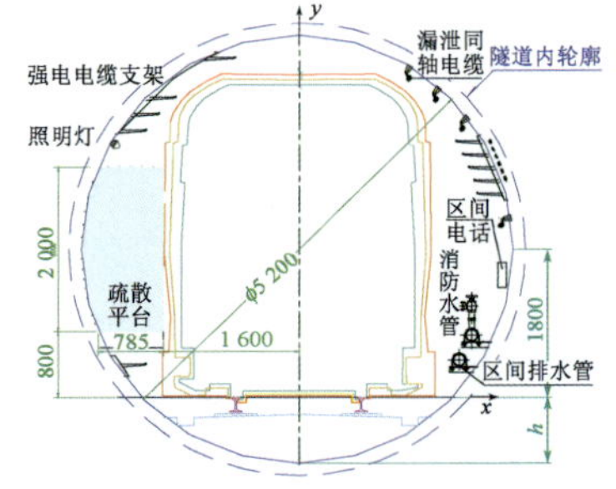

图 5-14　圆形隧道限界与内净空图（尺寸单位：mm）

（2）管片衬砌环的划分

管片环划分考虑的主要因素有：管片制作、防水要求、管片运输拼装、结构受力、封顶块结构形式等。我国地铁区间隧道管片每环大多采用 6 块，即 3 块标准块，2 块邻接块和 1 块封顶块。

（3）管片类型

盾构隧道管片形式可分为箱形管片和板形管片。钢筋混凝土管片为板形管片，用铸铁和钢制作的特殊管片多为箱形管片，见图 5-15。

a）箱形管片

b）板形管片

图 5-15　管片类型

（4）管片衬砌环选型

目前国际上采用的衬砌环有以下三种：

①标准管片环。采用左、右楔形衬砌环与直线衬砌环的优选及组合进行线路拟合。缺点是采用的管片类型多，给管片制造、储运带来一定的麻烦。

②改进型标准管片环。采用左、右楔形衬砌环之间的优选及组合进行线路拟合，无直线环，通过左转弯环和右转弯环一一对应组合形成直线。目前国内只有南京地铁使用。

③通用型管片环。只采用一种类型的楔形管片环，盾构掘进时，根据曲线拟合确定下一环衬砌绕管片中心线转动角度，以达到与设计线路拟合的目的。

优点：只有一种管片，节省钢模，不会因管片供给问题而影响施工。

缺点：对管片制造和施工精度要求较高，使管片的拼装难度加大。

(5)管片衬砌环拼装形式

管片衬砌环间拼装方式有通缝拼装和错缝拼装两种方式(图5-16)。通缝拼装构造简单、施工方便；错缝拼装整体刚度较好。

a)错缝拼装

b)通缝拼装

图5-16 管片衬砌环拼装形式

(6)管片主要尺寸

①管片衬砌环宽度。根据国内各大城市已建工程实例，对于直径$D=6.0\text{m}$左右的地铁隧道，环宽一般采用1200～1500mm。

②管片衬砌厚度。管片厚度应根据计算并结合工程经验确定，地铁盾构隧道管片厚度一般取隧道外径的5%～6%。国内地铁隧道管片外径多为6000mm左右，相应的管片厚度一般采用300～350mm。

③钢筋混凝土管片尺寸的允许偏差为：管片宽度-1～+1mm，管片弧弦长-1～+1mm，管片厚度-1～+3mm。

(7)管片连接

管片间纵向和环向的连接方式有直螺栓连接、弯螺栓连接和斜螺栓连接三种。

①直螺栓连接。构造简单、施工方便，一般用于箱形管片。

②弯螺栓连接。对衬砌削弱小，施工简单，但接头刚度较小。

③斜螺栓连接。构造简单，施工方便，在欧洲普遍使用。

(8)管片构造

管片除应满足强度和制作要求外，尚应满足一些细部构造要求(图 5-17 和图 5-18)。

图 5-17　弹性密封条和内侧嵌缝

图 5-18　衬垫、手孔和标志

①弹性密封垫槽。管片外侧四周的凹槽内安装环形弹性密封止水带(多为三元乙丙橡胶止水带)，作为管片的第一道防水措施。

②嵌缝。管片嵌缝槽位于管片内侧，国内地铁盾构隧道嵌缝范围一般为：进出洞 20～30m，联络通道两侧各 10m 处。其余区段则在拱顶或隧底 90°范围内嵌填。通过江、河、湖下面时，可根据洞顶覆土厚度和地层的性质考虑整环或部分嵌填。

③螺栓手孔。螺栓手孔供连接螺栓用。

④倒边角。管片内外边均须做 5mm×5mm 的倒角。

⑤管片衬垫。拼装时起缓冲作用。

⑥管片标志。分永久性标志、临时性标志。

5.2.7 盾构隧道防水

(1)防水原则

根据《地下工程防水技术规范》(GB 50108—2008)的要求,区间隧道防水应遵循"以防为主、刚柔结合、多道防线、综合治理"的原则。

(2)防水标准

区间隧道结构防水等级为二级,顶部不允许滴漏,其他不允许漏水,结构表面可有少量湿渍,但总湿渍面积不应大于总防水面积的6/1000;任意100m^2防水面积上的湿渍不超过4处,单个湿渍面积不大于0.2m^2。

盾构法隧道结构混凝土的渗透系数不宜大于5×10^{-13}m/s,氯离子扩散系数不宜大于$8\times10^{-9}cm^2/s$。当隧道处于侵蚀性介质中时,标准尚应提高,并应采用相应的耐侵蚀混凝土或在衬砌结构外表面涂刷耐侵蚀的防水涂层。

(3)防水措施

①衬砌自防水。整体式衬砌防水混凝土抗渗等级≥P8;管片应采用防水混凝土,抗渗等级≥P10(P12)。

②衬砌外防水涂层。为多组分聚氨酯防水涂料或环氧涂料。

③防水弹性密封垫(图5-19)。应满足接缝最大张开量情况下不渗漏的要求。

④管片接缝嵌缝防水。将允许的少量渗水排至规定的位置。

⑤节点防水。螺栓孔、注浆孔用遇水膨胀橡胶垫圈密封。

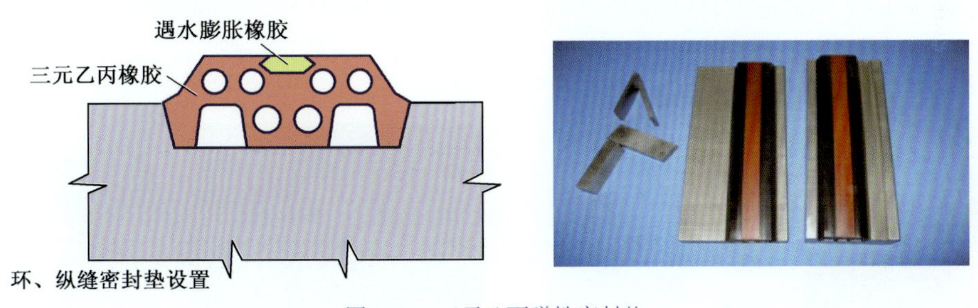

图5-19 三元乙丙弹性密封垫

5.2.8 联络通道、泵房及其他

(1)联络通道与泵房的施工

按规范要求,联络通道设置的间距沿隧道纵向不大于600m,并在通道两端设双向开启的甲级防火门。盾构隧道联络通道及泵房常用施工技术方案有:洞内用冻结法(图5-20)或注浆加固+矿山法施工;地面加固旋喷、搅拌桩+矿山

法施工和洞内顶管法施工等。

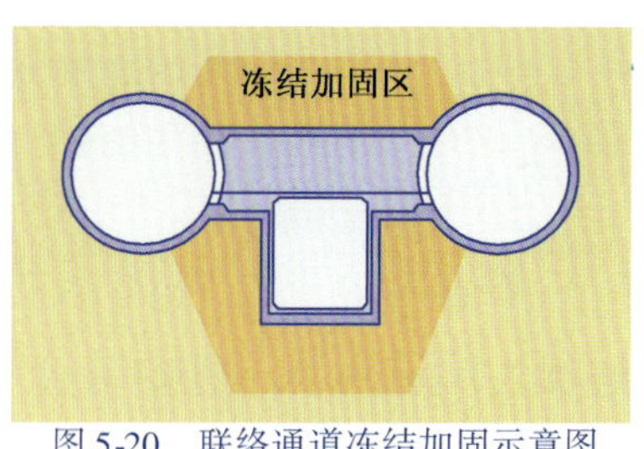

图 5-20　联络通道冻结加固示意图

北京:多采用地面旋喷桩加固后的矿山法施工。

上海、南京:在渗透系数大的粉砂、粉细砂层中多采用冻结法施工,在透水性差、含水率高的饱和淤泥质黏土、粉质黏土中多采用地面搅拌桩加固。

广州:多采用深层搅拌桩和旋喷桩进行加固,矿山法施工。

上海:地铁 M2 线陆家嘴站—东昌路站区间旁通道泵站、南京地铁新—珠区间联络通道采用了顶管法施工。

(2)特殊管片

联络通道与正线隧道相接处的管片,应设计为在正线隧道内部能够局部拆除的特殊管片环。广州、深圳曾采用普道混凝土管片作为加强措施,而不采用特殊管片。

常用的特殊管片有铸铁管片和钢管片两种。

①铸铁管片。强度高,刚度大,防水防锈性能好,但质量大,加工不便,已较少使用。

②钢管片。用钢板焊制而成。

特殊管片环有两种组成形式:一种是全环均由钢管片组成,一种是由混凝土管片和钢管片组合。现在,一般采用混凝土管片与钢管片组合成环。

(3)盾构进出洞防水构件

在盾构井内衬墙施工中预埋一环形钢板,环形钢板上加焊螺栓,通过螺栓固定帘布橡胶板及扇形压板等防水构件,见图 5-21。

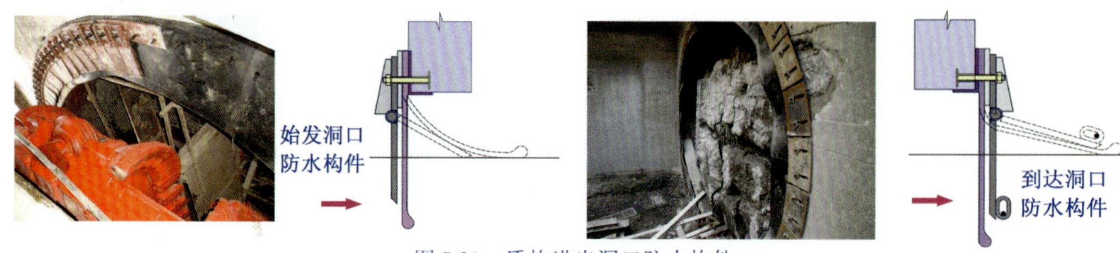

图 5-21　盾构进出洞口防水构件

5.2.9　盾构法施工组织

影响盾构法隧道施工组织的因素很多,但最主要的有以下几方面:

①建设总工期与车站土建工程工期。

②采用新盾构还是用既有盾构,购置新盾构约需 10 ~ 12 个月时间。

③施工场地。单台盾构场地不小于2000～5000m²,两台盾构共用场地约3000～5000m²。

④与车站施工的干扰,包括场地干扰,通常车站要提供端头井。

⑤过站与不过站。盾构过站能缩短区间工期,但加大车站压力。若没有合适的施工场地,在施工组织中就要考虑盾构调头或过站方案。

⑥盾构掘进速度。平均指标6～8m/d,但常受地质和构筑物控制。

⑦盾构吊装调试时间2～3个月,解体吊出2个月,过站1个月。

盾构掘进组织安排示意图见图5-22。

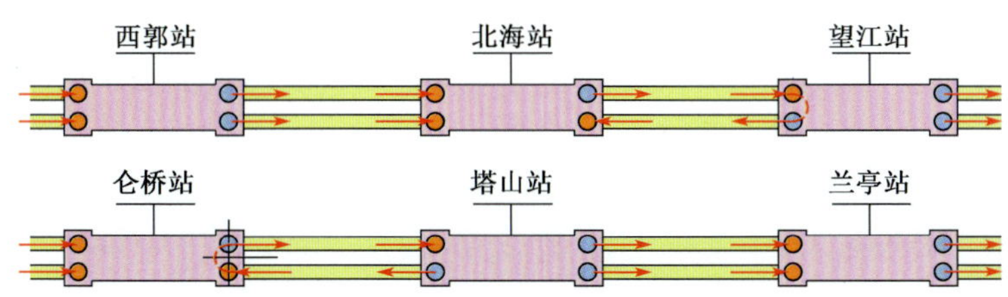

图5-22　盾构掘进组织安排示意图

5.3　矿山法区间隧道

(1)矿山法概述

矿山法是一种古老的隧道工法,适用于区间隧道埋置较深、工程地质情况较好、地下水不发育或地下水位较低和无明挖施工条件的地段。地铁工程中还常用于盾构工法无法施工的结构复杂多变地段的隧道施工,如渡线段、存车线地段等。

矿山法优点:

①对围岩变化的适应性较强,技术成熟,工法简单。

②施工对周边环境、地下管线和地面交通的影响较小。

③能避免大量拆迁,施工场地选择和布置灵活。

矿山法缺点:

①仅适用于围岩较好、地下水不发育或地下水位较低的情况。

②当围岩差、地下水发育时,须采取降水、注浆加固等辅助施工措施,会大幅增加工程造价。

③施工的风险较大,地表沉降较难控制。

(2)矿山法隧道断面形式

矿山法区间隧道结构一般采用马蹄形断面,道岔区可采用等跨或不等的双联拱或多联拱断面形式,见图5-23、图5-24。

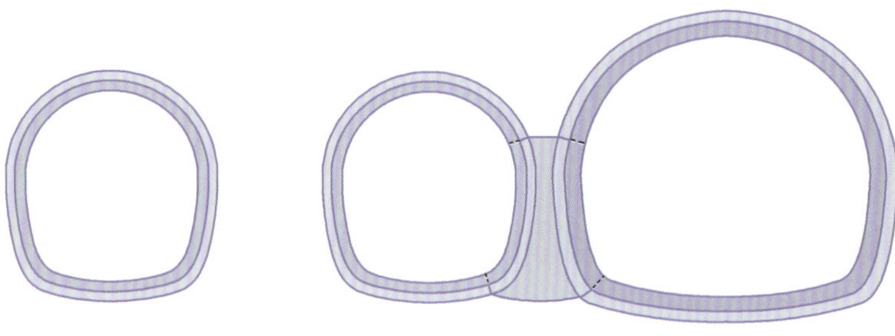

图5-23 单线隧道　　图5-24 道岔双联拱隧道

(3)矿山法施工主要工法

区间隧道矿山法施工的基本工法有全断面法、台阶法、中隔壁法、侧壁导坑法和中洞法等。其中全断法和台阶法适用于工程地质和水文地质较好的围岩;中隔壁法和侧壁导坑法适用于较差的围岩条件;中洞法适用于联拱隧道,见图5-25~图5-27。

图5-25 台阶法

图5-26 侧壁导坑法

图5-27 CD、CRD法

(4)主要辅助措施

在各种施工方法中,为确保工程安全,通常需要采取必要的超前支护辅助措施。这些辅助措施主要有:全断面预注浆、超前小导管预注浆、长管棚超前支护、掌子面锚杆等。

①全断面注浆一般用在围岩等级低、地下水较发育的情况。在地铁区间隧道矿山法施工中临时遇到地质不良,不可能会改变施工方法时采用。

②超前小导管注浆是最常用的辅助手段。因其操作灵活方便,不需要特殊设备和工作环境而被广泛应用。

③长管棚管径一般在ϕ108mm以上,常与钢架配合使用,支护刚度较大。管

棚长度一般在40m左右。适用于地面超载较大的情况,如过铁路,过建筑物等。管棚的强(刚)度应与拱架相匹配。

④掌子面锚杆是封闭开挖面的手段,适用于严重不良地质的情况,一般很少采用。因随着掘进随时会被切断,宜采用廉价的非金属锚杆。

(5)软弱围岩隧道施工准则

城市轨道交通工程的区间隧道多数位于平原城市的地下,属浅埋软弱围岩隧道,根据我国的隧道工程实践经验,用浅埋暗挖法修建此类隧道必须遵守以下原则,即所谓18字方针:管超前、严注浆、短开挖、强支护、快封闭、勤量测。

①管超前。即隧道拱部预先打设小导管,地面超载大、围岩很差时也可打设长管棚或管幕。

②严注浆。即要求根据围岩情况注浆,包括小导管注浆、管棚注浆、帷幕注浆和初期支护背后注浆,以达到封堵地下水、局部改良地层和控制地面沉降的目的。

③短开挖。要求以设计的格栅拱架间距为开挖进尺,严格控制超挖。一个循环立一榀拱架,循序渐进,步步为营。

④强支护。包括管棚长度及数量要打足打够,格栅拱架与围岩之间应喷敷密实,厚度均匀。地面超载大时,应配合长管棚采用型钢拱架,以增加初期支护的刚度。此外,在台阶法或中隔壁法施工中,一定要在拱架架立后及时打设锁脚锚杆,防止支护闭合前发生拱脚位移。

⑤快封闭。包括两方面,一是初期支护及时喷设临时仰拱,尽快形成分部或全断面闭合的稳定的环形结构;二是对严重不良的围岩要尽快封闭开挖面(掌子面),防止正面坍塌。

⑥勤量测。施工监测是信息化施工的耳目,监测数据是变更设计、指导施工的依据。量测必须按要求及时进行,数据严禁涂改,并应及时整理分析,发现问题应及时反馈。

(6)新奥法与信息化施工

新奥法(NATM)是隧道设计和施工的一种新理念。传统理念把围岩看成是“荷载”,而新奥法看重的是围岩所具有的自承能力。因此,新奥法理念的基点在于保护好围岩,充分发挥围岩的自承能力。

随着新奥法理念的引入,古老的矿山法焕发出新的活力。所谓“浅埋暗挖法”就是中国隧道工程技术人员在城市地铁工程中,把新奥法理念与矿山法相结合的成功创举。

新奥法在强调发挥围岩自承能力的同时,要求对围岩及支护体系进行必要的监测，以及时掌握有关围岩及支护的稳定性信息。这些监测一般分两大类：

①必测项目。包括地面(建筑物)下沉、拱顶下沉、洞径收敛等。

②选测项目。包括地中变位、围岩应力(压力)、支护应力等。

新奥法要求根据监测信息及时分析围岩及支护的稳定情况，及时反馈给设计及施工负责人。必要时应及时修正设计，调整施工工艺，采取补强和辅助措施，确保围岩的稳定和支护的安全。因此，新奥法理念指导下的隧道设计和施工是随监测信息而变的动态的、信息化的设计和施工。

根据《铁路隧道设计规范》(TB 10003—2005)和《锚杆喷混凝土支护技术规范》(GB 50086—2001)的要求，埋深50m以内隧洞周边允许位移相对值和隧道初期支护极限相对位移值见表5-2和表5-3。

埋深≤50m隧洞周边允许位移相对值(%) 表5-2

围岩级别	允许位移相对值
Ⅲ	0.10～0.30
Ⅳ	0.15～0.50
Ⅴ	0.20～0.80

埋深≤50m隧道初期支护极限相对位移(%) 表5-3

围岩级别＼项目	单线隧道		双线隧道	
	拱顶下沉	拱脚收敛	拱顶下沉	拱脚收敛
Ⅲ	0.01～0.04	0.10～0.50	0.03～0.06	0.03～0.10
Ⅳ	0.03～0.07	0.20～0.70	0.06～0.10	0.10～0.30
Ⅴ	0.06～0.12	0.30～1.00	0.08～0.16	0.20～0.50

当出现下列失稳征兆时，应加强初期支护或尽快施作二次衬砌。

①局部坍塌或层状劈裂，喷混凝土层大量开裂。

②累计位移已达极限值的2/3，且位移速度仍无明显减缓趋势。

③每日的位移量达极限位移的10%。

④洞室变形异常加速，在无施工影响时变位速率加大。

5.4 明挖法区间隧道

地铁区间隧道采用明挖法施工时，要求施工场地较开阔，施工影响范内地面

建筑物和地下管线少，对道路交通基本上无影响，或能结合其他市政工程同步建设施工。明挖法区间隧道的设计与施工基本同明挖车站，明挖隧道结构见图5-28。

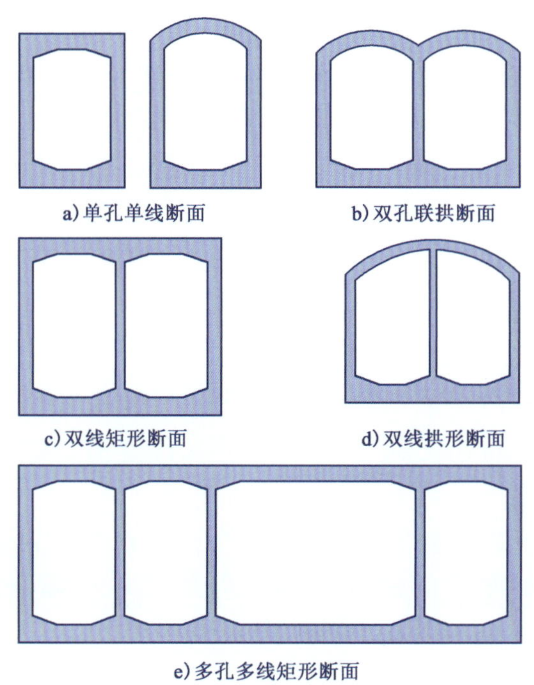

图5-28 明挖隧道结构断面

①明挖法优点是作业相对简单，可分段施工，施工工期短，造价相对较低。特别适用于车站配线段的施工。

②明挖法的缺点是对周围建筑物、环境、交通的影响较大、地下管线改移工程量大。

③在地质条件较差、埋深大时，基坑围护工程大，因此明挖区间隧道的综合造价可能会较高。

5.5 城市轨道交通水底隧道

随着经济的发展，沿江和滨湖（海）大城市，都会要求修建连通两岸的轨道交通。跨越江河湖海可以采用桥梁或隧道，但桥梁方案往往因用地和拆迁问题而难以实施。对于城市轨道交通地下线而言，水底隧道更是唯一可行的方案。根据水文及工程地质条件，水底隧道可以采用盾构法、沉管法、明挖法和矿山法施工。

(1)城市轨道交通水底隧道工程特点

①穿越大江的区间隧道埋设深度要充分考虑河床冲刷。

②由于隧道埋置深,覆土荷载大,隧道结构要经受巨大的水土压力。

③岸坡段线路纵坡大,一般都接近限制坡度。

④穿越大江、大湖的城市轨道交通区间隧道一般都比较长。

⑤水文及工程地质情况复杂多变,施工风险很大,特别是联络通道施工风险极大。

实践证明,较浅的湖泊、海湾可以采用沉管法或明挖法施工,对于水深流急的大河,首选的隧道工法无疑应该是盾构法。中铁四院设计的武汉地铁 2 号线穿跨长江的江汉路至积玉桥区间长约 3.2km,岸坡段洞顶最大覆土厚度达 40m 以上,最高洪水位至设计轨面最深达 55m。

(2)城市轨道交通水底隧道工程实例

我国最早的城市轨道交通水底隧道要数广州地铁 1 号线芳村至黄沙的隧道。该工程城市道路与城市轨道交通合建为一个沉管隧道。此后,上海地铁 2 号线及环线过黄浦江时都采用外径约 6.3m 的盾构隧道。

武汉地铁 2 号线工程穿越长江也采用外径约 6.2m 的盾构隧道。目前,中院四院正在进行方案设计研究的武汉地铁 7 号线工程三阳路隧道拟采用与城市道路合建外径约 15m 的大盾构隧道方案,见图 5-29。

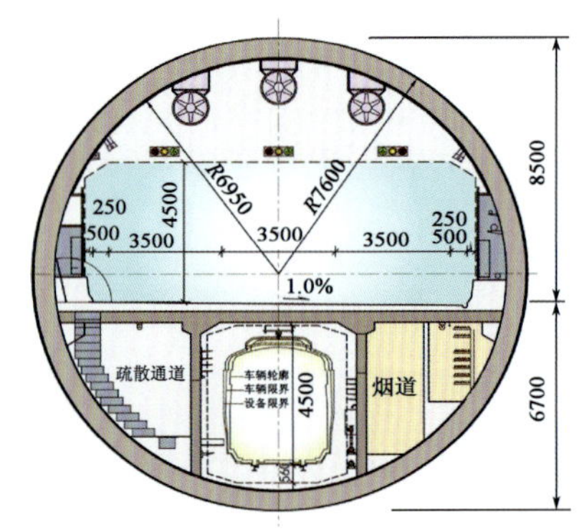

图 5-29 公铁合建盾构隧道断面(尺寸单位:mm)

5.6 隧道衬砌结构设计计算方法

(1)矿山法隧道衬砌的计算方法

复合衬砌中的初期支护应按主要承载结构设计。其设计参数可采用工程类比法确定,施工中通过监控量测进行修正。浅埋、大跨、软弱围岩、复杂环境和特殊形式的隧道,应进行多种结构分析检算。

复合衬砌中的二次衬砌，应根据工程地质及水文地质条件、埋深、耐久性要求、施作时间和后期荷载变化情况进行设计。在第四纪浅埋地层及流变性或膨胀性围岩中，二次衬砌和初期支护共同承受外部荷载；在全封闭不排水的情况下，二次衬砌要承受水压力；此外，设计中还应考虑因初期支护材料性能退化和刚度下降，而造成的外部荷载向二次衬砌的转移。

计算整体式衬砌时，应考虑围岩对衬砌的约束作用——弹性抗力。弹性抗力的大小及分布可根据围岩性质、回填情况和衬砌在荷载作用下的变形等因素，采用局部变形理论计算确定。

衬砌结构的计算模型有荷载结构模型和地层结构模型两种。

①荷载结构模型。在围岩荷载及地层抗力作用下，要计算衬砌的内力和变形，荷载结构模型是最常用的计算模型，见图5-30。

②地层结构模型。衬砌与地层一起构成受力变形的整体，按连续介质力学原理计算衬砌和周围地层的内力及变形，见图5-31。

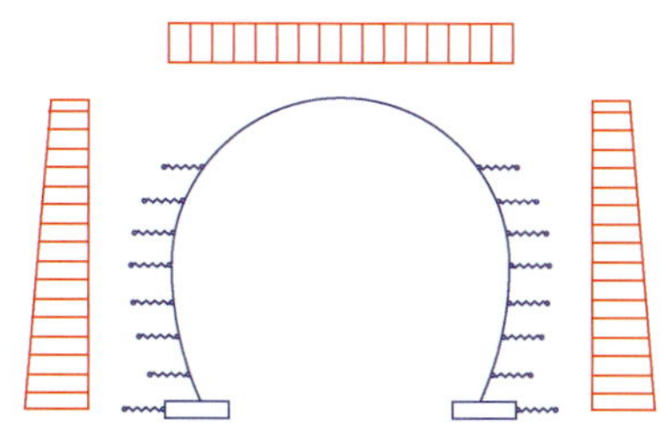

图5-30 荷载结构模型示意图

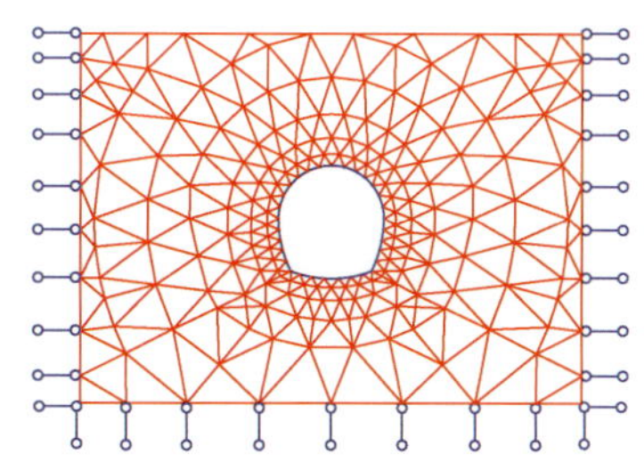

图5-31 地层结构模型示意图

(2)管片衬砌结构计算方法

管片衬砌结构的计算模型应根据地层情况、衬砌构造特点及施工工艺等确定，并应考虑衬砌与围岩共同作用及装配式接头的影响。在软土地层中，采用通缝拼装的衬砌结构按自由变形的弹性匀质圆环、弹性铰圆环分析计算；采用错缝拼装的衬砌结构宜考虑环间剪力传递的影响。

目前国内外盾构隧道衬砌结构设计计算主要以荷载结构模型为主。根据对管片结构的力学处理方法不同，荷载结构模型主要可分为：自由变形均质圆环法、多铰圆环法、(修正)惯用法、梁—弹簧法。

①多铰圆环法。计算结果的弯矩最小，但是弯矩的降低是以接头作为铰工作为前提。接头要发挥铰的作用，必须设计特殊的接头结构或在施工后将接头螺栓卸除。适用于围岩强度较高的情况，如莫斯科地铁，见图5-32。

②梁—弹簧法。是最符合实际情况的计算方法，但是具体计算较为繁琐，需

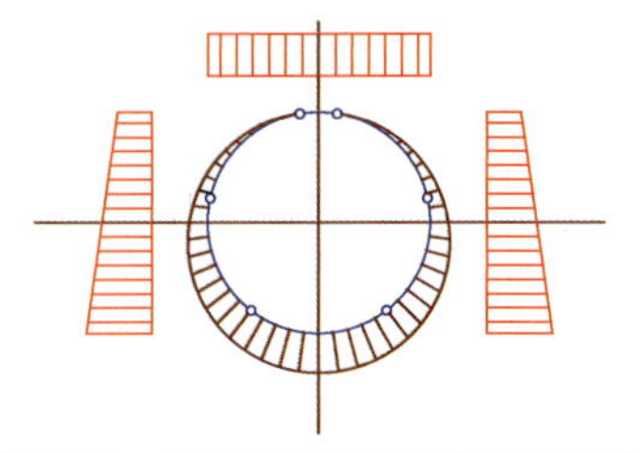
图 5-32 多铰圆环法计算模型示意图

要编制较为复杂的程序。另外，管片间螺栓的旋转弹簧模量、管片环间的剪切弹簧模量的确定对计算结果有较大的影响。见图 5-33。

③修正惯用法。方法简单，结果也比较符合实际，是一个简单实用的方法，见图 5-34。

因此，通常对于一些大直径、大埋深的盾构隧道宜采用梁—弹簧法计算分析，而小型隧道可采用修正惯用法计算。

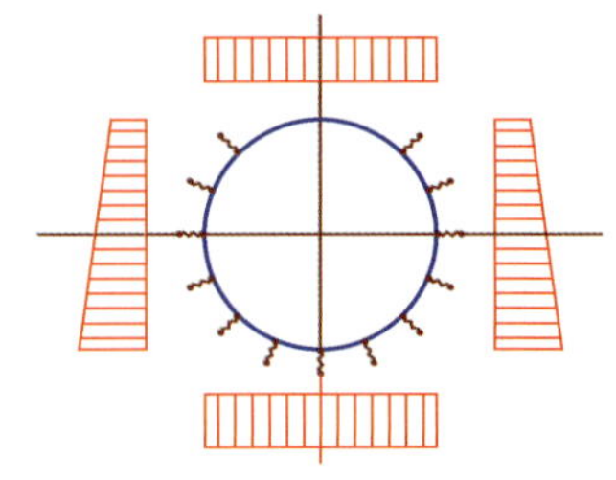
图 5-33 梁—弹簧法计算模型示意图

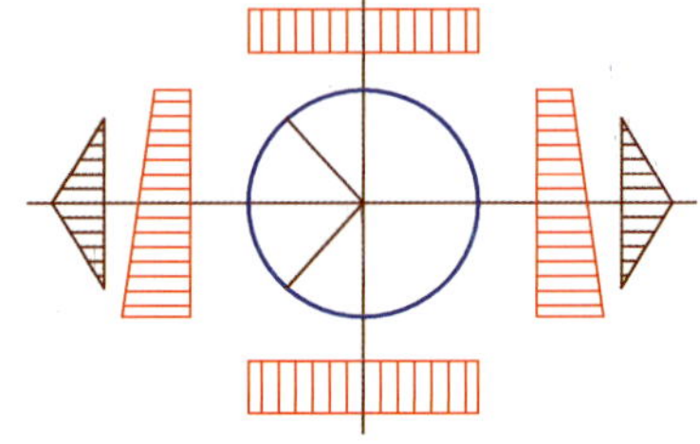
图 5-34 修正惯用法计算模型示意图

第6章　高架桥梁

城市轨道交通与铁路通常采用的是轮轨系统，列车荷载（特别是水平力）的大小和作用方式等与铁路列车活荷载基本类同。因此，城市轨道交通高架桥梁的设计和施工采用《铁路桥涵设计基本规范》（TB 10002.1—2005）、《客货共线铁路桥涵工程施工技术指南》（TZ 203—2008）、《地铁设计规范》（GB 50157—2003）和其他相关规范，并将《公路钢筋混凝土及预应力混凝土桥涵设计规范》（JTG D62—2004）和《公路桥涵地基与基础设计规范》（JTG D63—2007）作为参考。

6.1　桥梁设计一般规定

（1）梁部设计一般规定

①城市轨道交通桥梁应按《铁路桥涵钢筋混凝土和预应力混凝土结构设计规范》（TB 1002.3—2005）检算结构强度、刚度和位移等各项指标。

②从城市轨道交通运营的安全性、舒适性和为减小无缝线路挠曲力等方面考虑，桥跨结构应具有足够的纵、横向刚度。纵向刚度要求见表6-1。

梁式桥跨纵向刚度要求　　表6-1

桥梁跨度	挠度容许值	桥梁跨度	挠度容许值
$L\leq30$m	$L/2000$	$L>30$m	$L/1500$

③预拱度设置：当梁由恒载（含预加应力）及竖向静活载所引起的竖向挠度大于计算跨度的1/1600时，应设预拱度。

④线路铺设后预应力混凝土梁的后期徐变拱度或挠度应不大于10mm。

⑤梁端纵向水平位移的计算应考虑恒载、预应力效应、制动力（或牵引力）和温度效应等的作用。

⑥温度应力按日照和降温两种情况考虑。计算主力+温度力组合时，不再与其他附加力组合，同时应力可提高20%。

（2）墩台及基础设计一般规定

①城市轨道交通桥梁墩台应做适当的美化设计。桥墩墩身尺寸一般不应超出绿化带和路缘石，桥墩帽梁不得侵入道路限界。

②墩顶纵向位移及墩身刚度应满足相关规范要求。桥墩的水平线刚度主要是从轨道附加应力考虑的,桥墩的水平线刚度要求见表6-2。

桥墩的水平线刚度要求　　表6-2

跨度 L(m)	最小水平刚度(kN/cm)	附　注
$L\leqslant 20$m	240	不设钢轨伸缩调节器
$20<L\leqslant 30$m	320	不设钢轨伸缩调节器
$30<L\leqslant 40$m	400	不设钢轨伸缩调节器

③桥墩立柱按偏心受压构件设计,并应计入挠度增大系数。

④桥墩墩顶横向两侧需设防止梁体落移的挡块。

⑤悬臂墩悬臂由静活载引起的端部竖向位移不应大于最小梁跨的1/1500。

⑥门式刚架墩按平面刚架结构计算,除计及横向水平荷载及偏载的影响外,检算时还应计入基础的影响,必要时还应考虑扭矩的影响。

⑦门式刚架墩的温度应力按整体升降温20℃计算。

⑧立柱支座不均匀沉降按±0.03~0.05m计。

⑨墩台基础沉降应按恒载计算。静定结构的工后允许最大均匀沉降量为30mm;相邻墩台允许最大沉降差取20mm。非静定结构,相邻墩台允许最大沉降差根据受力要求确定,一般不大于10mm。

⑩基础设计时,相邻墩的桩底尽量位于相同或类似地层。

6.2　城市轨道交通桥梁荷载

根据《铁路桥涵设计基本规范》(TB 10002.1—2005),城市轨道交通桥梁的设计荷载见表6-3。

(1)横向荷载

由于城市轨道交通行车密度高,轴重一致,因此,其竖向荷载除按车辆实际的编组及轴重确定外,对于双线铁路按两线活载总和的100%计;多线按各线活载总和的75%计;对受局部活载的构件,则均应为该活载的100%。各线均采用同样情况的最不利活载。

(2)列车竖向动荷载

由列车引起的桥梁结构动力作用不仅取决于列车的性能、车速、桥梁的跨度与刚度,还与轨道的形式、轨面的平顺性有关。城市轨道交通的列车竖向动荷载的取值,一般按铁路规范计算值的0.8倍计。

城市轨道交通桥梁荷载表　　表 6-3

<table>
<tr><th colspan="2">荷载分类</th><th>荷载名称</th><th>荷载分类</th><th>荷载名称</th></tr>
<tr><td rowspan="13">主力</td><td rowspan="7">恒载</td><td>结构自重</td><td rowspan="7">附加力</td><td>列车制动力或牵引力</td></tr>
<tr><td>附属设备和附属建筑自重</td><td>风力</td></tr>
<tr><td>预加力</td><td>列车横向摇摆力</td></tr>
<tr><td>混凝土收缩徐变影响力</td><td>温度影响力</td></tr>
<tr><td>基础变位的影响</td><td>流水压力</td></tr>
<tr><td>土的重力和土的侧压力</td><td></td></tr>
<tr><td>静水压力及浮力</td><td></td></tr>
<tr><td rowspan="6">活载</td><td>列车竖向静活载</td><td rowspan="6">特殊荷载</td><td>无缝线路断轨力</td></tr>
<tr><td>列车制动力或牵引力</td><td>船只或汽车的撞击力</td></tr>
<tr><td>列车离心力</td><td>列车脱轨撞击力</td></tr>
<tr><td>列力活载产生的土压力</td><td>地震力</td></tr>
<tr><td>人群荷载</td><td>施工临时荷载</td></tr>
<tr><td>无缝线路纵向水平力</td><td></td></tr>
</table>

注:1. 以承受某种附加力为主的杆件,在计算时该附加力应按主力计。
2. 列车横向摇摆力不与离心力、风力组合。
3. 无缝线路钢轨的纵向力不与制动力或牵引力组合。
4. 无缝线路的断轨力及船只或汽车的撞击力,只取其中一种荷载与主力相组合,不与其他附加力组合。
5. 流水压力不与制动力或牵引力组合。
6. 地震力与其他荷载的组合应按《铁路工程抗震设计规范》(GB 50111—2006)办理。

(3)牵引力与制动力

牵引力与制动力的大小与列车的起动加速度及制动减速度有关。也就是说,牵引力与制动力的大小与车辆的选型、车辆性能有关。桥梁区间牵引力与制动力双线按一线计,车站及与其相邻两端100m范围内按双线制动力或牵引力计,其值按竖向静活载的10%计算。

(4)横向摇摆力

按相邻两节车四个轴轴重的15%计,以集中力作用于轨顶面。

(5)脱轨荷载

脱轨荷载取不计冲击的车辆常见载重,车轮作用于挡块边缘。多线桥上只计算单线脱轨荷载。

(6)沉降计算

鉴于无缝线路对沉降的敏感性,对桥墩的工后不均匀沉降要求严格,桥梁应进行沉降计算,使沉降量控制在允许范围。

6.3 高架车站的结构体系

(1)“站—桥”合建结构体系

钢筋混凝土框架结构作为高架车站的主体承重结构,轨道梁即为结构框架纵向梁,车站为三维框架结构,并按照车站建筑要求布置梁、板、柱等结构构件;除少量非承重构件外,承重体系不但要按照建筑结构设计规范进行结构设计,同时应满足《铁路桥涵设计基本规范》(TB 10002.1—2005)的要求。“站—桥”合建体系见图6-1。

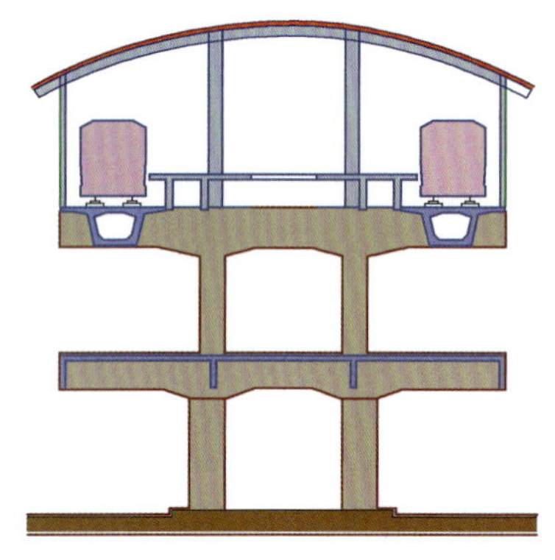

图6-1 “站—桥”合建结构体系

合建体系优点:

①可按照建筑习惯整齐地布置柱网,能够较好地满足车站使用功能要求,并体现车站建筑风格和整体造型。

②车站结构合理,整体刚度好,易满足抗震等建筑结构设计相关规范要求。

③采用现浇钢筋混凝土框架主体结构,可有效降低建筑高度。车站空间受轨道梁的影响较小,在站厅层的内部景观设计上易于处理。

合建体系缺点:

①轨道直接铺设在框架梁上,列车制动力、牵引力、横向摇摆力和无缝线路轨道力及列车的冲击和震动等,均直接作用在车站结构上,对整个车站都有影响。

②车站结构设计必须同时采用“建规”和“铁规”,要满足两套规范,设计难度较大。

③车站对区间施工干扰较大,在考虑区间桥梁架设工法时,一般需统筹建设工期,车站后建或分步建设。

④若考虑架桥机和预制梁通过车站,则车站主体结构构件要承受较大的荷载,而增加工程投资。

(2)“站—桥”分离结构体系

“站—桥”分离体系(图6-2)与“站—桥”合建结构体系完全相反,车站轨道梁只是区间桥梁的延续,而车站结构与轨道梁完全分离成有独立梁、板、柱和基础的框架结构体系。

分离体系优点:

①车站结构与桥梁结构体系分开,结构体系受力明确、合理,可分别按照各自的结构设计规范要求进行设计。

②区间高架桥可以合理布置孔跨,保证线路的连续性,结构容易处理。

③列车运行产生的震动、噪声等被有效地隔离,对车站建筑结构不产生影响,车站运营环境较好。

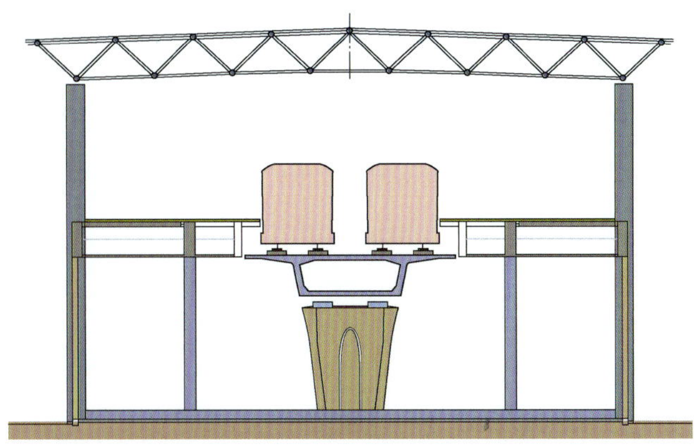

图6-2 "站—桥"分离结构体系

分离体系缺点:

①由于区间桥梁跨度、桥墩及轨道梁的尺寸较大,车站建筑平面柱网间距及竖向布置需要总体协调,会对建筑布置产生较大影响。

②建筑立面造型设计也会受到桥梁的一定限制。

6.4 高架桥的梁部结构

6.4.1 梁部结构形式

城市轨道交通高架桥的梁部结构形式除在跨越道路、铁路的地方可能采用斜拉或系杆拱大跨结构外,通常采用的是简支梁和连续梁。

(1)简支梁

简支梁桥是桥梁建设中应用最为广泛的一种桥型,其优点表现在构造简单,最易设计为标准跨径的预制装配式结构;施工简单,工序少;适合在大范围内采用,由于各跨构造和尺寸统一,实现了设计的标准化与建造的工厂化、机械化,整体质量易于控制,能有效缩短施工工期,利于日常维修保养,简化施工管理工作,降低施工费用。目前,根据上海、武汉、广州、北京已建成的高架线路的实践经验,技术可行、经济合理的简支梁桥跨度大都为30m左右。

简支梁与连续梁的技术性能比较详见表6-4。

简支梁与连续梁比较表　　表6-4

受力体系	简支体系	连续体系
结构受力特性	整体性稍差,刚度较小,抗振动能力较差	整体性好,刚度较大,抗振动能力强
基础适应性	基础沉降对结构受力基本不产生影响	对基础不均匀沉降要求较高
对应施工方法	整体架设、预制拼装、支架现浇	支架现浇
施工进度	快	现场工作量大
施工难度	小	中等
桥上行车舒适性	接缝多,无缝线路设计可解决舒适性问题	行车舒适
对城市环境的影响	影响较小	影响较大
桥梁景观	景观较好	景观较好
造价	工程造价较省	工程造价略高

(2)连续梁

连续梁是除简支梁以外被广泛采用的梁型。

①连续梁跨越能力强,主要用于对桥梁跨度有较高要求的特殊地段。预应力连续梁现场浇筑混凝土工作量大,施工比较复杂,对桥下道路交通影响较大。要考虑混凝土徐变、基础不均匀沉降及温度等影响。

②根据高架道路建设的经验,小跨径连续梁的综合造价与简支梁比较接近或略高。考虑连续梁桥型美观,整体性强,抗扭刚度大,且抗震性能好,因此连续梁方案成为广泛采用的桥梁结构形式。

③由于无缝线路的特点及桥梁支座的性能要求,桥梁联长不宜太大,否则连续梁固定墩的受力与其他墩差异较大,不便于高架区间桥墩外形尺寸的统一,从而影响景观。

国内各城市轨道交通高架桥部结构采用情况见表6-5。

6.4.2 梁身截面类型

高架桥梁梁身截面类型的选择,应在考虑满足使用功能及受力需要的前提下,力求经济、简洁、美观,且方便施工,以下就各种梁身截面类型进行介绍和综合比较。

(1)单箱单室箱梁

①单箱单室箱梁是目前城市轨道交通工程中最常用的一种梁型,它具有闭合的截面、横向刚度及抗扭刚度大、整体受力性能较好、外观简洁和适应性强等特点。由于刚度较大,徐变上拱小,有利于整体道床,见图6-3。

②可采用整体架设、预制拼装、现浇施工,工法较为灵活。

③工程数量较省,经济指标较好。外形连贯、流畅,适合城市景观的要求。

国内各城市轨道交通高架桥部结构采用情况表　　表6-5

序号	项 目 名 称	线路长度(km)	高架长度(km)	现状	区间标准梁形式	施工方法
1	上海明珠线一期	24.97	24.97	运营	30m 简支箱梁	现浇
2	北京城市铁路	40.9	12.296	运营	3×25m 连续箱梁	现浇
3	北京地铁八通线	18.964	11.054	运营	25m Ⅰ形简支组合梁	预制吊装
4	北京地铁5号线	27.7	10.7	在建	3×30m 连续箱梁	现浇
5	上海莘闵线	17.2	17.2	运营	30m 简支箱梁	现浇
6	上海共和新路高架	12.455	8.25	运营	30m 简支箱梁	现浇
7	南京地铁1号线	16.9	4.249	在建	3×25m 连续箱梁	现浇
8	武汉轨道交通一期	10.27	10.27	运营	25m 简支箱梁	现浇
9	天津津滨轻轨	45.409	39.7	运营	3×25m 连续箱梁	现浇
10	天津地铁1号线	26.187	8.743	在建	3×25m 连续箱梁	现浇
11	重庆地铁较新线	14.28	8.8	试运营	25m 简支 PC 轨道梁	预制吊装
12	大连快轨3号线	46.45	14.21	运营	25m 连续箱梁组合槽形梁	预制吊装,现浇
13	广州地铁4号线	37.53	23.54	在建	30m 简支箱梁	节段拼装,预制吊装
14	上海地铁9号线	30.98	15.55	在建	30m、25m 简支组合箱梁	预制吊装

(2)槽形截面梁

槽形梁为下承式结构,其主要优点是建筑高度低,且两侧主梁可兼作声屏障和电缆支架,见图6-4。但槽形梁存在以下缺点:

①下承式混凝土结构受力不合理,不能充分发挥钢材及混凝土的性能。

②槽形梁为开口截面,结构刚度及抗扭性能差,双线槽形梁尤甚。

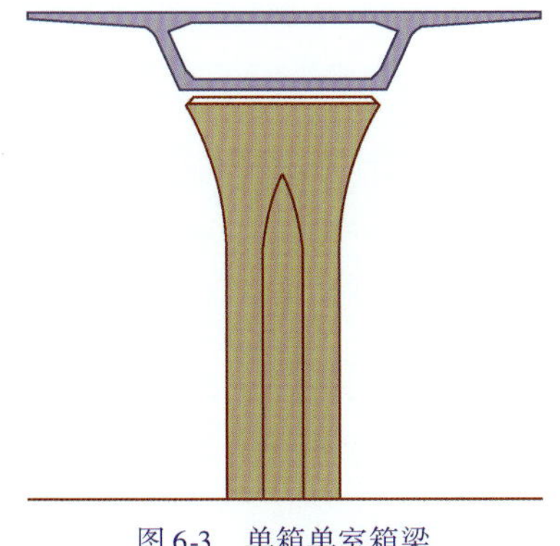
图6-3　单箱单室箱梁

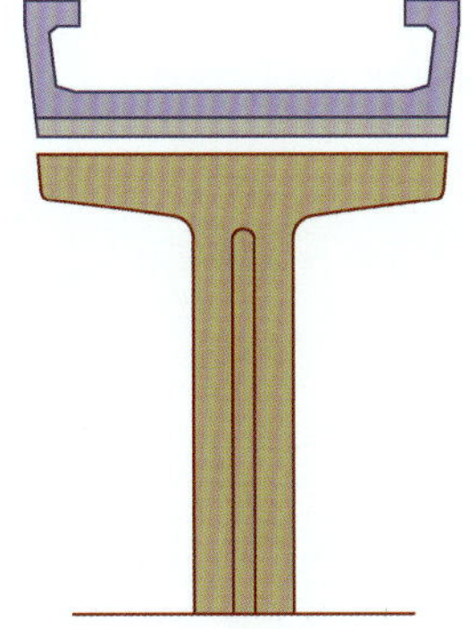
图6-4　槽形梁

③双线槽形梁现场浇注混凝土和张拉预应力工作量大,质量难以控制。

④自重太大,不便于预制吊装,主梁易发生面外失稳。

⑤槽形梁梁体较宽，墩顶挑臂梁较长，要采用预应力帽梁。

(3)双箱单室箱梁

双箱单室箱梁采用两片预制简支箱梁，现浇两箱之间横向接缝后，形成组合箱梁断面；其顺桥向还可连成整体，形成连续结构，见图6-5。

主要优点：单片箱梁可在工厂预制，架桥速度快，对环境的影响较小。

主要缺点：

①两片箱梁分开预制，仅靠现场浇筑连成整体，混凝土收缩徐变的不一致会造成桥梁结构受力不均匀。

②组合箱体承受双线荷载，在长期偏载作用下，两箱连接部位易开裂。

(4)T形截面梁

T形梁是早年最常见的梁，见图6-6。

主要优点：T形梁具有合理的截面特性及预制吊装施工方便快捷，可以减少对环境的影响，且工程造价较低。

主要缺点：T形梁的横向抗扭刚度较差，不太适合在曲线段应用。此外，T形梁底面为格构，景观效果较差。

各种梁型截面形式技术经济比较见表6-6。

各种梁型截面形式技术经济比较表　　表6-6

断面形式	单箱单室箱梁	槽形梁	T形梁	双箱单室组合箱梁
结构特点	受力性能好，刚度大，整体性好	抗弯刚度易满足，横向刚度较差，主要适用桥下净空受限条件	抗弯刚度易满足，抗扭刚度较差	竖向刚度好、横向略差；双线的偏载作用下，两箱连接部位易开裂
施工特点	可采用预制拼装、整体架设施工，速度快，施工质量易保证	预制吊装施工难度大	自重轻，施工灵活，吊装、现浇施工均可	预制吊装后现场浇注桥面板工序多
外观及功能	外形连贯、流畅，景观效果好	易满足净空要求，侧壁可起隔声作用，顶帽宽对景观有影响	景观效果一般，底面梁格视觉差	景观效果一般
设计施工经验	成熟	国外有使用	成熟	成熟
技术经济性	较好	较差	好	较好
适用范围	中、小跨度等高梁，预应力混凝土结构	桥下净空受限的预应力混凝土结构	中、小跨度等高梁，预应力混凝土结构	中、小跨度等高梁，预应力混凝土结构

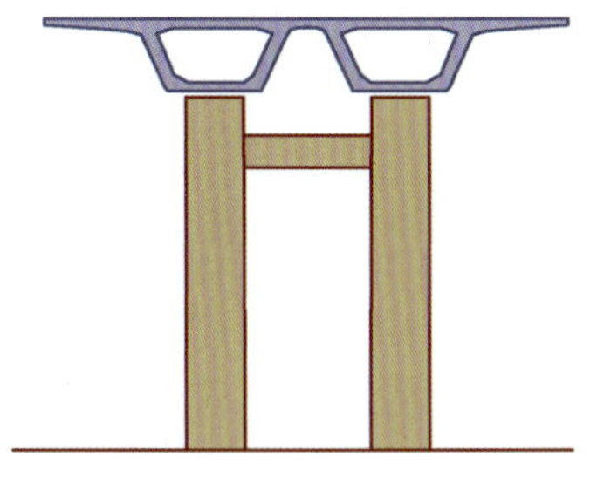
图6-5 双箱单室箱梁

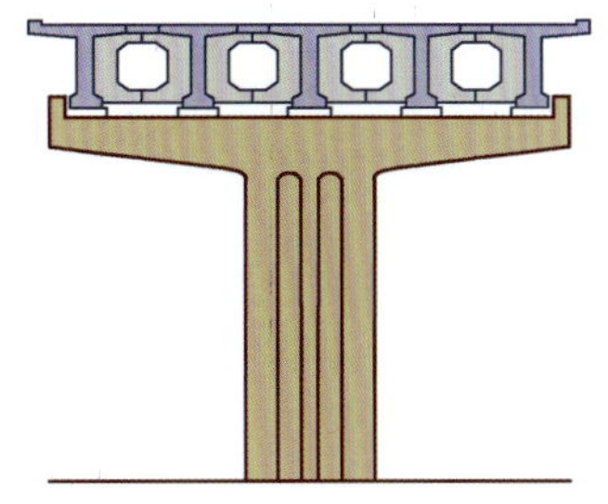
图6-6 T形截面梁

6.5 桥梁孔跨及墩身造型

一般说来桥梁的孔径应根据工程地质条件经技术经济比较决定，一般为20～30m。鉴于城市轨道交通建筑的特殊性，桥梁宜取较大跨度，以提高视野的通透性。

根据选定的上部结构形式及地面布设桥墩的条件，桥墩可设计为独柱墩与双柱墩两种形式，见图6-7和图6-8。

图6-7 独柱墩

图6-8 双柱墩

(1)独柱墩

有圆形、矩形、多边形等多种形式。受力明确、简单，但体量较大，景观稍差。

(2)双柱墩

一般为圆形或矩形。选型紧凑、简洁，能较好地适应地面道路中央分隔带特别是路侧建桥的环境。

无论采用何种桥跨或桥墩造型，首先应该满足自身的受力要求，即功能要求，其次就是在建筑上使全桥上、下部结构协调一致。

6.6 城市轨道交通桥梁的施工方法

(1)现场浇筑施工方法

现浇箱梁的施工可采用满布支架或移动模架施工，各联桥梁施工无相互影响，可多段多跨同时施工。在武汉轻轨、北京城市铁路等工程中已广泛应用现场浇筑施工法。现浇施工的各施工部分独立、机动、灵活，有利于全线施工组织的合理安排，见图6-9。

图6-9 满堂脚手架现浇施工

主要优点：

①不需要太多的机械设备，对设备的要求低，一般承包商均能施工。

②对地形的适应性强，各种地形均可适用。

③对沿线道路适应性强，不需要高标准的施工便道。

④可以多点开工，不会因某一地段无法施工而影响其余地段施工。

⑤便于赶工期，可通过增加设备、人力和投入全面铺开，平行作业。

⑥可利用沿线场地，不需专门预制工厂。

主要缺点：

①对城市环境影响大，不利于环境保护。

②对城市交通、市民出行和生活影响较大。

③必须先基础后上部主梁施工，灵活性较差。

④如孔跨太多，则投入支架较多，工期较长。

⑤施工质量不易控制。

(2)整孔预制吊装施工方法

在工厂或现场整孔预制(箱梁)梁体，通过运输机械将(箱)梁运到桥位，再利用架桥机将(箱)梁安装就位。(箱)梁整孔运架方案在国内外应用较为广泛。意大利NAPOLI地铁1号线延伸段、韩国高速铁路、国内的各客运专用线以及台湾高速铁路等工程均采用此方案进行施工。该方法实现了施工标准化、工厂化、机械化，能够较好地控制梁体质量，缩短施工周期，利于维护保养，是目前桥梁建

设中积极推广的施工方案。由于预制厂需生产大量的预制件,常常受制于运输条件、运输能力及吊装能力,适应性、灵活性差。采用此方法需要在桥位附近修建大型预制厂和存梁场,征地、占地面积大,一般在城市中实现困难较大,工程投入也较大,见图6-10。

图6-10 桥梁整孔梁吊装施工

主要优点:

①质量能有效控制,梁体外观较好。

②工期短。

③有利于环境保护。

④从桥上架梁,对道路交通干扰少。

主要缺点:

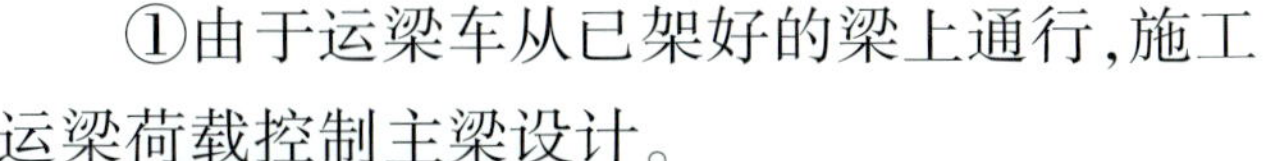

①由于运梁车从已架好的梁上通行,施工运梁荷载控制主梁设计。

②由于整孔预制架设,架梁安装设备较庞大,设备造价较高。

③只能连续架梁,无法分段架设。

④架桥机要通过车站,由于架桥机净空的要求,只能待全线桥梁架完后才能施工车站站台和顶棚的相应部位。

(3)预制节段拼装法

预制节段拼装法,是将梁体纵向划分为若干个节段,在工厂或工地附近预制后,将其运至桥位进行组拼,通过施加预应力将节段混凝土整体拼装成为桥梁的一种施工方法。20世纪60年代早期,欧洲首先出现了逐段预制的混凝土箱梁。这类结构往往采用平衡悬臂法架设,或通过架桥机进行安装。20世纪70年代,该方法流传到美洲。目前,该方法已在世界范围内得到普及,北京、上海、广州等地也积极地在试用。混凝土预制节段箱梁桥由若干短的箱梁节段组成。节段一般长2.5~4m,如果气候条件允许,节段接头处可采用干接缝;亦可采用薄薄的环氧树脂层,不会对拼装后的梁造成影响。这些接头无须养护,可立即施加预应力,见图6-11和图6-12。

主要优点:

①节段预制和桥墩基础施工可平行作业。可快速拼装,可缩短工期。

②主梁在梁场预制,施工质量有保障。

③对交通及周围环境影响小,特别适宜于桥下有特殊要求的桥梁施工。

图 6-11 预制节段拼装法施工

图 6-12 成桥图

④节段尺寸小、质量轻,运输、架设比整孔预制架设更方便、快速。

⑤节段预制可多条轻轨线共一个梁场,便于大规模生产。

⑥节段预制拼装架设,架桥机通过车站比整孔预制方便。

⑦可降低安装成桥后混凝土的收缩和徐变效应。

主要缺点:

①节段之间胶拼缝容易出现质量问题,影响耐久性。

②孔数较多、预制量大时,需要较大预制场地和多台架桥机、运梁车。

③节段间如拼接不好,会影响外观质量。

④冬季施工容易影响工期和质量。

简支箱梁施工方法比较见表 6-7。

简支箱梁施工方法比较表

表6-7

施工方案	方法概要	主要优点	主要缺点	适用情况
现浇	满布支架或移动模架现场施工	①整体性好； ②可多段同时开工； ③不需大型设备； ④对连续结构施工无体系转换	①对环境交通影响较大； ②需大量支架； ③施工场地占地多； ④施工期较长	适用于项目量少的中小桥或弯梁桥
预制架设	于工厂整孔预制、架桥机现场调装架设	①对环境、交通影响较小； ②占用施工场地少； ③利于大规模生产，质量外观好； ④上下结构同时施工，施工速度快； ⑤节省大量模架	①施工前期投入较大； ②曲线地段适应性差； ③施工工序较多	适用于大规模中小桥简支梁工程项目
节段拼装	于工厂分段预制、架机现场组装架设	①对城市环境、交通响较小； ②施工速度快，占地少； ③工厂化生产； ④曲线地段适应性强	①施工前期投入较大； ②施工难度较大； ③施工精度要求高	适用于大跨工程项目或特殊情况

第7章 车辆及综合基地

7.1 车辆选型与列车编组

(1)车辆分类

城市轨道交通车辆一般分为普通轮轨车辆、独轨车辆、胶轮自导向车辆和线性电机车辆等。见图7-1。

a)普通轨道车辆

b)独轨车辆

c)胶轮自导向车辆

d)线性电机车辆

图7-1 城市轨道交通车辆分类

我国将城市轨道交通车辆按载客量分为A、B、C三种类型车。按《城市轨道交通工程项目建设标准》车辆技术规格的规定:

A型车基本长度约22m,宽度为3.0m,单节车定员人数为310~432人。

B型车基本长度约19m,宽度为2.8m,单节车定员人数为230~327人。

C型车有4、6、8轴之分,车长不定,车辆基本宽度为2.6m。

(2)列车编组的依据

列车编组主要根据客流规模、车辆定员和线路条件确定。

(3)列车编组

根据客流情况,列车编组一般分为3辆、4辆、6辆、8辆等不同的编组。特殊情况下,也可采用其他不同的列车编组形式。列车编组的动拖比应大于或等于二分之一。

(4)客流与列车编组

通常情况下,采用初、近、远期不同的车辆编组数量来满足不同的客流需要是科学合理的;但若仅通过扩编车辆编组来适应不同设计年度的客流增长是不可取的。因为无论通过何种方式改编,都会使列车的动力配置、辅助系统、司机室等在改编后产生浪费。尤其是新旧车辆混合编组,更会造成列车防滑、防空转能力、坡道行驶能力、牵引功率等性能大大下降。因此,一般不建议以"扩编"来满足客流增长需要。

7.2　车辆设备系统组成

车辆设备系统由车体、转向架、动力系统等十大部分组成,见图7-2。

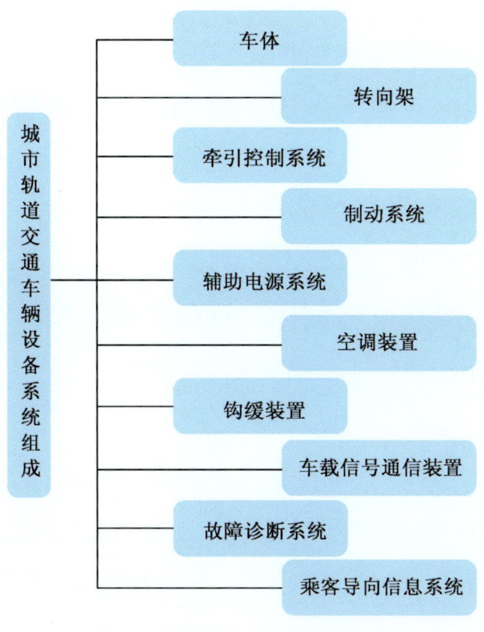

图7-2　车辆设备系统组成示意图

7.3 车辆设备系统的基本技术要求

(1)车体材料和内装修

车体宜选用易清洗、耐腐蚀的金属材料。其他材料及装修要求如下。车内装修参见图7-3。

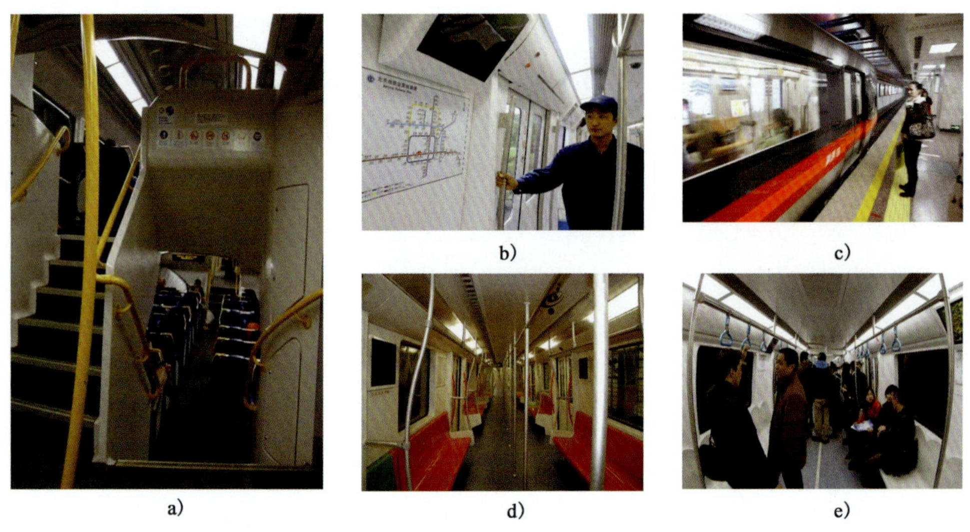

图7-3 车体内装修一览

①车体结构:采用整体承载式结构。

②车体材料:目前国内外较多采用不锈钢或铝合金材料。

③天花板和内墙板:应采用具有优良阻燃性能、隔音、隔热性能的刚性材料。

④客室地板:隔音、隔热和最佳阻燃性能,一旦燃烧不会产生有毒气体。

⑤车窗:采用固定式车窗,双层安全玻璃。

⑥客室内座椅:采用阻燃材料制作,纵向排列布置。

⑦扶手杆、立柱:采用不锈钢或铝管材料制作。

(2)车门

客室侧门有内藏门、外挂门和塞拉门三种形式,现在常用的是内藏门,见图7-4。车门能够单侧操作,也能双侧同时操作,具有再启闭功能。联锁装置在列车处于非零速状态时,自动锁闭车门开启装置,不可进行人工开启。司机室设声、光显示装置和报警功能。列车的启、停与车门的闭、开联动:首先要关闭车门,列车才能启动;必须停车才能打开车门。

a)

b)

图7-4 内藏式车门

(3)车钩

车辆车钩类型有自动车钩、半自动车钩、半永久型牵引杆。缓冲器采用橡胶缓冲器或其他大容量缓冲器。见图7-5。

a)

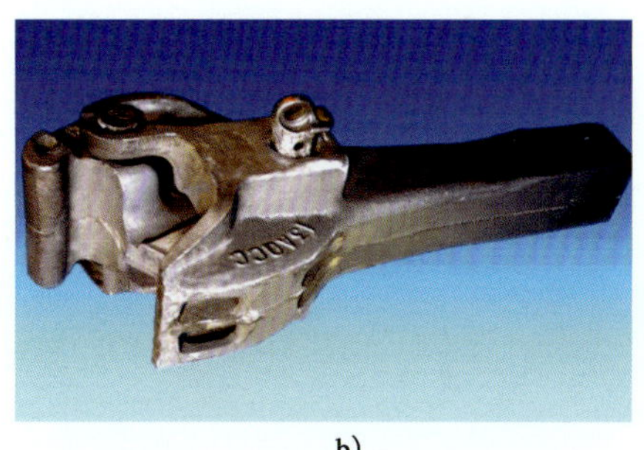

b)

图7-5 车钩

(4)供电方式

城市轨道交通车辆的供电制式主要采用直流供电方式,一般采用DC1500V架空接触网和DC750V第三轨受流方式。

直流供电方式的优点:车辆牵引电气传动系统简单,只需逆变一次电能转换,车辆制造成本相对较低。将分散于各车辆的变压与整流环节较集中地设置于地面,设备额定功率利用率高。车辆无需通过分相区,可以保证牵引力的持续力。

直流供电方式的缺点:网压较低、电能损耗大,供电线路建设成本较高,存在迷流对轨道、建构筑物的腐蚀。

(5)转向架

转向架(图7-6)较多采用无摇枕二系悬挂二轴转向架。

转向架构架为H形钢板压型焊接结构,一系悬挂采用圆锥叠层橡胶弹簧,二系悬挂采用空气弹簧,并设有高度自动调节装置和横向减震器。车轮采用标准整体碾制的钢轮。

(6)制动系统

为满足地铁车辆频繁启动和制动的需要,制动系统应采用电制动和空气制动结合的混合制动方式。

①电制动:设有再生制动和电阻制动,当再生制动失效时可自动转换成电阻制动。

②空气制动:采用电子模拟式制动机,可实现无级制动。

③基础制动:采用单元制动装置,单侧闸瓦制动。

(7)牵引控制系统

牵引控制系统采用变压变频(VVVF,Variable Voltage and Variable Frequency,变频调速系统)逆变器调速,鼠笼式三相异步电机驱动的交流传动系统,其逆变器元器件采用IGBT(绝缘栅双极晶体管)或IPM元件,微处理器控制。系统具有功能齐全的自检、自诊、监控和故障记录系统。如图7-7为列车司机室控制台。

图7-6　车辆转向架

图7-7　列车司机室控制台

每台动车4台牵引电机,采用横向全悬挂方式,根据牵引计算选取合适的电机功率等级。

(8)辅助电源系统

辅助电源系统(图7-8)包括:DC/AC逆变器(三相交流380V)、DC/AC逆变器(直流110V)。分别产生AC3×380V、50Hz交流电源,向空调、风机等交流负载供电;产生DC110V直流电源,作为蓄电池充电和直流负载的电源。

每一个基本单元装有一组免维护的全密封蓄电池,其容量应能满足在无DC1500V电源时,提供列车紧急负载(紧急照明、紧急通风等)运行45分钟的要求。

(9)空调装置

每辆车2台薄型单元式车顶空调装置。每台的制冷量应不小于35～40kW/h;每辆车的总风量应不小于10000m^3/h,新风量应不小于3200m^3/h。

(10)故障诊断系统

列车上的机电设备采用计算机控制,并且具有自诊断功能,能诊断每一个最

小更换单元的故障。故障信息存储在列车中央控制单元内,司机室内的显示器可显示这些故障信息,列车回库后也可用手提式电脑读出中央控制单元内储存的信息。

(11)乘客信息系统

司机可通过广播系统向乘客进行广播;两个司机室之间可通过广播通话;OCC通过无线电用广播系统可对乘客进行广播;紧急情况时,乘客可与司机通话;乘客既可听到自动报站广播,还可以从LED显示屏和动态线路图上看到下一站或终点站站名等信息,还可以从LED显示器观看视频信息;司机在正常工作时可通过列车闭路电视系统(图7-9),在专用显示器上观察客室内乘客的动态。

图7-8 辅助电源系统

图7-9 司机室闭路电视系统

(12)车载信号及通信

列车上装备冗余的ATO/ATP设备,可实现自动驾驶(列车到达车站,自动打开车门,停站时间一到,司机关闭车门和按压启动按钮后,列车开始启动)。

列车可在ATP保护下人工驾驶。解除ATP保护时,列车可实现人工驾驶。

车载ATO/ATP装置、车载无线装置、传动控制、制动控制、辅助逆变器控制、车门逆变器控制、车门控制、空调控制、列车信息系统均应包含于列车计算机网络系统。

7.4 车辆设备国产化

(1)国家定点城市轨道交通车辆总装制造厂家

目前,我国国家定点城市轨道交通车辆总装制造厂家有长春轨道客车股份有限公司(与ADtranz合资)、南车青岛四方机车车辆股份有限公司(与庞巴迪公司合资)、南车南京浦镇车辆有限公司(与ALSTOM公司合资)和南车株洲电力

机车有限公司(与 SIEMENS 公司合资)四家。其 logo 见图 7-10。

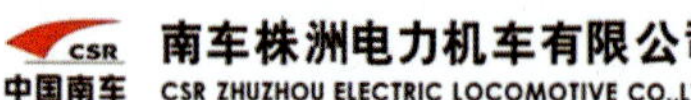

图 7-10　城市轨道交通车辆总装制造厂家 logo

(2)城市轨道交通车辆的关键技术

城市轨道交通车辆的关键技术主要分为四大部分,即:车体材料、转向架、牵引传动及控制系统、制动系统。

经过多年的技术引进和消化吸收,依托国内城市轨道交通工程项目,我国的城市轨道交通车辆制造技术得到了迅速发展,车辆平均国产化率已超过 70%。

(3)车体材料

目前,西南铝厂、辽源迈达斯铝业有限公司、天津克鲁斯铝业有限公司已完全能够提供合格的车体铝型材。长春轨道客车股份有限公司与 ADtranz 公司合资的长春安达轨道车辆有限公司已引进铝合金车体生产线,具备生产铝合金车体的条件。南车青岛四方机车车辆股份有限公司的铝合金车体生产线正在安装调试之中。南车南京浦镇车辆有限公司与法国 ALSTOM 合作生产上海明珠线一期工程 168 辆车,已具备铝合金车体的生产能力。南车株洲电力机车有限公司与西门子公司合作,已为上海地铁 4 号线、广州地铁 3 号线提供铝合金车体的车辆。

太原市钢铁公司与北京交通大学等单位研发了铁道车辆用不锈钢,各方面性能指标均符合要求。长春轨道客车股份有限公司通过引进技术,引进不锈钢车体焊接设备,已经为北京地铁 5 号线、天津滨海线提供不锈钢车体的车辆。青岛庞巴迪—四方—鲍尔车辆设备有限公司通过引进技术和设备,已为中国干线铁路提供 300 辆高级不锈钢车体的列车。

(4)转向架

从国内外城市轨道交通车辆的发展来看,无摇枕转向架是今后的发展方向。长春轨道客车股份有限公司从韩国引进无摇枕转向架制造技术,成功运用于北京地铁原复八线、伊朗德黑兰地铁车辆和武汉 1 号线一期车辆上。青岛四方厂已具备生产无摇枕转向架能力。浦镇车辆厂与 ALSTOM 合作生产上海明珠线车辆的同时引进了 ALSTOM 的转向架制造技术,具备生产能力。见图 7-11。

(5)牵引传动与控制系统

①VVVF 逆变器。VVVF 逆变器制造技术较为复杂,国内尚无成熟的自主开发产品。目前,国家定点株洲电力机车研究所和上海自动化设计研究所(上

a)

b)

图7-11 转向架系统

海阿尔斯通电气有限公司)为牵引传动与控制系统的生产企业。东芝、三菱、日立、庞巴迪等公司都与国内厂商组建了合资公司,进行牵引系统的生产、组装和调试。

②交流牵引电动机。交流牵引电动机在设计和制造要求严、难度大,目前国内暂无成熟产品。永济电机厂和上海电机厂等厂家都研制生产过不同功率的交流异步牵引电动机,虽然技术上还欠成熟,但为城市轨道交通车辆电机国产化提供了借鉴经验。

(6)辅助电源系统

目前湘潭电机厂和航天部15所已研制出IGBT静止逆变器,正在北京地铁试运行并通过鉴定,但还未形成批量生产能力。同时,株洲电力机车厂与株洲电力机车研究所合作,成功研制出100kVA的IGBT静止逆变器,现已小批量生产,使用情况良好。

(7)制动系统

国际上只有克诺尔、西屋、纳博克三家公司可以完全提供成熟的微机控制空气制动系统。在国内,铁道部科学研究院机车车辆研究所在国家发展和改革委员会、铁道部的支持下,对微机模拟制动机进行了全系统的国产化试制。英国西屋公司与沈阳铁路工厂建立合资企业生产模拟制动机。国家发展和改革委员会已将微机控制模拟制动机制造技术交由四方机车车辆研究所牵头,采取技贸合作的方式引进技术,逐步实现国产化。

7.5 车辆运用检修设施

(1)车辆运用检修设施的组成

车辆段与综合基地是城市轨道交通系统的重要组成部分,是保障城市轨道

图 7-12 武汉轨道交通车辆段

交通系统安全运营的基本设施,它由车辆段、综合维修中心、物资总库及培训中心等组成。

从功能讲,城市轨道交通车辆段可分为检修车辆段和运用停车场两部分。如图7-12所示为武汉轨道交通车辆段。

(2)车辆运用检修设施的功能

车辆段、综合维修中心及物资总库的功能分别如图7-13~图7-15所示。

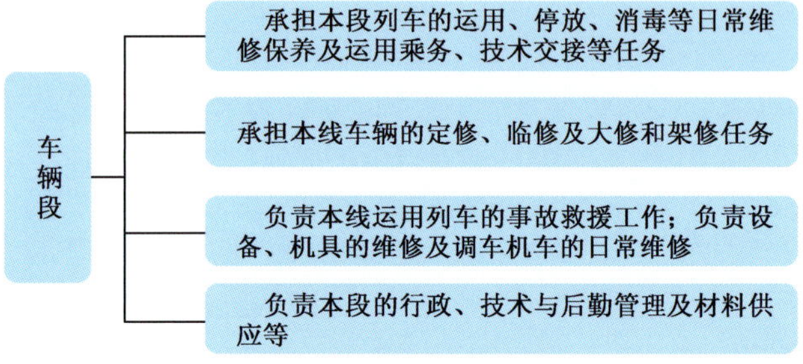

图 7-13 车辆段功能

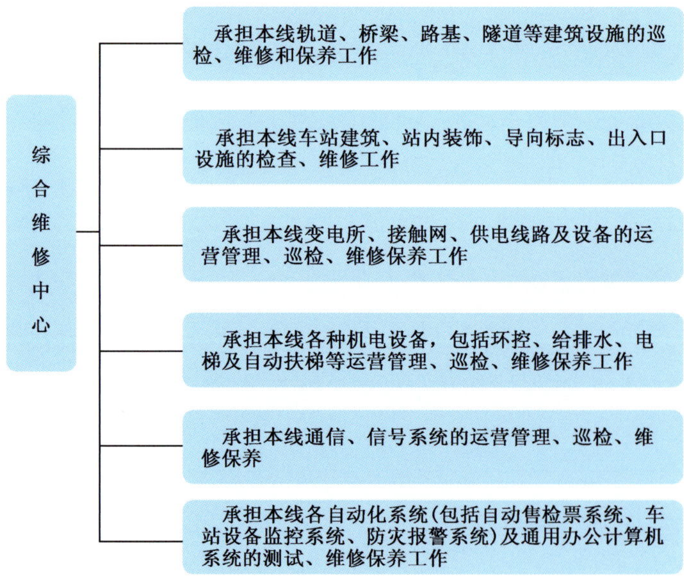

图 7-14 综合维修中心功能

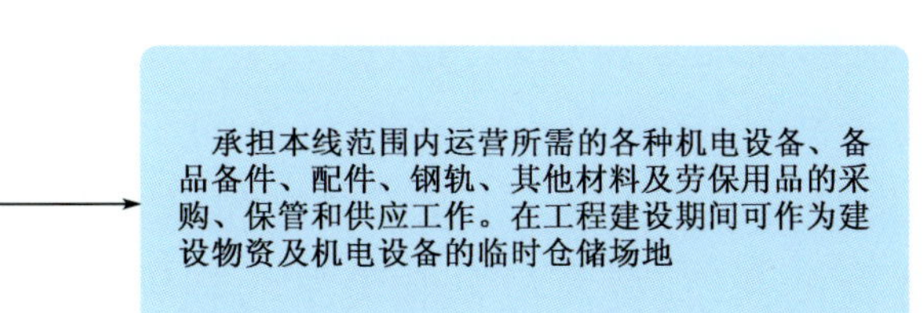

图7-15　物资总库功能

(3)车辆段与综合基地、停车场设置方案

根据功能的要求,车辆段与综合基地一般由列车停放线、检修线、洗车线、动态试车线、静态试车线、镟轮线及其他辅助作业线路组成,并配备相应的生活、办公辅助设施。

车辆段与综合基地一般设置在线路的端部,以利于运营作业,也可设在线路中部。

停车场是车辆段的一个组成部分,当线路长度超过20km,全线列车配属数量较大时,应在线路的另一端增设停车场,停车场的主要功能是承担相应配属列车的运用停放及月检以下修程的检修任务。

车辆段平面布置及效果图见图7-16、图7-17。

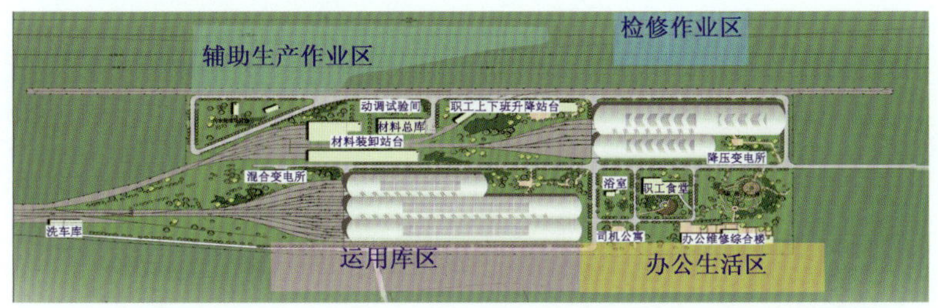

图7-16　车辆段平面图

图7-17　车辆段效果图

(4)车辆运用检修设施总体规划与资源共享

每个城市的首条线路应建设一座功能完备的车辆段与综合基地。当线网逐步完善时,应考虑检修资源的共享,其涵盖内容包括:

①车辆检修能力的共享,提高设备和设施的利用率。

②综合维修中心能力的共享。

③物资存储、发放、调配能力的共享。

④员工培训中心的集中设置等方面。

检修设施资源共享的条件:车辆制式相同;各线路之间设有联络线。

以长沙市为例,线网规划有多条轨道交通线路,近期实施的三条线中1、2号线建有三个停车场,但三条线共用一个车辆段,见图7-18。

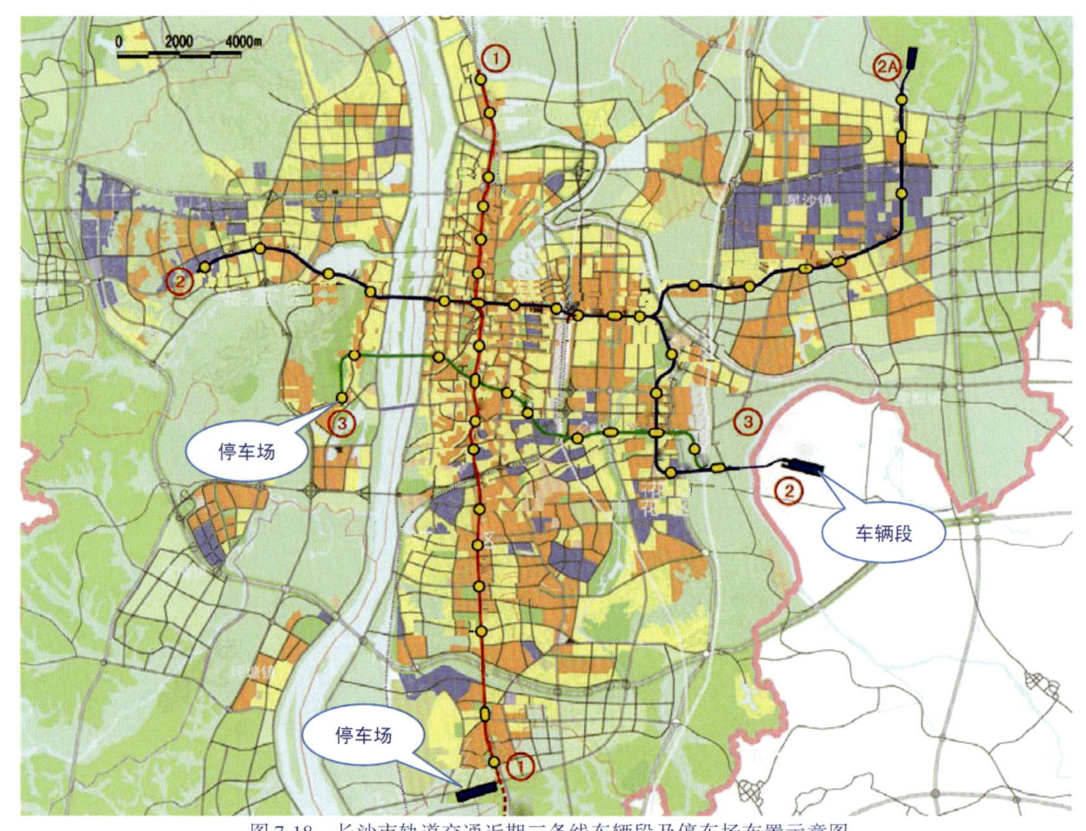

图7-18 长沙市轨道交通近期三条线车辆段及停车场布置示意图

第8章　供电系统

8.1　供电系统的组成

城市轨道交通供电系统包括:电源系统、牵引供电系统、动力照明供电系统、电力监控系统、杂散电流腐蚀防护与接地系统五个子系统。

(1)电源系统(图8-1)

①主变电站及其电源线路(集中供电方式)。

②开闭所及其电源线路(分散供电方式和集中供电方式)。

③中压供电网络。

(2)牵引供电系统

①牵引变电所。

②牵引网。

(3)动力照明供电系统

①降压变电所。

②动力照明配电系统。

(4)电力监控系统(SCADA)

(5)杂散电流腐蚀防护与接地系统

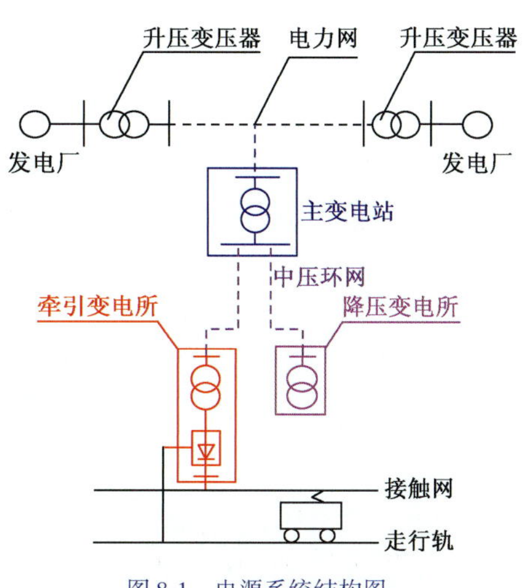

图8-1　电源系统结构图

8.2　供电系统的功能

(1)主变电站的功能

当城市轨道交通从电力系统引入的电源电压高于城市轨道交通中压供电网络的电压时,需要设置专用的主变电站将引入的高压电源(一般为110kV)降至35kV或10kV中压电后供给中压供电网络(中压环网),再由中压供电网络供给牵引变电所和降压变电所。见图8-2。

为了保证供电的可靠性,主变电站一般有后备,即当任一座主变电站退出运

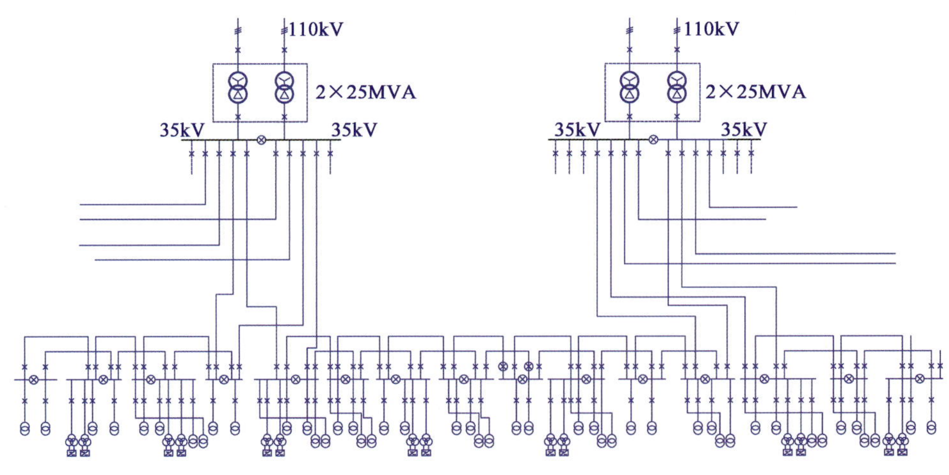

图 8-2　主变电站及集中供电示意图

行时，其他的主变电站能够承担其一、二级负荷的供电，因此任一条线路至少有两座主变电站为其供电，以实现相互之间的支援供电。

主变电站本身也是按高可靠性设计的，其电源和主要设备按冗余设置。主变电站由两路电源供电，其中至少有一路为独立电源。每一座主变电站内设两台主变压器，正常时两台主变压器并列运行。当一路电源停电或一台主变压器退出运行时，另一路电源或另一台主变压器能保证牵引负荷和动力照明一、二级负荷的供电。

(2)开闭所的功能

开闭所的功能详见图 8-3。

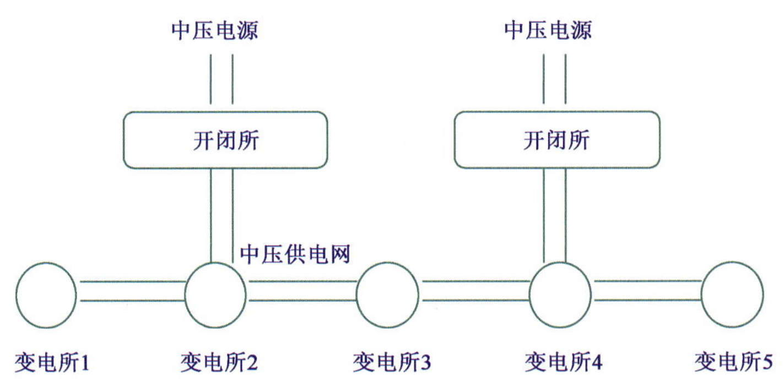

图 8-3　开闭所中压供电网示意图

分散供电时开闭所将城网 10kV 或农网 35kV(市郊线时)的中压电直接引入到城市轨道交通的中压供电网络。开闭所一般与牵引降压混合变电所或降压变电所合建。

采用10kV分散供电时，由于供电电压等级较低，为保证供电质量，一条城市轨道交通线一般会设多个开闭所。

集中供电时，本线从其他线设置的主变电所取得35kV电源，有时在本线也设置开闭所以方便供电。图8-4、图8-5分别为隧道内电缆敷设现场图和35kV GIS开关柜示意图。

图8-4 隧道内电缆敷设

图8-5 35kV GIS开关柜

(3)中压供电网络的功能

中压供电网络也称为中压环网，它把主变电站或开闭所馈出的电能输送到各牵引变电所和降压变电所。

中压供电网络纵向把主变电站(或开闭所)与牵引变电所、降压变电所连接起来，横向把各个牵引变电所、降压变电所连接起来。

中压供电网络采用冗余设置，并分成若干个供电分区，每一供电分区由两路电源和双回路电缆构成环形供电方式。供电分区的每一路电源和每一路电缆能满足分区内全部负荷供电的需要，当供电分区的电缆出现一处故障而退出运行时，不影响牵引负荷和动力照明负荷的供电。

(4)牵引变电所的功能

牵引变电所将主变电站或开闭所送来的中压(35kV或10kV)电能经过降压和整流变成牵引车辆所用的直流电(DC1500V或DC750V)。牵引变电所整流机组(整流变压器—整流器组)(图8-6、图8-7)是交、直流系统变换的重要环节。

牵引变电所是根据牵引负荷的大小沿线配置的，但考虑运营管理的方便，牵引变电所应尽可能地设置在车站，并与车站内的降压变电所合建为牵引降压混合变电所。车辆段和停车场均需要设置牵引变电所。

为保证牵引供电的可靠性，任一座牵引变电所退出运行时，不影响列车的运营，但不考虑相邻或相近的两座牵引变电所同时退出运行。

为减少对供电系统的谐波影响，每座牵引变电所设两套 12 脉波整流机组，并联运行构成等效 24 脉波整流对牵引网供电。

图 8-6　牵引变压器

图 8-7　加罩后的牵引变压器和整流器

(5)降压变电所的功能

每座车站、车辆段与综合基地、停车场、控制中心均需要设置降压变电所。降压变电所将主变电站或开闭所送来的中压电降压成 380/220V 低压电，向城市轨道交通车站、区间的动力、照明负荷和其他设施的动照负荷供电。

当车站规模较大时，为了减少低压供电电缆和满足供电质量要求，可能需要增设一座或两座降压变电所，增设的降压变电所称为跟随式降压变电所（简称跟随所）。车辆段与综合基地、停车场一般需要设跟随所，离车站降压变电所有一定距离的区间风井需要设跟随所。

(6)牵引网的功能

牵引网的功能是将牵引变电所的直流电能传输到在线路上跑动的城市轨道交通车辆上。

牵引网包括：接触网、回流钢轨、馈线和回流线。接触网有架空接触网（图 8-8）和接触轨（三轨）（图 8-9）等多种形式，它们统称为接触网。表 8-1 为我国城市轨道交通接触网使用情况一览表。

图 8-8　地面区段的架空接触网

图 8-9　带防护罩的接触轨

我国城市轨道交通接触网使用情况一览表 表 8-1

电 流 制	标 称 电 压	馈 电 方 式	国内主要城市实用情况
直流	750V	接触轨	北京、武汉、昆明、天津 1 号线
直流	750V	架空接触网	长春轻轨、大连有轨电车
直流	1500V	接触轨	广州 4、5、6 号线，深圳 3 号线，无锡
直流	1500V	架空接触网	上海、南京、杭州、苏州地铁，广州 4、5、6 号线外的各线

(7)动力照明配电系统的功能

动力照明配电系统给车站、区间、车辆段与综合基地、停车场、控制中心等的动力和照明负荷配电。配电系统采用 380/220V 电压，采用 TN-S 接地保护方式。

动力照明负荷按其用途和重要性分为三级供电方式。

①一级负荷供电：由降压变电所两段一、二级负荷母线上分别引一路独立电源，两路电源在供电线路末级用户端电源切换箱处自动切换。一级负荷之特别重要负荷需要采用蓄电池作为备用电源。

②二级负荷供电：电源从降压变电所的一、二级负荷母线馈出，单电源供电到设备配电箱。

③三级负荷供电：由一路来自变电所三级负荷母线的单回路供电。

(8)电力监控系统(SCADA)的功能

电力监控系统对全线的主变电站或开闭所、牵引降压混合变电所、降压变电所、跟随式降压变电所、牵引网等主要设备的运行状态进行实时监视、控制和数据采集，实现供变电设备的自动化调度管理。

(9)杂散电流腐蚀防护及接地系统的功能

绝大多数城市轨道交通线路是以走行轨回流的，由于钢轨与大地之间不可能做到完全绝缘，必然有小部分电流经大地流回牵引变电所。这部分电流因大地土壤导电性质、地下金属管道位置的不同，可以分布很广，称为“杂散电流”或“迷流”。

杂散电流腐蚀防护采取“以堵为主、以排为辅、堵排结合、加强监测”的原则，使综合防治效果达到现行国内和国际有关标准的要求。图 8-10 为某城市轨道交通线杂散电流腐蚀防护概念图。

杂散电流腐蚀防护技术还在逐步完善之中，目前流行的做法与图 8-10 已有一些区别，在地下车站的结构钢筋是否接地、是否需要设辅助排流网、如何排流等技术问题上，国内的行业专家还未达成一致。

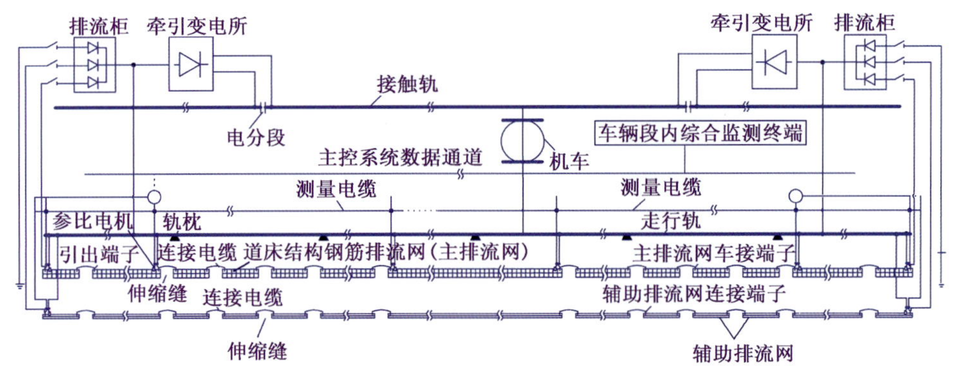

图 8-10 某城市轨道交通线杂散电流腐蚀防护概念图

在车站均设有满足各专业、各系统要求的综合接地系统,在线路的沿线均设有贯通地线,以满足各专业、各系统的安全接地、工作接地要求。

8.3 供电系统主要方案

城市轨道交通的外部电源供电方式,根据城市电网构成的不同特点,通常可采用集中供电方式、分散供电方式和混合供电方式等不同形式的供电方式。

在不同的研究阶段,供电系统需要确定不同的方案。对于城市轨道交通前期的研究阶段,供电系统需要确定以下几个主要方案:

①外部电源的供电方式。

②中压网络电压等级。

③牵引网供电方式。

8.3.1 外部电源供电方式的选择

(1)集中供电方式

当城市轨道交通采用集中供电方式时,供电系统设置主变电站,从城市电网引入110kV(220kV、66kV)电源,通过主变电站降压成中压电源,再通过中压网络把电能传输到城市轨道交通各个牵引、降压变电所。对于交汇或邻近的城市轨道交通线路,可将它们的受电点合并,形成较大的受电点,即一座主变电站同时向两条或多条线路供电。图 8-11 为集中供电中压网示意图。

集中供电方式具有以下优点:

①城市电网提供的电源点少、与城市电网接口少,城市电网的改造工程量小。

②进线电压等级高、进线数量少、电源可靠性高、供电质量好。

③城市轨道交通自成体系,便于调度管理、运营维护方便等。

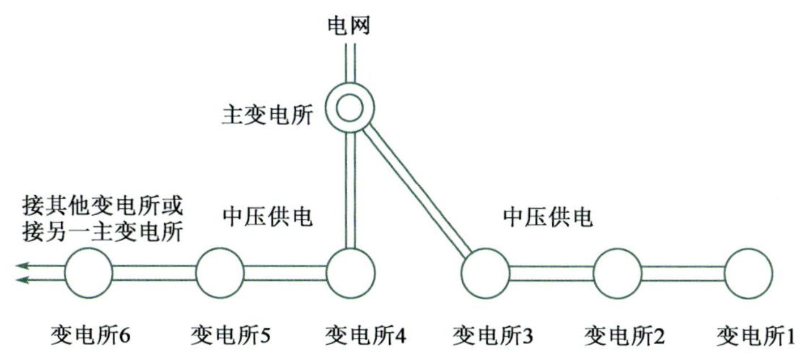

图 8-11 集中供电中压网示意图

另一方面,由于自建主变电站,一般情况下,集中供电方式较分散供电方式投资高。在我国广州、上海、南京、武汉、昆明、深圳等城市,已建成的城市轨道交通均采用集中供电方式。

(2)分散供电方式

当城市轨道交通采用分散供电方式时,城市轨道交通供电系统各牵引变电所或降压变电所直接(或通过开关站)从城网(或农网)引入两回相互独立的10kV(或35kV)电源。分散供电方式一般就地取电源,具有供电距离短、投资省等优点,但存在着与城市电网接口多、管理不便、谐波对电网影响相对较大等缺点。北京已建成的城市轨道交通线采用的是分散供电方式,在市郊线沿线如果有较好的中压电源条件也宜采用分散供电方式。图8-12为分散供电中压网示意图。

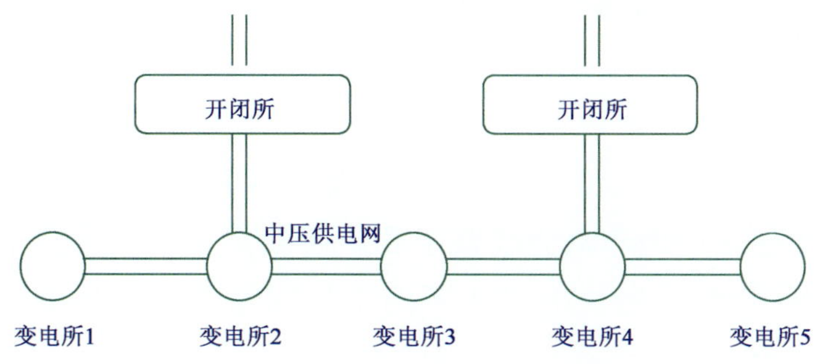

图 8-12 分散供电中压网示意图

(3)混合供电方式

混合供电方式是集中供电方式和分散供电方式的结合,一般以集中供电方式为主、分散供电方式为辅。

在合适的线路适当采用混合供电方式可以集合集中供电方式与分散供电方

式的优点,避免集中供电方式投资较大的缺点,在满足供电可靠性要求的前提下,有效降低工程投资。

集中供电方式具有与城市电网接口少、自成系统、便于调度管理、供电可靠性高等显著优点。有的城市轨道交通沿线虽有较多的110kV变电站,10kV电源点较多,但大部分变电站已经趋于饱和,特别是在城市中心繁华区域,城市电网110kV变电无富裕容量,难以向需要大容量供电的城市轨道交通提供可靠电源。所以一般城市轨道交通推荐采用集中供电方式,在城市郊区有35kV电源的区段,可以根据供电质量和工程投资的要求局部采用分散供电方式。

8.3.2 中压网络电压等级的选择

我国城市轨道交通中压网络标准电压等级有35kV(33kV)、20kV、10kV。不同电压等级的中压网络的综合比较见表8-2。

中压网络电压等级选择一览表 表8-2

电压等级	35(33)kV	20kV	10kV
适用标准	国家(国际)标准	国际、国家标准	国际、国家标准
设备国产化	国产	国产	国产
设备价格	最高	适中	最低
输电距离	最长	适中	最短
国内应用情况	沪、广、宁、深、汉多线	暂无	京、津、汉多线

一条长35~40km的城市轨道交通线路,如果采用10kV中压环网,大约需要设置5座主变电站,如果采用20kV中压环网,至少需要设置3座主变电站,而采用35kV中压环网,则只需要设置两座主变电站。虽然10kV和20kV电缆与设备价格低一些,但是主变电所及其电源线路的投资将大大增加,并且增加了与城市电网的接口,占用更多用地和电力线路走廊。所以集中供电方式下的中压网络一般采用35kV电压等级,分散供电方式下的中压网络采用与外电源一致的电压等级:在城区一般为10kV,市郊线也可能是35kV。

8.3.3 牵引网供电方式的选择

技术成熟且广为采用的接触网类型主要为接触轨(或称第三轨)和架空接触网。

(1)接触轨

接触轨(图 8-13)具有可靠性高、使用寿命长(钢铝复合接触轨寿命可达 70 年以上)、事故率低、维修量小、故障排除时间短、运营费用较低等优点。接触轨供电方式对城市景观几乎没有影响,对于以高架形式通过有景观保护要求的线路,具有重要的意义。接触轨适用速度一般不超过 100km/h。

图 8-13 接触轨供电

(2)架空接触网

为保障人身安全,1500V 电压供电的线路多采用架空接触网(图 8-14)。

a)

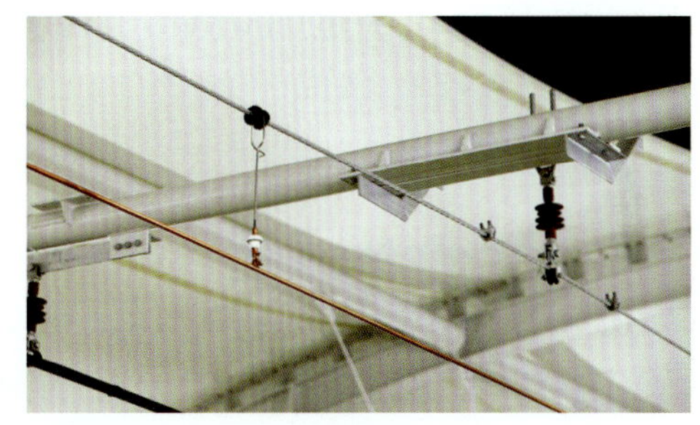

b)

图 8-14 架空接触网供电

架空接触网的主要特点:工程投资较接触轨低,但检修不便,需要配备检修架线作业等专用轨道车辆和较多的检修人员,维护费用较高,同时寿命较短(铜合金接触线 20 ~ 25 年,铝质汇流排 50 年)。在城市轨道交通隧道内,目前采用的架空刚性接触网可以避免断线事故,维护检修工作量与接触轨比较接近,适用速度不超过 120km/h。在地面段及高架区间,采用架空柔性接触网对城市景观有一定影响,故不宜在风景名胜和繁华商业区采用架空接触网。

(3)关于 DC1500V 接触轨

出于改善景观并兼顾工程经济性的目的,广州、深圳部分高架线比例较高的城市轨道交通线路采用了 DC1500V 接触轨供电。采用直线电机作为牵引动力的广州地铁 4 号线已经建成并投入运行,其车辆段内则采用架空接触网(图8-15),在出入段线进行两种供电方式的过渡和车辆取流方式的切换,广州地铁 5 号线和 6 号线也采用了这种供电方式。采用常规电机作为牵引动力的深圳地铁 3 号线正线和车辆段内也采用 DC1500V 接触轨供电。

a)

b)

图 8-15 广州地铁 4 号线正线 1500V 接触轨和车辆段架空接触网

(4)几种主要供电方式的运营

DC1500V 接触轨供电方式在国外仅在个别线路用过,为减少对人员活动的影响,目前已改为架空接触网。国内一些城市是在综合考虑了设置屏蔽门、紧急疏散平台、接触轨下部授流等安全防护新技术,并采取了系列安全辅助措施的前提下,才决定采用 DC1500V 接触轨供电的。DC1500V 接触轨供电在正常运营条件下有较高的安全保障度和技术经济优势,但目前实际运营经验较少,紧急或特殊情况下的应急和防护对策需要经受较长时期的实践检验,车辆也需要特殊设计。

(5)牵引网供电方式选择应考虑的因素

①选择一个地区的城市轨道交通牵引供电方式,影响到整个线网规划的车辆配置、城市景观、运营维护、城市轨道交通工程建设投资和效益等诸多方面,意义重大。如一个城市正处于城市轨道交通建设的前期研究阶段,第一条城市轨道交通线路采用的牵引网供电方式,对后续建设线路的牵引网供电方式选择有一定制约作用。

②选择第一条线路的牵引网供电方式,除了对线路本身的技术经济和环境影响作出比较和评价之外,还需要结合本地区的城市轨道交通线网发展模式统筹规划,合理选择牵引供电方式是关系到整个地区的轨道交通建设事业顺利发展的重要问题。

(6)牵引网供电方式的选择

表 8-3 介绍了我国城市轨道交通使用接触网的简要情况。

从表中可以看出,我国最早建设的北京地铁采用的是维护检修简单的 DC750V 接触轨供电,其后续线路延续了该方式;改革开放后第一批新建地铁的城市,如上海、广州、深圳等,采用的是牵引供电能力强的 DC1500V 架空接触网供电,后建地铁的各城市基本借鉴了 DC1500V 架空接触网供电的方式,少数城市的一些线路,考虑到照顾景观,选用了 DC750V 接触轨供电;随着广州地铁 4 号线的顺利开通,其 DC1500V 接触轨供电方式逐步被一些高架线比例较高的城市接受,如无锡、厦门等城市拟采用 DC1500V 接触轨供电方式。

我国城市轨道交通接触网使用情况简表 表 8-3

电流制	标称电压	馈电方式	国内主要城市实用概况
直流	750V	接触轨	北京各线,武汉 1、2、4 号线,天津 1 号线,昆明 1、2、3、6 号线
直流	750V	架空接触网	长春轻轨、大连有轨电车
直流	1500V	接触轨	广州 4、5、6 号线,深圳 3 号线,无锡、厦门各线
直流	1500V	架空接触网	除上述各线外的国内其他城市轨道交通线路

选择牵引网供电方式的原则:在城市轨道交通高架线路比例较低的城市可首选 DC1500V 架空接触网供电。对于高架线路比例高,对景观要求也较高的城市,宜采用接触轨供电。在采取架空接触网供电的城市,如果在市区的个别线为全高架或大部分高架,也宜采用接触轨供电。城郊的快线,即使为高架线路,也宜首选 DC1500V 架空接触网供电。

8.4 供电系统新技术

8.4.1 车辆再生制动能量吸收装置

当列车在进站制动或在长大下坡道上制动运行时,其所产生的再生能量将通过变频传动装置反馈到直流牵引网,由于牵引变电所采用二极管整流器,只能单向供电,当直流电压大于整流器输出电压时,二极管整流器反向阻断,使牵引网电压升高。当相邻列车具有吸收条件时,首先被其他列车吸收利用;当再生能量不能被邻近车辆完全吸收时,由车辆车载电阻消耗。

电动车组的制动方式优先使用再生制动,当再生能量不能完全被相邻车辆吸收和车载电阻制动吸收时,由机械制动补足。但车载电阻增加了车辆质量,同时再生制动能量被电阻以发热的形式消耗掉,散发的热量会引起城市轨道交通隧道的温度升高,加重空调和通风设施的负担。设置合理的再生制动能量吸收装置,把制动能量再利用或者释放到地面上,能减少隧道温升,减小通风、空调的负担,从而达到节能的目的。

(1)电阻耗能型吸收装置(图8-16)

电阻耗能型吸收装置主要采用多相IGBT斩波器和吸收电阻配合的恒压吸收方式,根据再生制动时直流母线电压的变化状态调节斩波器的导通比,从而改变吸收功率,将直流电压恒定在某一设定值的范围内,并将制动能量消耗在吸收电阻上。其特点是控制简单和直观,但再生制动能量消耗在吸收电阻上,未加利用。

(2)飞轮储能型吸收装置(图8-17)

飞轮储能型吸收装置采用IGBT逆变器将列车的再生制动能量吸收到大容量飞轮电机中,通过高速旋转的飞轮来储存能量,当供电区间内有列车启动、加速需要取流时,该装置释放所储存的电能并进行再利用。飞轮储能技术的进口受限,国内没有使用的先例。

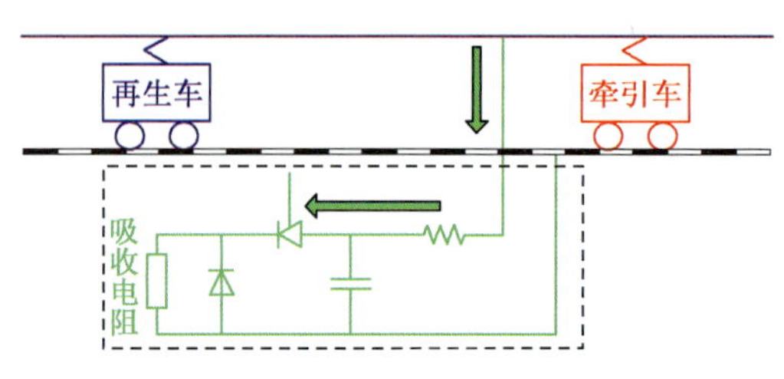

图8-16 电阻耗能型吸收装置示意图

图8-17 飞轮储能型吸收装置示意图

(3)电容储能型吸收装置(图8-18)

电容储能型再生制动能量吸收装置主要采用IGBT逆变器将列车的再生制动能量吸收到大容量电容器组中,当供电区间内有列车启动、加速需要取流时,该装置将释放储存的电能。电容储能型吸收装置目前在国内的使用情况不佳,一般不采用。

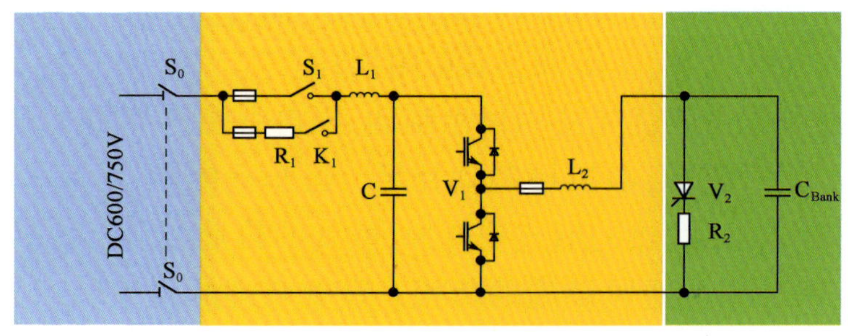

图8-18 电容储能型吸收装置示意图

(4)逆变器储能吸收装置(图8-19)

逆变器有晶闸管型和IGBT脉宽调制型两种。晶闸管型的谐波含量较高,这是其不常被采用的原因。脉宽调制(PWM)型解决了谐波问题,但目前进口产品的价格很高。

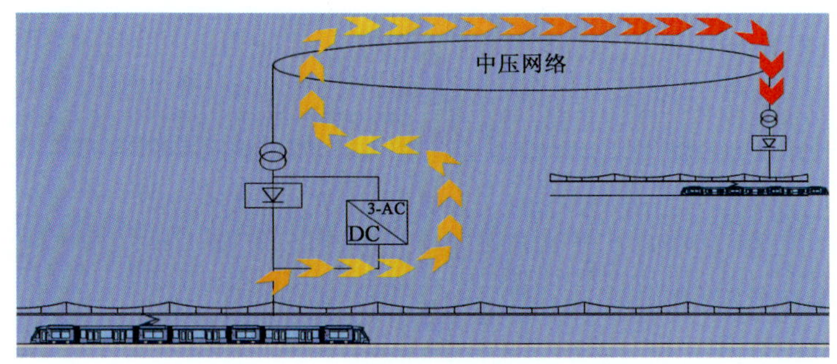

图8-19 逆变器储能吸收装置示意图

近年来,国内一些公司也在开发PWM型逆变器,形成了多种类型的产品,有逆变到低压系统的,有逆变到中压系统的。为减小逆变器的容量,有些类型的逆变器还带有吸收电阻。国产逆变器正在试挂验证之中,如果成熟定型,应该是较理想的制动能量吸收装置。

随着IGBT国产化程度的提高以及人民币的升值,进口的双向逆变器也逐步具有价格优势,可适当引进。

8.4.2 有源滤波和动态无功补偿

城市轨道交通牵引供电系统产生的无功功率小,谐波含量低,但动力照明供电系统的功率因数不高,且由于采用了大量的中压电缆,导致城市轨道交通供电系统在高峰时段需要补偿容性无功,在低谷时段又往往给电源系统反送无功。

动态无功补偿装置(SVG,Static Var Generator)可以根据系统的需要自动补偿容性无功或感性无功,并且具有滤波功能。随着IGBT价格的降低,动态无功补偿装置的价格降低了很多,在很多城市轨道交通线路上开始采用,在主变电站设置35kV的SVG可以补偿无功并兼顾滤波。由于城市轨道交通动力照明配电系统使用了很多的变频设备、整流单元等,在低压系统产生的谐波,从而可能影响某些设备的正常使用,作为应对措施,很多城市轨道交通线路在降压变电所设了有源滤波装置进行滤波并兼顾无功补偿。

第9章 通风空调系统

9.1 概述

在城市轨道交通工程中,通风空调系统的设置,是为了保证城市轨道交通系统有良好的运营环境。所谓运营环境包括以下五方面:

①为乘客提供“过渡性舒适”的候车环境。

②为城市轨道交通工作人员提供舒适的工作环境。

③为设备正常安全运行提供所需环境。

④控制区间隧道空气的温度和压力变化率。

⑤满足发生火灾等事故时对通风、排烟的要求等。

良好的运营环境有赖于合理、可靠的通风空调系统。通风空调系统制式的确定及方案的比较包括以下五方面:

①方案技术上的可行性、可靠性。

②技术的先进性、适应性。

③技术对环境的影响、有无污染及污染程度。

④克服对环境不利影响的难易程度及费用大小等。

⑤用户对系统功能的满意度,市场需求和发展趋势。

总之,城市轨道交通地下通风空调系统应保证其内部空气质量、温度、湿度、气流组织、气流速度和噪声等均能满足人员的生理、心理条件要求以及设备正常运转的需要。

9.2 系统组成及主要功能

9.2.1 系统组成

通风空调系统的组成见图9-1。

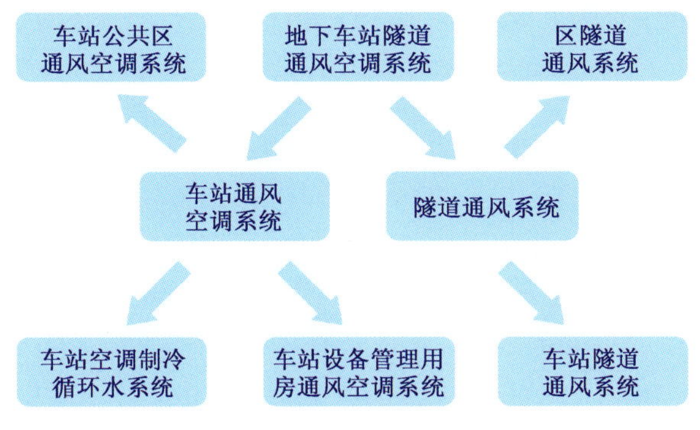

图9-1　通风空调系统组成示意

9.2.2　系统的主要功能

(1)隧道通风系统

①列车正常运行时系统应能排除隧道余热余湿,控制隧道内空气温度不超标,同时使隧道内空气压力变化率满足相关设计标准。图9-2为地铁轴流风机。

②列车阻塞在区间隧道时系统应能向阻塞区间提供一定的通风量,保证列车空调器等设备正常运行的环境温度和为乘客提供足够的新风量。

③列车火灾时系统应能及时排除烟气,控制烟气流向,并诱导乘客向安全区疏散。

(2)车站公共区通风空调系统

①正常运行时,车站公共区通风空调系统应能为乘客提供“过渡性舒适”的候车环境。图9-3为地铁空调机组。

②当车站公共区发生火灾时,车站公共区通风空调系统应能迅速排除烟气,同时为乘客提供一定的迎面风速,诱导乘客向安全区疏散。

图9-2　地铁轴流风机

图9-3　地铁空调机组

(3)车站设备管理用房通风空调系统(图9-4)

①正常运行时,车站设备管理用房通风空调系统应能为车站工作人员提供舒适的工作环境条件和为车站设备运行提供所需的工艺环境条件。

②当车站设备管理用房区域发生火灾时,车站设备管理用房通风空调系统应能及时排除烟气或进行防烟防火分隔。

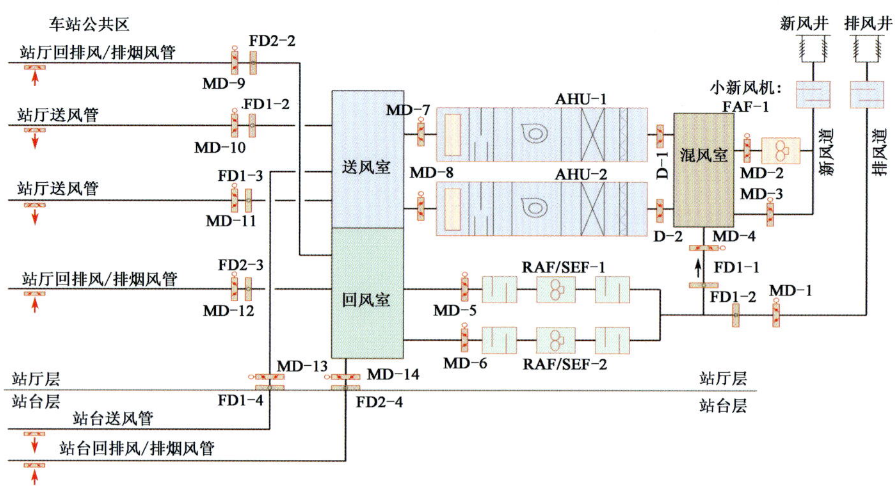

图9-4 车站公共区通风空调系统

(4)制冷空调水系统(图9-5、图9-6)

制冷空调水系统是为大系统和小系统提供空调设备用冷冻水,应能在各种工况、负荷和运营条件下满足大系统和小系统的运行、调节要求。

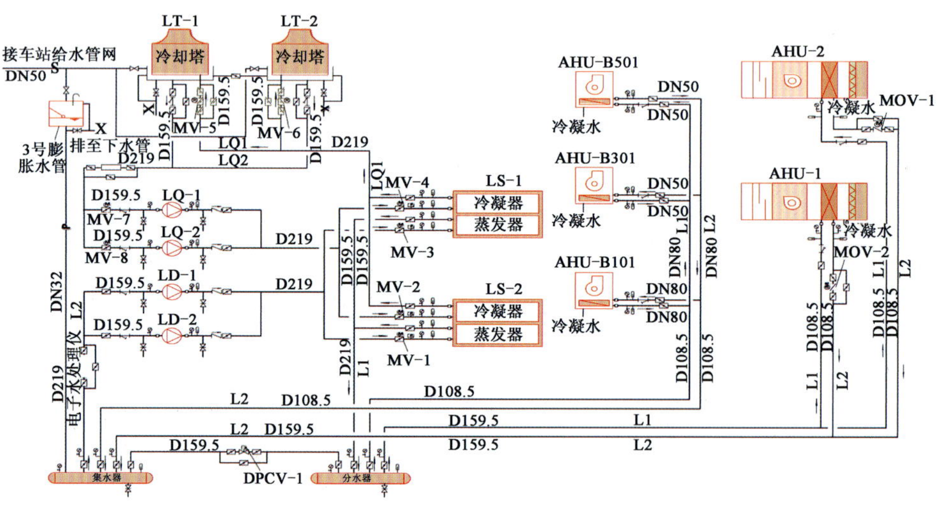

图9-5 制冷空调水系统

(5)高架车站通风空调系统

①车站公共区:开敞式车站充分利用自然通风,必要时设置机械通风/排烟系统。若车站站厅为封闭式时,应设置空调系统,空调系统形式可采用空气—水系统或多联式商用空调系统。

图9-6 地铁冷水机组

②车站设备管理用房:车站设备、管理用房根据城市轨道交通规范及工艺要求,设置单冷或冷暖分体式空调或多联式商用空调系统。

9.3 系统方案

9.3.1 屏蔽门条件下的通风空调系统

屏蔽门条件下的通风空调系统简称屏蔽门系统(图9-7)。1988年世界上第一套屏蔽门系统安装于新加坡NEL线,此后世界上城市轨道交通系统,特别是低纬度地区均趋向于设置屏蔽门系统,如香港的西北铁路、马来西亚吉隆坡地铁、泰国新建地铁、巴黎新建地铁(14号线)以及我国深圳地铁一期工程、上海地铁1号线及后续线、广州地铁2号线及后续线、苏州地铁1号线等均按屏蔽门系统设计。

a)有屏蔽门的站台

b)无屏蔽门的站台

图9-7 站台屏蔽门

9.3.2 站台屏蔽门

屏蔽门系统的主要特点就是在站台边缘加设透明隔墙,将站台与区间隧道隔开，并对应列车停站时的开门位置设置活动门。屏蔽门内的车站区域采用空调，隧道通风采用开式运行。

(1)屏蔽门系统的组成形式

利用屏蔽门将行车隧道与站台乘客候车区域隔离，使区间隧道与车站分为相对独立的通风空调区域，减少相互之间的干扰。

(2)屏蔽门系统的特点

①站台候车区域由于有屏蔽门将行车隧道隔离，安全性将大大提高。

②减少了车站与隧道间的空气对流和车站冷负荷损失，提高了车站空气洁净度、降低了列车的噪音。

③改善了车站的气流组织，可以较好地控制车站的温、湿度。

④由于车站泄压减弱和不设迂回风道，活塞效应将会得到加强，有利于隧道的活塞通风。

⑤通风空调系统和土建投资、运行费用等将会比闭式系统节省。

⑥屏蔽门系统将增加一定的投资和运营费用，同时屏蔽门系统增加了与有关专业的接口关系。

9.3.3 开(闭)式系统

(1)系统的组成形式

①车站与区间隧道相互连通，无隔离。

②夏季时，区间隧道与外界隔开，利用活塞风组成内部气流循环。

③避免活塞气流对车站通风空调系统的干扰，通常在车站两端设有迂回风道。

(2)系统的特点

①空调季节隧道的平均温度要比屏蔽门系统低。

②隧道通风系统可根据室外气候的变化采用开式或闭式运行。

③存在乘客因意外或特殊情况跌入轨道的可能，而一旦发生事故时必将对正常运营带来严重的影响。

④正常闭式运行时列车的活塞效应会将车站冷空气引入隧道，同时将隧道的热空气引入站内，所以空调季节将会导致车站的冷量损失。

⑤由于受活塞风的影响，车站的温度场、速度场无法维持稳定，同时车站空气品质也较难控制。

⑥由于车站冷负荷加大，要求其通风空调系统机房也较大；同时在车站两端还需设置迂回风道。

目前我国采用此类系统的主要有广州地铁 1 号线、南京地铁 1、2 号线以及

北京地铁、天津地铁等纬度较高地区的地铁。

闭式系统空调季节车站内采用空调系统，通风竖井中设有阀门，空调季节阀门关闭，车站采用闭式运行以减少冷量的散失，而在非空调季节车站空调通风系统转入通风工况运行时，通风竖井中的阀门系统打开，系统也同时转入开式运行。

随着科研和技术的进步，北京地铁、南京地铁2号线采用新型集成空调系统（大表冷器）。

9.3.4 屏蔽门系统与开(闭)式系统比较

①屏蔽门系统区间隧道内的温度均高于闭式系统2~5℃。

②屏蔽门系统减少了车站与隧道间的空气对流，减少了车站冷负荷损失，提高了车站空气洁净度，降低了列车进、出站带来的噪声和粉尘。

③屏蔽门系统车站公共区远期空调冷负荷较闭式系统明显减少，为闭式系统的35%~60%。

9.3.5 区间隧道通风方式

(1)双活塞风道模式(图9-8)

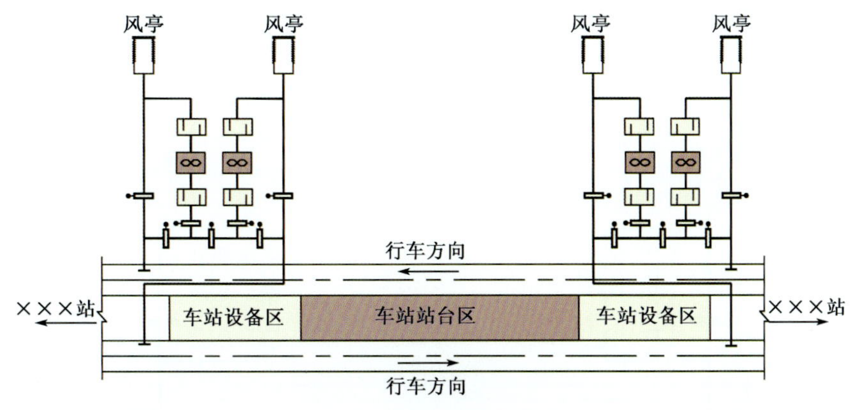

图9-8 双活塞风道模式图

双活塞风道模式的特点是在车站两端对应每条隧道设置一条活塞风道，并在每条活塞风道内设一台可逆转隧道风机及相应风阀，通过风阀的开启组合实现不同工况下的送、排风（排烟）。该模式能满足不同运行工况使用要求，应用最为广泛。

(2)典型单活塞风道模式(图9-9)

典型单活塞风道模式的特点：取消列车进站端活塞风道，保留出站端活塞风

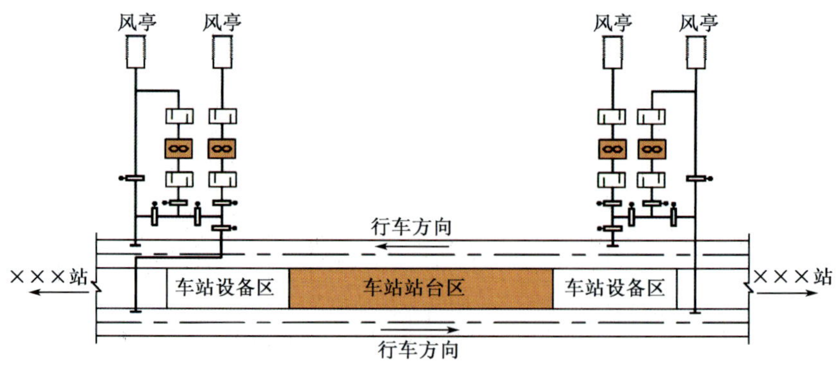

图 9-9　典型单活塞风道模式图

道,每站设活塞风道两个,机械通风道及设备还是 4 组,有 4 个隧道通风井,土建面积有所减少。

(3)风道兼容模式

风道兼容模式的特点:在车站左右线的出站端各设置一个活塞风道,在活塞风道内设置两台可逆转隧道风机及组合式风阀,并通过风阀的开启组合实现不同工况下的送、排风(排烟)。它与单活塞风道模式最大不同之处在于区间隧道风机是否兼作车站隧道排风机使用。

(4)单活塞风道单风井模式(图 9-10)

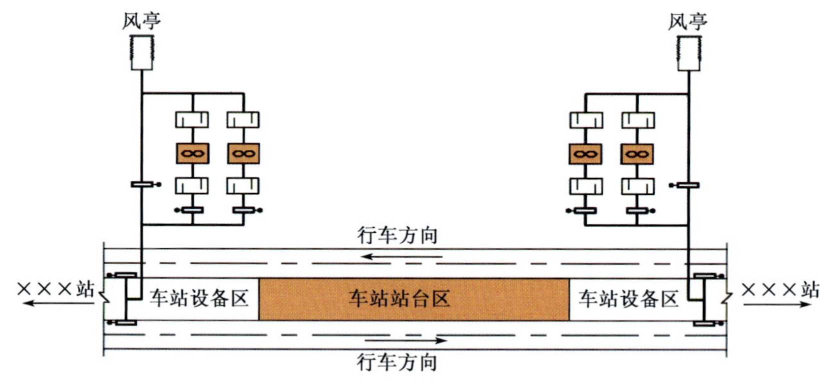

图 9-10　单活塞风道单风井模式图

单风井模式的特点:在车站左右线的出站端各设置一个活塞风道,在活塞风道内设置两台可逆转隧道风机及组合式风阀,并通过风阀的开启组合实现不同工况下的送、排风(排烟)。它与单活塞风道模式最大不同之处在于区间隧道风机是否兼作车站隧道排风机使用。

9.3.6 区间隧道通风及环境控制

隧道通风系统设计研究主要采用软件仿真模拟地铁的实际运行状况,目的是通过计算合理配置系统,实现环境和气流的控制。

首先,根据线路、隧道、车站建筑初步拟定的方案和已往经验,初步配置整个隧道的通风系统。

然后,建立计算网络节点图;根据土建、线路、行车组织、车辆、地质、客流、气象等参数编制相应的数据文件。

最后,采用仿真模拟软件对设定的系统进行模拟计算,以验证系统的运行效果,包括正常、阻塞和火灾三种运行模式的分析。

(1)隧道内温度控制(图9-11)

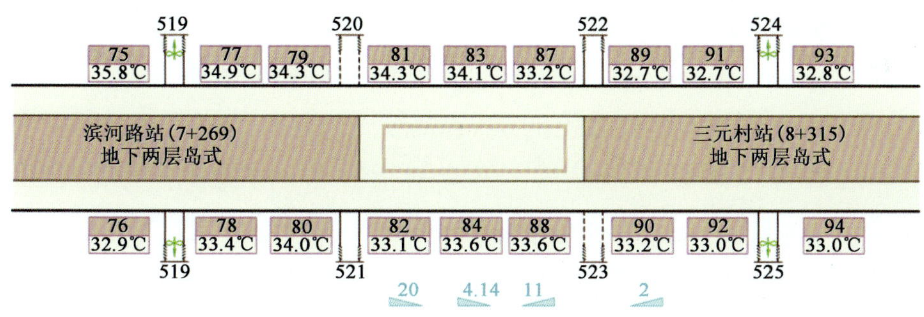

图9-11 隧道内温度控制示意图

(2)隧道内压力控制

①标准:隧道内的压力变化率以对乘客耳膜产生刺痛感为上限。

②区域:压力控制一般需考虑隧道列车高速进洞或通过风道口等的情况。

③处理:对隧道断面进行渐变处理,如喇叭口。

(3)火灾排烟过程中的气流组织原则

①应组织和引导乘客尽快离开列车,沿疏散平台和联络通道疏散至相邻区间或临近车站。

②应保证事故隧道内的烟气按与多数乘客疏散方向相反的方向排出,并尽量保证烟气排除的路径最短。

③为防止烟气从联络通道向非事故隧道蔓延,应维持非事故隧道和联络(疏散)通道处于相对正压状态。

9.4 系统的控制与运营模式

9.4.1 系统的控制

通风空调系统的控制由中央控制、车站控制和就地控制三级组成。

(1)中央控制(图9-12)

中央控制装置设在控制指挥中心(OCC),该中心配置中央级工作站(OCC)和全线隧道通风系统中央显示屏。OCC工作站可对全线隧道通风系统进行监控,执行隧道通风系统预定的运行模式或向车站下达各种隧道通风系统运行模式指令;同时OCC工作站还对全线车站通风空调系统进行监视,向车站下达各种大小系统和水系统运行模式指令。

(2)车站控制(图9-13)

车站控制装置设在各车站控制室,该控制室配置车站级工作站和紧急后备控制盘(IBP)。在正常情况下,车站级工作站可监视车站所管辖范围内的隧道通风系统、车站大小系统和水系统的运行状态,向OCC传送信息,同时可执行中央控制室下达的各项运行模式指令;在控制指挥中心授权下,车站级工作站为车站消防指挥中心,能根据实际情况将车站大小系统转入紧急运行模式和执行控制指挥中心下达的区间隧道紧急运行模式;当车站工作站出现故障时,在IBP上可执行控制指挥中心下达的区间隧道通风系统和车站大系统紧急运行模式指令。

图9-12 中央控制

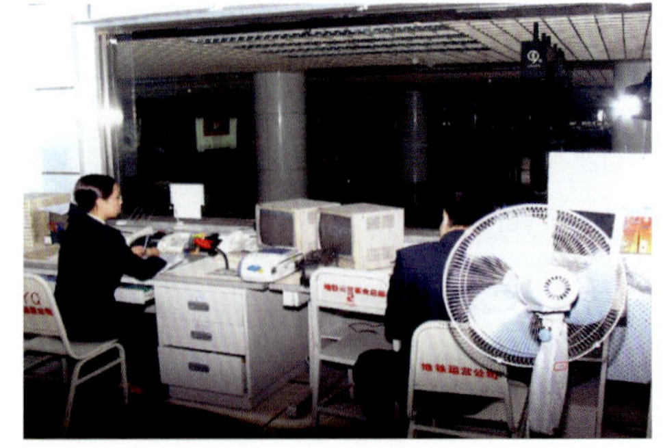

图9-13 车站控制

(3)就地控制(图9-14)

所有通风空调设备均设置就地控制,就地控制通常集中设置在各车站环控电控室,具有单台设备就地控制功能,以方便设备的调试、检查和维修。就地控制优先。

9.4.2　运营模式

(1)隧道通风系统

①正常运行：

a. 早间运营前，区间隧道通风系统进行半小时的纵向机械通风，通风完毕后转入正常运行模式。

图 9-14　就地控制

b. 列车正常运行时，车站隧道通风系统投入运行而区间隧道通风系统停止运行，利用列车活塞效应，通过车站两端的活塞风井进行通风换气，以排除区间隧道的余热、余湿。

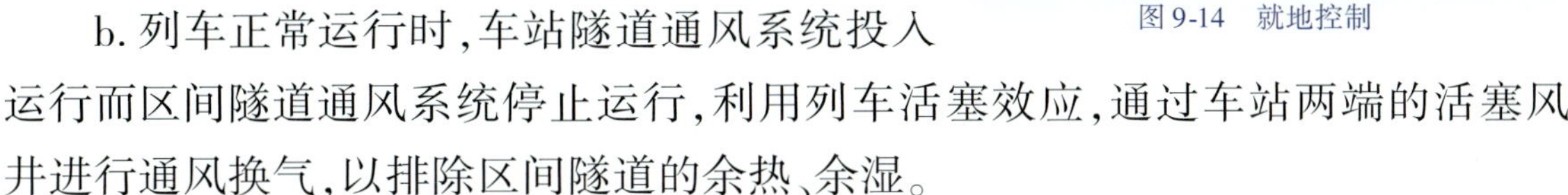

c. 夜间收车后，区间隧道通风系统进行半小时的纵向机械通风，通风完毕后打开所有风道内风阀。

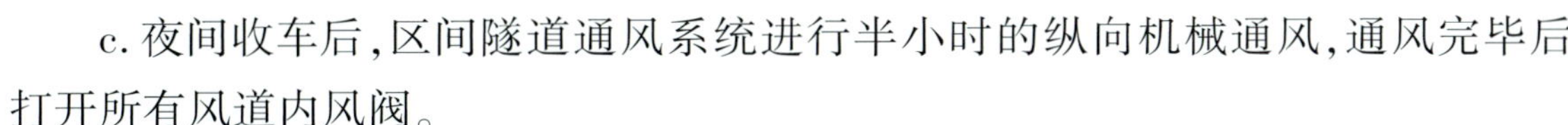

②阻塞运行：当列车因故阻塞在区间隧道时，区间隧道通风系统开启，对阻塞的隧道进行半纵向机械送、排风，以满足阻塞区间的空气环境条件。

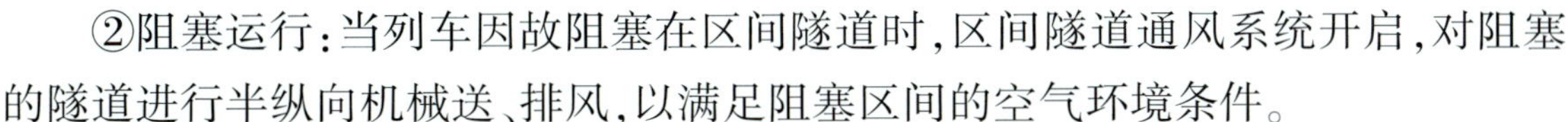

当着火列车停在车站隧道疏散乘客时，车站隧道通风系统运行排烟；当着火列车停在区间隧道内疏散乘客时，区间隧道通风系统按预定的隧道内火灾模式运行排烟，并诱导乘客疏散。

(2)车站公共区通风空调系统

①正常运行：在列车正常运营时段，大系统采用焓值控制，根据季节变化设有空调工况小新风、空调工况全新风和非空调工况全通风三种基本运行模式；夜间列车停止运营后，停止大系统及其水系统的运行。

②车站乘客过度拥挤：当发生突发性客流、区间堵塞、线路故障及其他原因引起车站乘客过度拥挤时，大系统的所有设备均应按三种基本运行模式下的满负荷运行。

③火灾事故运行：当站台层发生火灾时，利用站台回/排风系统和隧道通风系统同时运作排烟，车站内人员迎着新风方向从站台经站厅疏散到地面；

当站厅层发生火灾时，利用站厅回/排风系统进行排烟，站厅内人员迎着新风方向向地面疏散。无论是站厅排烟还是站台排烟，均利用车站出入口、通道自然补风。

(3)车站设备管理用房通风空调系统

①正常运行：当采用全空气空调系统时，空调系统运行采用焓值控制，采用空调工况小新风、空调工况全新风和非空调工况全通风三种模式运行；当采用风

机盘管加新风空调系统时，空调工况采用风机盘管加新风运行，非空调工况无论是站厅排烟还是站台排烟，均利用车站出入口、通道自然补风。

②火灾事故运行：当设备管理用房发生火灾时，相应系统立即转入到预定的火灾运行模式，即立即排除烟气或隔断火源、烟气，同时设有排烟系统的内走道实施排烟，对车站控制室、内走道、封闭的楼梯间实施加压送风。

第 10 章　给排水及消防系统

10.1　概述

城市轨道交通给排水及消防系统主要包括：给水系统、排水系统以及消防系统。其中给水系统由生产、生活给水系统和消防给水系统组成；排水系统由污水系统、废水系统和雨水系统组成；另设有灭火器和气体灭火系统。

10.2　一般规定

根据给排水及消防的有关规范规定：

①城市轨道交通的给水必须满足生产、生活和消防用水对水量、水压和水质的要求，并应坚持综合利用、节约用水的原则。

②城市轨道交通给水水源应优先采用城市自来水，当沿线无城市自来水时，应和当地规划部门协商，采取其他可靠的供水水源。

③城市轨道交通排水系统，除生活及粪便污水需单独排放外，结构渗漏水、冲洗及消防废水和口部雨水等可以按合流排放。生活及粪便污水的排放，必须符合当地及国家现行排水标准的规定。

④城市轨道交通给排水设备的自动化程度，应根据运营管理的需要，结合当地具体条件，经过技术经济比较确定，但排水设备应按自动化管理设计。

⑤城市轨道交通给排水管道及有关设备，应采取防止杂散电流腐蚀的措施。

⑥按全线同一时间内仅发生一处火灾设计。

⑦重要设备用房下水采用雨、污水分流，就近排入市政排水管网。

10.3　主要技术标准

(1)生产、生活用水及排水量标准

①用水量标准：

a. 员工生活用水量按50L/(班·人)计(含开水),小时变化系数为2.5。

b. 空调系统补充水按循环冷却水量的2.5%计。

c. 冲洗用水量按3L/(m^2·次)计,每次按冲洗1h计算。

d. 生产设备用水量按所选设备、生产工艺的要求确定。

e. 不同类别的附属建筑用水量按《建筑给水排水设计规范》(GB 50015—2003)确定。

②排水量标准:

a. 工作人员生活排水量按生活用水量的95%考虑。

b. 冲洗水排水量为3L/(m^2·次)。

c. 消防废水量与消防用水量相同。

d. 结构渗漏水量由结构专业提供,根据施工方法而确定。

e. 隧道洞口、露天出入口及敞开通风口排水泵房的雨水排放设计按当地50年一遇暴雨强度计算,隧道洞口集流时间按5min计算,其余按10min。

f. 地面区间、地面车站、控制中心和车辆段等地面建筑的雨水排水量按设计暴雨重现期10年、10min的集流时间计算。

g. 生产设备排水量按所选设备生产工艺的情况确定。

(2)消防用水标准

①车站消防用水量为20L/s;区间为10L/s。

②自动喷水灭火系统按中危Ⅱ级进行设计,约27L/s。

③地下商业开发的建筑按《建筑设计防火规范》(GB 50016—2006)和《高层民用建筑设计防火规范》(GB 50045—1995 2005年版)执行。

(3)车站消火栓的设置

①站台层公共区采用双口双阀(DN65)消火栓,间距一般为40~50m。

②其余应尽量考虑采用单头(DN65)消火栓,间距按不大于30m设置。

(4)区间消火栓

区间隧道仅设置栓口,按50m间距设置。

(5)消防器材箱的设置

①消防器材箱设置在车站进入区间的站台端部。

②消防器材箱设置在区间联络通道处。

图10-1所示为各种消防设施示意图。

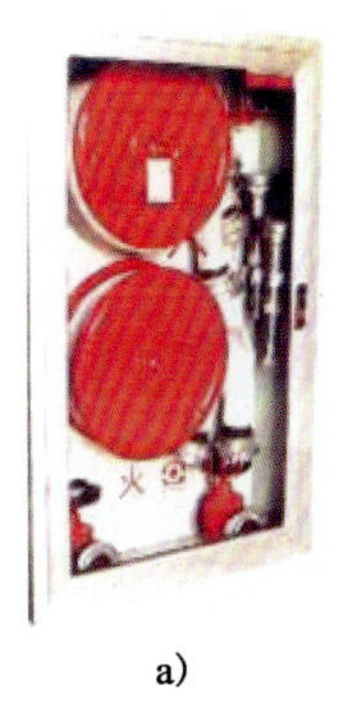
a)

b)

c)

d)

图10-1　消防设施示意图

10.4　给排水及消防系统构成

10.4.1　系统概要

给排水及消防系统由给水系统、消防系统和排水系统三部分构成，详见图10-2。

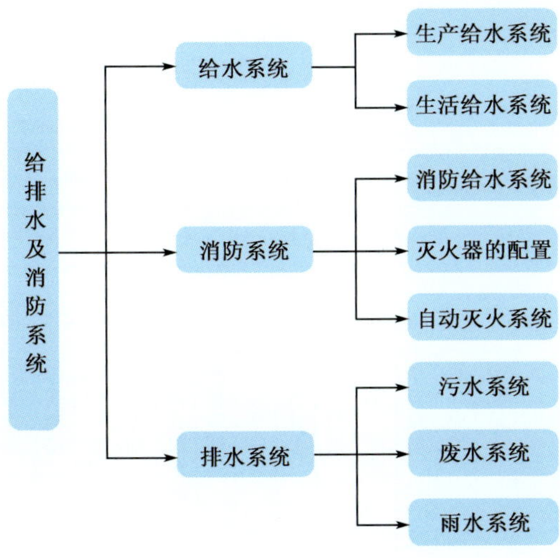

图10-2　给排水及消防系统构成

10.4.2　系统构成

(1)给水系统(图10-3)

①全部采用城市自来水水源。

图 10-3　消防给水设备

②消防用水与生产、生活给水管共用管道，室外设水表井，管道进入车站后分开设置。

③设消防加压装置的场所采用从市政管网直接抽水和设置消防水池间接抽水两种方式。

④施工设计时需对全线各站点所接室外自来水管网水压进行实测。见图 10-4。

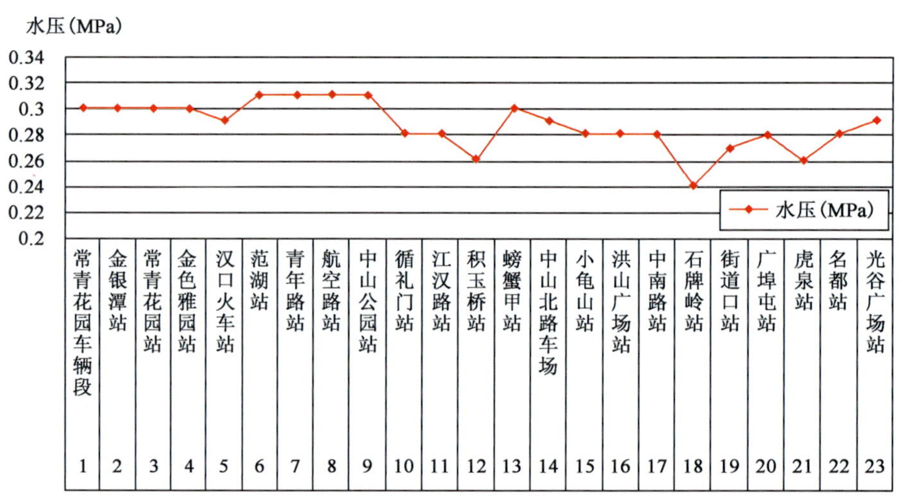

图 10-4　实测相对水压折线示意图

⑤一般情况下市政自来水管网压力可满足消火栓灭火系统要求，不能满足自动喷水灭火系统要求，需设增压设施。

(2)消防系统(图 10-5)

①全线车站及区间设消防给水系统;消防给水布置见图 10-6。

②对重要电气设备用房采用全淹没自动灭火系统。

③所有建筑物均需配置有效的灭火器材。

④城市轨道交通公共区、与城市轨道交通同时修建的地下商场、地下商业街,面积大于 500m^2 时设自动喷水灭火系统,车辆段及地面其他各建筑物的消防设计按相应的《建筑设计防火规范》(GB 50016—2006)和《高层民用建筑设计防火规范》(GB 50045—1995 2005 年版)等规范执行。见图 10-7 和图 10-8。

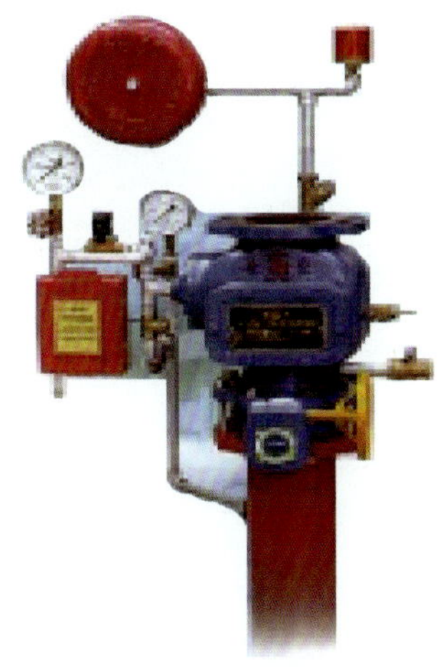

图 10-5　消防设备

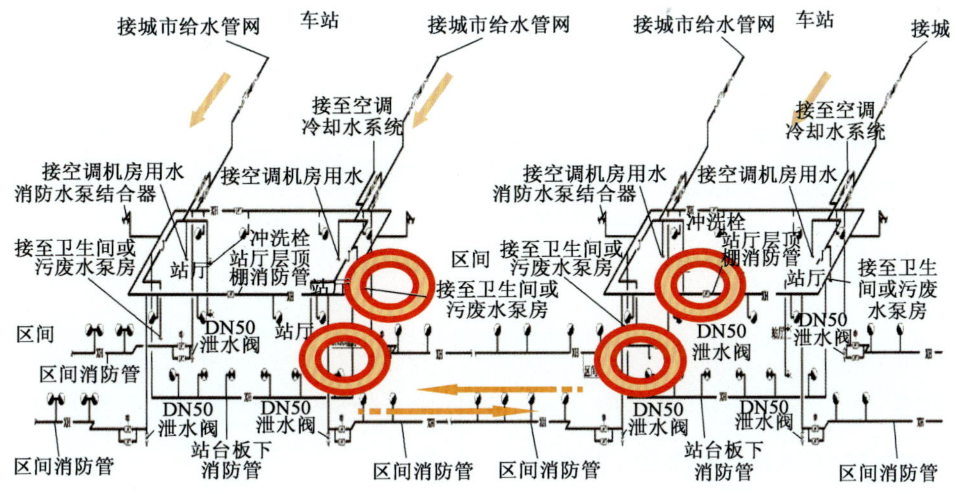

图 10-6　消防给水布置示意图

注:1. 每车站消防给水有两路进水,管网在站内布置成环状;

2. 区间消防给水管道沿行车方向的右侧布置;在车站端头与车站环状管网进行连通;

3. 区间中部可不设连通管。

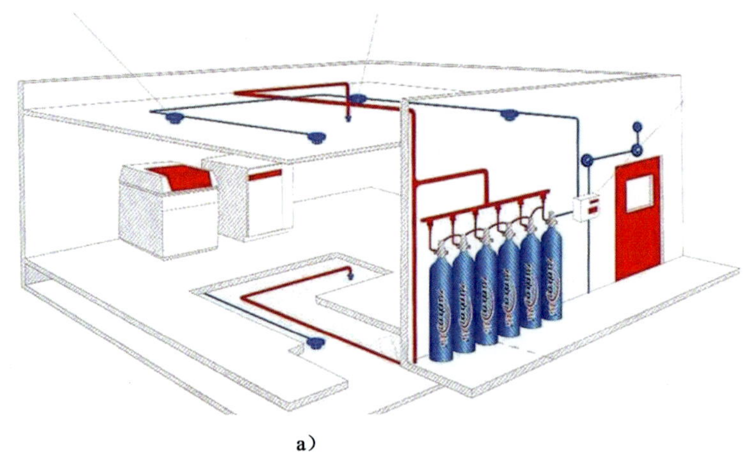

a)

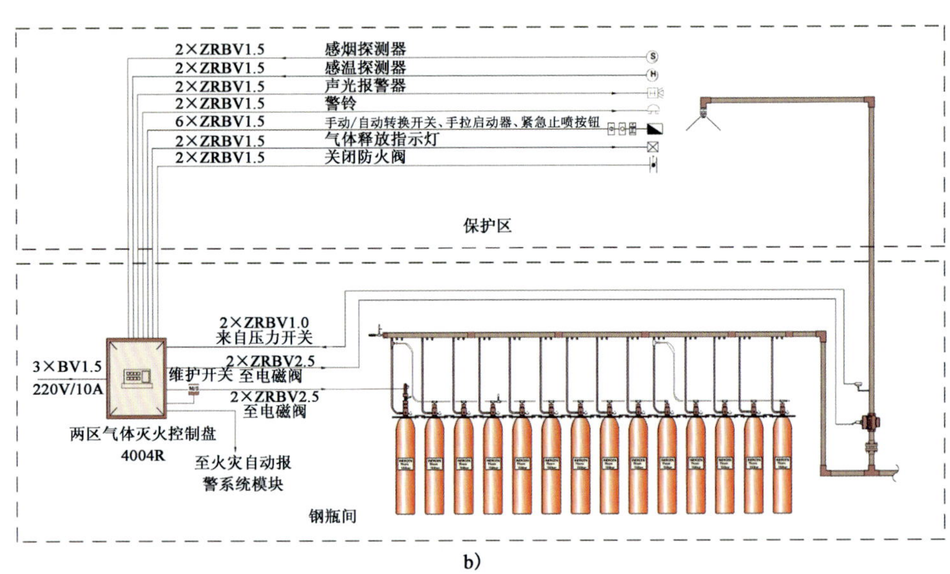

b)

图 10-7 烟烙尽气体灭火系统报警及控制原理图(单个保护区)

气体灭火系统的灭火剂有很多种,我国城市轨道交通中主要采用的有 FM200(七氟丙烷)和 IG-541(烟烙尽)作为灭火介质。

七氟丙烷灭火速度快、效果好,但有很大的温室效应,环保性差。

IG-541 不消耗臭氧,无温室效应,对人体无害,对设备能起很好的保护作用,是国际上认可的品质洁净气体灭火剂。

细水雾系统具有清洁、环保、高效的优点,但对被保护的设备有一定的不良影响。

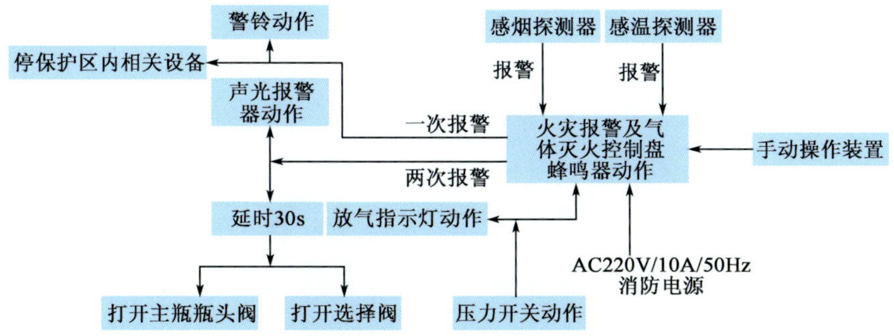

图 10-8　烟烙尽气体灭火系统控制流程图

(3)排水系统

排水种类包括:污水、废水和雨水,排水体制采用雨、污分流制。见图 10-9。

图 10-9　排水种类

排水泵站的设置见图 10-10。

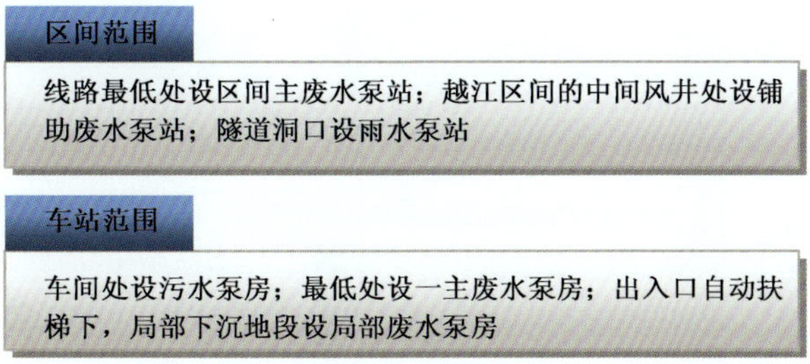

区间范围

线路最低处设区间主废水泵站;越江区间的中间风井处设辅助废水泵站;隧道洞口设雨水泵站

车站范围

车间处设污水泵房;最低处设一主废水泵房;出入口自动扶梯下,局部下沉地段设局部废水泵房

图 10-10　排水泵站设置

①区间主排水泵站。

a. 集水池有效容积不小于 $20m^3$,水域下或负担车站废水排放时,其有效容积不小于 $30m^3$。泵站设在区间线路最低处,排水管采用顶出式。见图 10-11。

b. 区间废水泵站排水管无条件采用顶出式时,如水域下中间泵站,就近从车站或风井引出地面。

c. 区间为单向坡时,一般不设排水泵站。有标高较低的车站负责排除区间废水。

②车站主废水泵房

集水池有效容积不小于 $30m^3$,设在车站范围的最低点,排水管从邻近的风井或出入口出地面,排入市政管网。设两台排水泵,一主一备。见图 10-12。

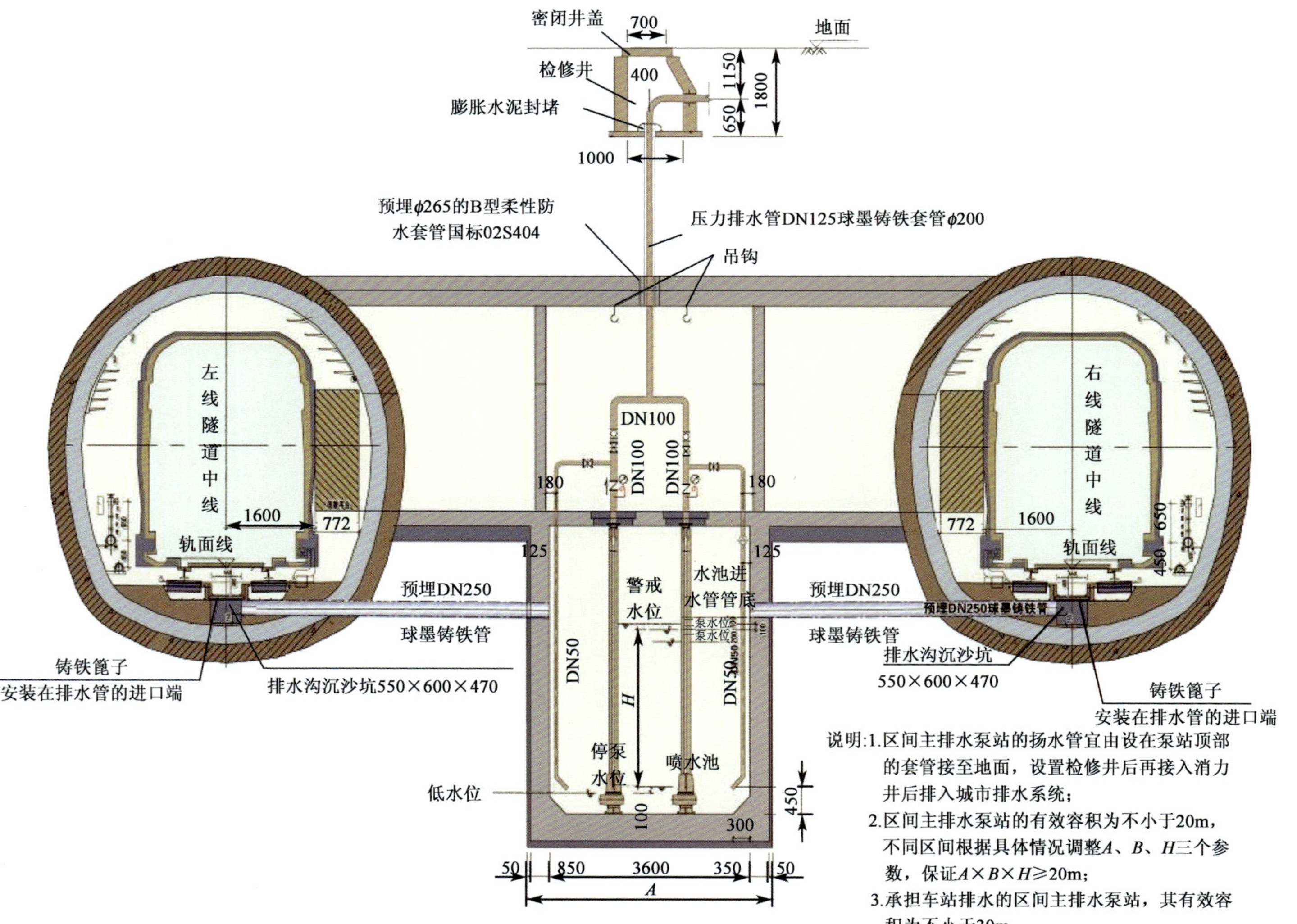

图10-11　区间排水泵站示意图(尺寸单位:mm)

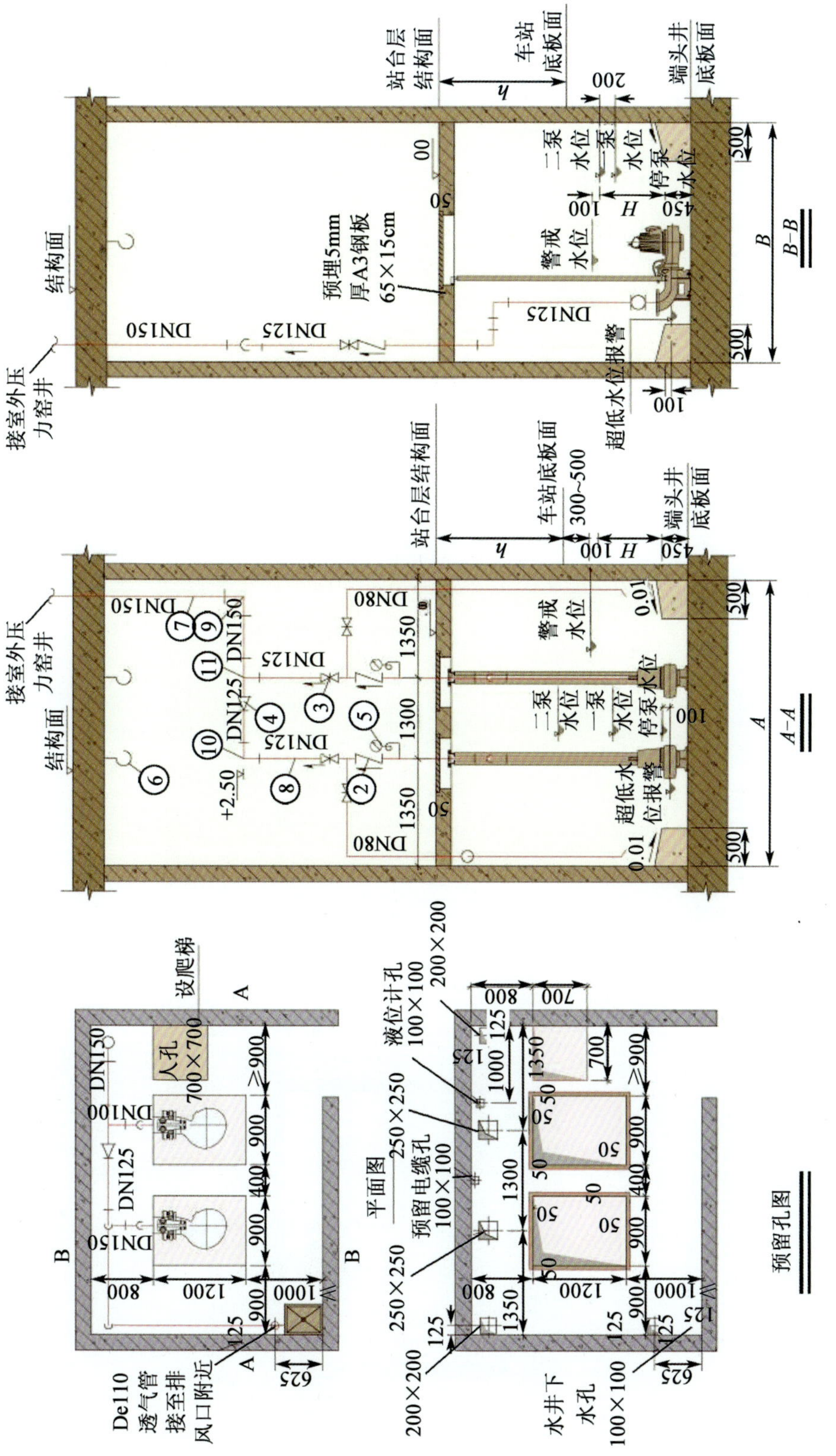

图10-12 车站主废水泵房图(尺寸单位:mm)

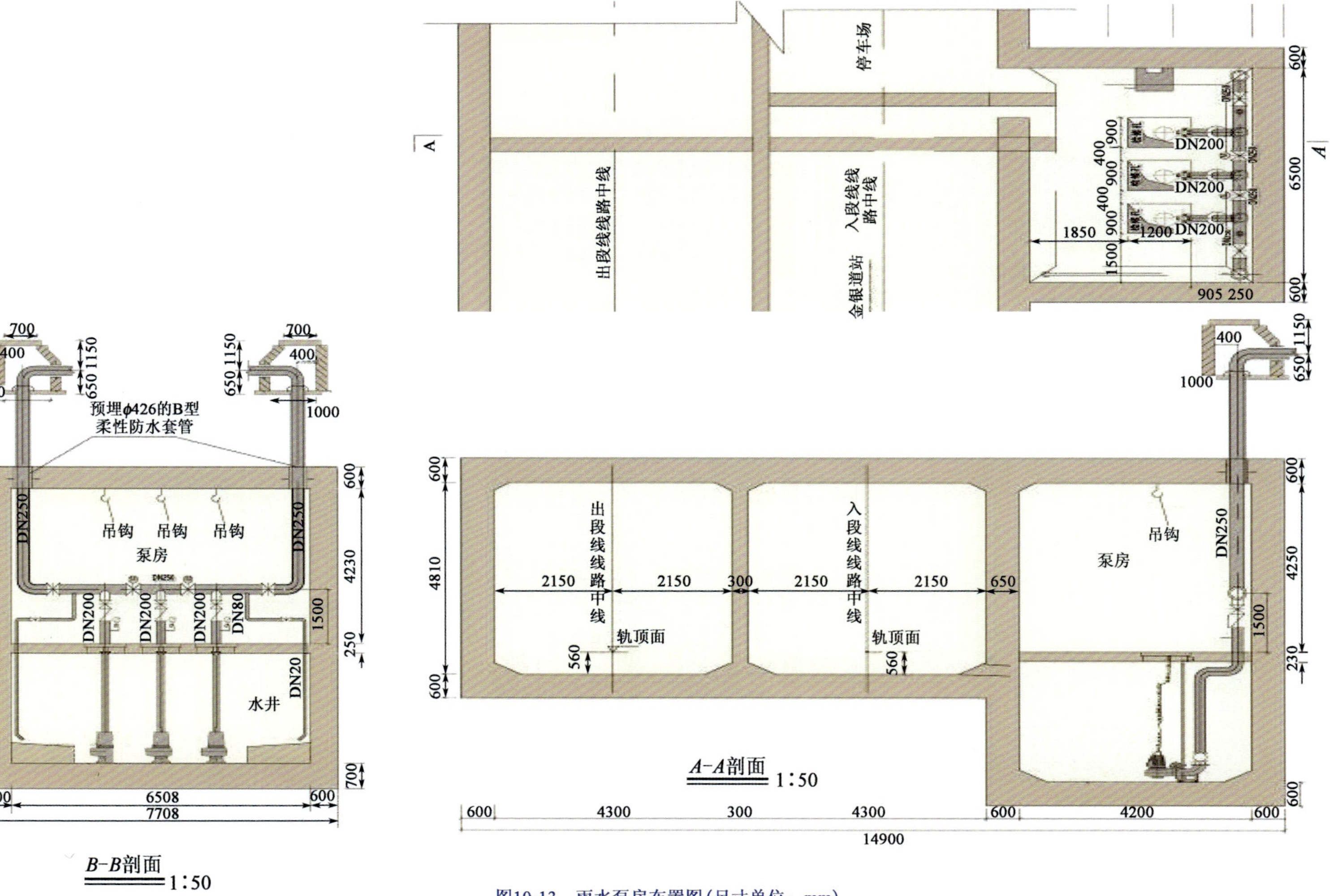

图10-13 雨水泵房布置图(尺寸单位：mm)

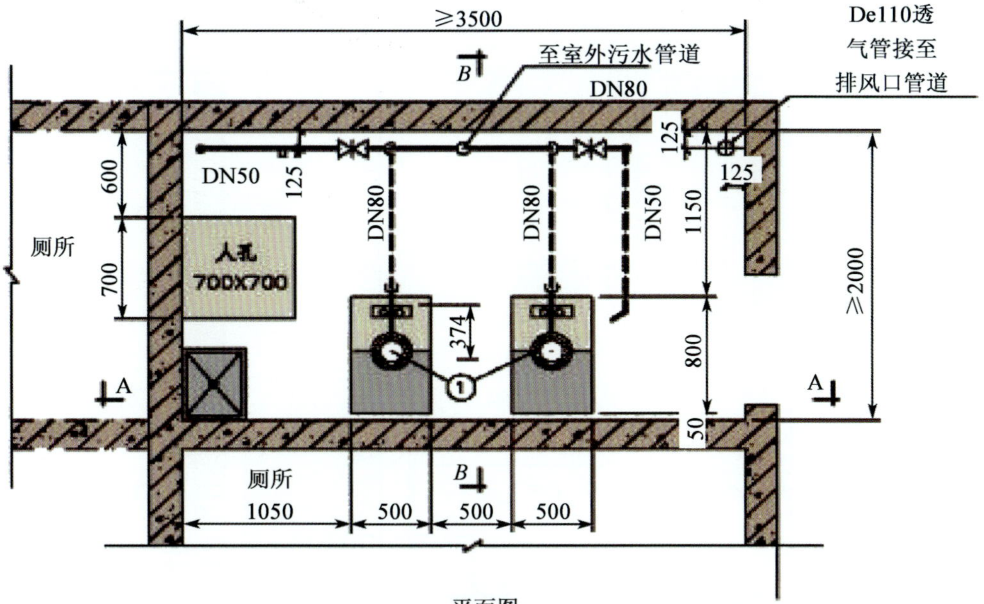

平面图

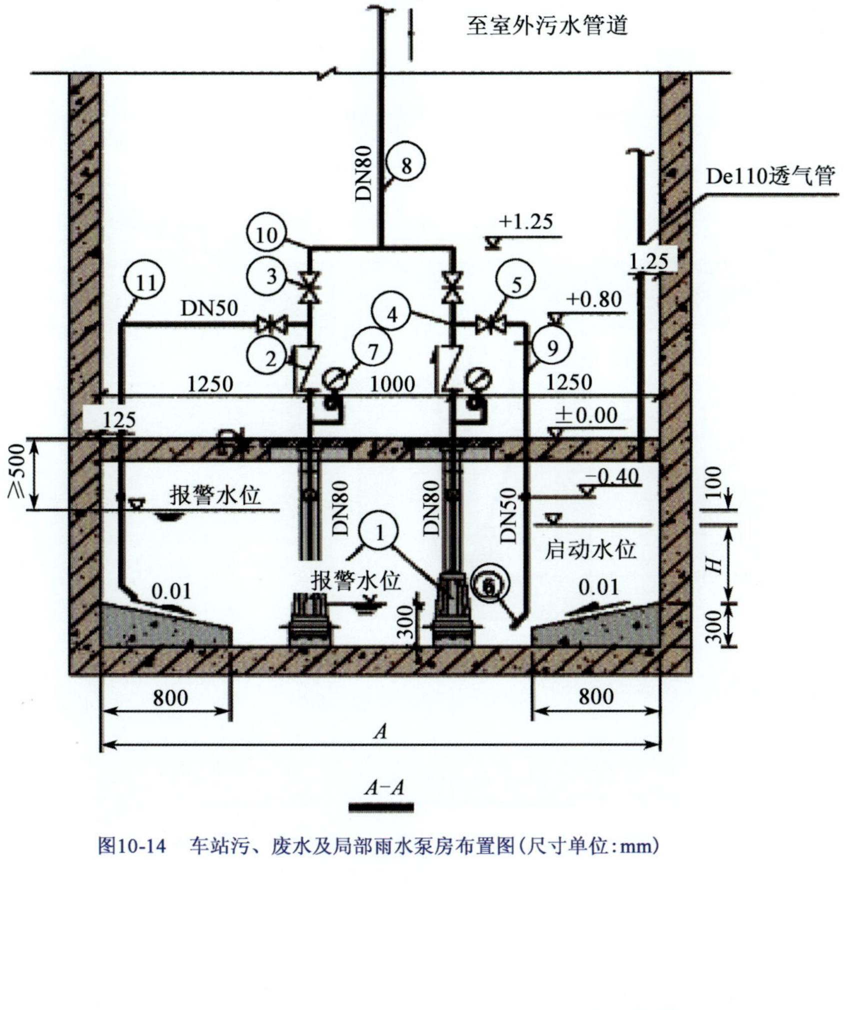

A-A

图10-14　车站污、废水及局部雨水泵房布置图(尺寸单位:mm)

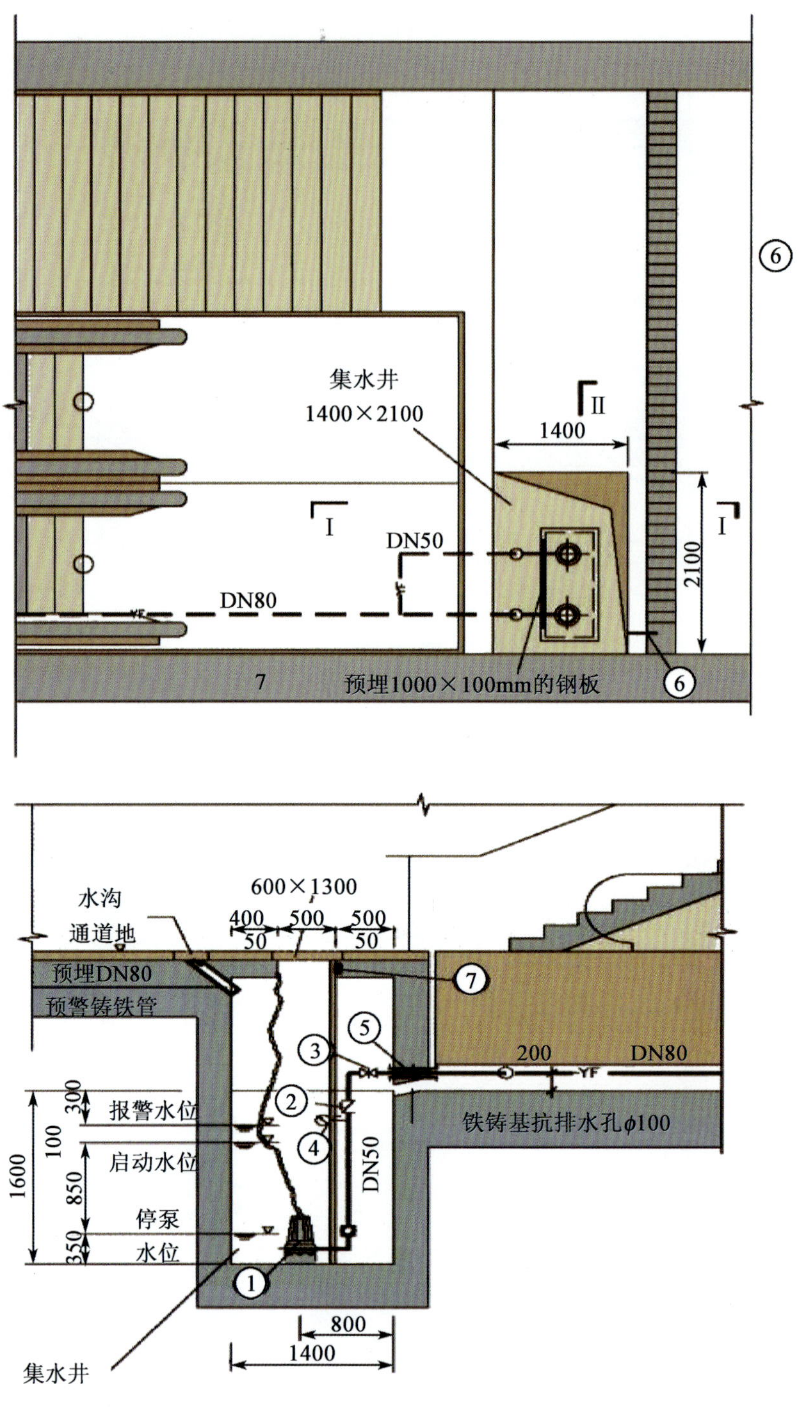

Ⅰ－Ⅰ剖面图

图10-15　出入口楼扶梯下排水泵布置图(尺寸单位:mm)

③雨水泵站

洞口附近设雨水泵站，泵站设3台排水泵，泵站集水池按30m^3考虑。

④其他泵站

其他污、废水及局部雨水泵站的泵房内设两台水泵，一主一备。见图10-13～图10-15。

(4)车辆段的排水，废水回用

①生活污水经化粪池处理就近排入城市下水道。

②蓄电池间少量含碱废水经酸碱中和池预处理后与车辆段其他生产污、废水一起进入污水处理站处理。

③污水处理流程如图10-16所示。

④设计采用一套独立的回用水系统，将污水处理站处理达标的中水经消毒后用于车辆洗刷等用途，该系统主要由回用水池、水泵及管网组成，管网主要与车辆洗刷、检修等循环用水系统的各补水点相接。

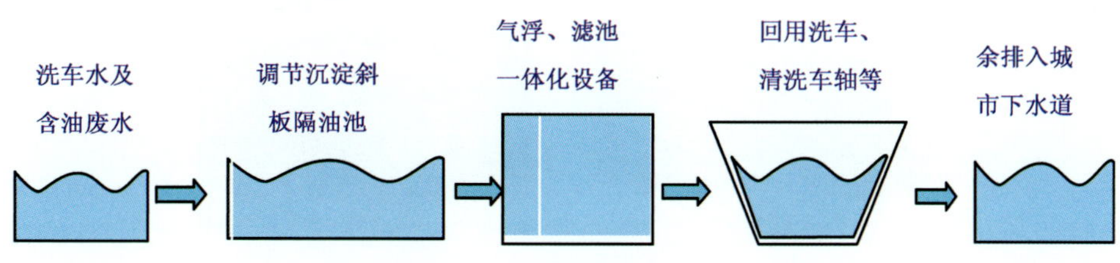

图10-16 污水处理流程图

⑤设置污水处理集中监控系统一套，对上述污水处理系统的启停、运行等状态进行全程显示及智能化控制。

10.5 主要设备与器材

10.5.1 主要设备

(1)消防设备

消防设备主要有：加压泵、稳压泵以及气压罐等，加压设备根据消防系统功能可分为消火栓加压设备和自动喷淋加压设备。

(2)排水设备

排水设备主要有：潜水泵、排污泵等，当卫生设备采用真空系统或半真空系统时，需要配置相应的设备。

(3)气体灭火系统

气体灭火系统主要有:高压气瓶、电动阀、压力阀、报警阀以及控制盘等设备。

10.5.2 管材

(1)给水管材(图10-17)

①生产和生活给水管及消防合用管:室外采用球墨铸铁管、橡胶圈接口。

②室内生活、生产给水管:薄壁不锈钢管,卡压连接;PP-R管,热熔连接;衬塑铝合金管等。

③空调补水管:镀锌钢管、内涂塑镀锌钢管,沟槽连接。

④消防给水管:室外采用球墨铸铁管,橡胶圈接口;室内采用镀锌钢管、内涂塑镀锌钢管,沟槽连接。

(2)排水管材(图10-18)

①室外无压管:HD-PE排水塑料管,热融连接;钢筋混凝土管,胶圈连接。

a)薄壁不锈钢管

b)球墨铸铁管

c)PP-R管

d)衬塑铝合金管

图10-17 各种给水管材

a)HD-PE塑料管

b)钢筋混凝土管

c)内涂塑钢管

图10-18 各种排水管材

②室外有压管:镀锌钢管、内涂塑镀锌钢管,管径≤DN65 时采用螺纹接口,管径≥DN80 时采用沟槽连接。

③室内无压管:UPVC、HD-PE 排水塑料管,热融连接。

(3)自动灭火系统

全部采用冷拔或热轧无缝钢管,按国家标准《输送流体用无缝钢管》(GB 8163—2008)要求执行。

第 11 章　信号系统

11.1　概述

信号系统是城市轨道交通工程中的重要组成部分,是保证运营安全和提高运输效率的重要设备。为了确保列车运行的安全,同时满足城市轨道交通高效、快速的运营要求,信号系统必须是一个完整、先进、高效的列车自动控制(ATC)系统。它由列车自动监控(ATS)子系统、列车自动防护(ATP)子系统、列车自动驾驶(ATO)子系统和正线计算机联锁系统组成,各子系统之间相互协调,实现地面控制与车上控制相结合、中央控制与现地控制相结合,构成一个以安全设备为基础,集行车指挥、运行自动调整以及列车自动驾驶等功能为一体的列车自动控制系统。

11.2　信号系统的作用

城市轨道交通信号系统的作用主要体现在以下四个方面:

①保证行车安全;

②提高行车效率;

③提高服务质量;

④降低劳动强度。

11.3　信号系统的组成

信号系统包括:ATC 系统(也称正线信号系统)、车辆段/停车场信号系统、试车线信号系统设备、维护及维修系统设备、培训系统设备。

其中 ATC 系统,包括三个子系统:ATS 子系统、ATP 子系统、ATO 子系统。

ATC 系统按闭塞方式可分为固定闭塞、准移动闭塞和移动闭塞三种。

11.4 信号系统列车控制模式

11.4.1 台阶式速度控制模式

台阶式速度控制模式是最早应用在自动闭塞超速防护系统中的一种速度控制模式,它的基本原理如图 11-1 所示。在每一个闭塞分区里,超速防护系统只监督一个既定的速度。当遇到前方有速度限制时,它会要求司机驾驶列车在规定的地点(轨道电路分界处)把速度降低到规定的速度。一般这种速度控制方式对司机的限制比较宽松,但对提高效率是不利的。

这种控制模式在我国铁路上运用较多。我国引进的法国 UT 系统就是这种控制模式,一些较早的系统如北京地铁采用的西屋 FS2500 系统也是这种控制模式。

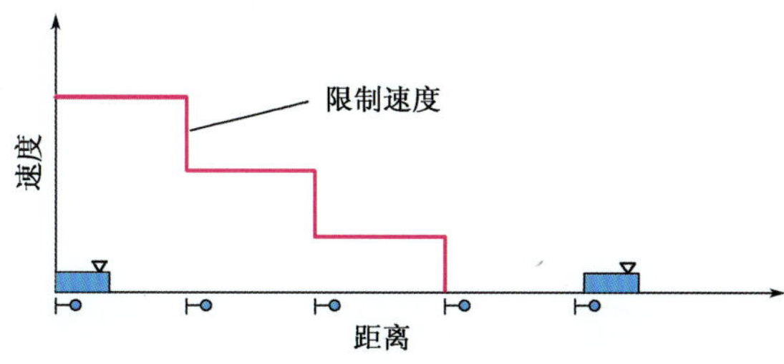

图 11-1　台阶式速度控制模式原理图

11.4.2 分级式连续速度控制模式

分级式连续速度控制模式是在台阶式速度控制模式的基础上发展起来的一种控制模式,它的基本原理如图 11-2 所示。这种控制模式在每一个闭塞分区中给出入口速度和出口速度,只要知道闭塞分区的长度和坡道等信息,就能够在闭塞分区内连续地对速度进行监督。这种模式比台阶式速度控制模式需要更多的信息,但其对系统效率和安全的提高是显而易见的。

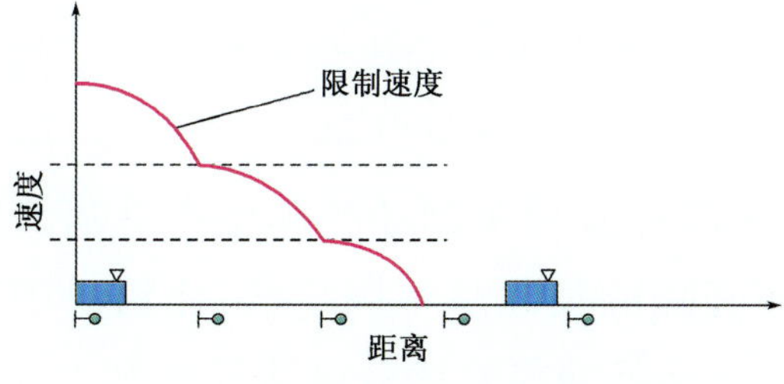

图 11-2　分级式连续速度控制模式原理图

目前采用这种模式的有上海地铁 2 号线的 USS AF900 系统以及广州地铁 1 号线的西门子 LZB700M 系统。

11.4.3 目标距离控制模式

目标距离速度控制采取的制动模式为连续式一次制动速度控制方式，根据目标距离、目标速度及列车本身的性能确定列车制动曲线，不设定每个闭塞分区速度等级。连续式一次速度控制方式，若以前方列车占用的闭塞分区入口为追踪目标点，则为准移动闭塞；若以前方列车的尾部为追踪目标点，则为移动闭塞。

移动闭塞目前在城市轨道交通中有运用，而铁路系统中尚无运用实例，故以下所述的目标距离速度控制方式主要是指准移动闭塞，例如欧洲 ETCS 1 ~ 2 级、日本 I-ATC 和中国 CTCS 1 ~ 3 级列车控制系统。如图 11-3 所示，粗线为目标距离速度控制线，从最高速度至零速度的列车控制减速线为一条连贯、光滑的曲线。列车实际减速运行线只要在控制线以下即可，万一超速越过了速度控制线，设备会自动启动紧急制动。因为速度控制是连续的，所以不会超速太多，紧急制动的停车点不会超出闭塞分区，不需增加一个闭塞分区作为安全防护区段，设计时应当考虑留有适当的安全距离。

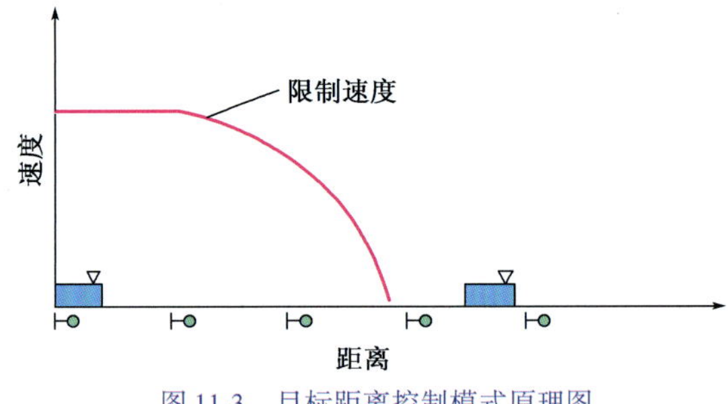

图 11-3 目标距离控制模式原理图

列车控制设备给出的一次连续的制动速度控制曲线是根据目标距离、线路参数和列车自身的性能计算而定的，线路参数可以通过地对车信息实时传输，也可以事先在车载信号设备中存储，通过核对取得。因为给出的制动速度控制曲线是一次连续的，因此需要制动距离内所有的线路参数。由于地对车信息传输的信息量相当大，可以通过无线通信、数字轨道电路、轨道电缆、应答器等地对车信息传输系统传输。目标距离速度控制列车制动的起始点是随线路参数和列车本身性能的不同而变化的，空间间隔的长度是不固定的，比较适用于各种不同性能和速度列车的混合运行，其追踪运行间隔要比分级速度控制小，减速比较平稳，旅客的适舒度也更高些。

11.5 移动闭塞 ATC 系统

移动闭塞 ATC 系统通常采用无线通信、地面交叉感应环线、波导等媒体,向列车控制车载设备传递信息。列车安全间隔距离是根据最大允许车速、当前停车点位置、线路等信息计算得出的,信息被循环更新,以保证列车不间断收到即时信息。

移动闭塞 ATC 系统是利用列车和地面间的双向数据通信设备,使地面信号设备可以得到每一列列车连续的位置信息,并据此计算出每一列列车的运行权限,动态更新发送给列车,列车再根据接收到的运行权限和自身的运行状态,计算出列车运行的速度曲线,实现精确的定点停车以及完全防护的列车双向运行模式,更有利于线路通过能力的充分发挥。

随着通信技术、计算机技术及网络技术的发展,基于通信的 ATC 系统(CBTC 系统)成为城市轨道交通信号系统的发展趋势。一方面,信号系统供货商,如西门子公司、阿尔斯通公司、泰雷兹公司、庞巴迪公司、USSI 公司、日立公司等都在开发、试验和应用 CBTC 信号系统,而减少了在数字轨道电路系统方面的投入。我国一些机构也开始了基于 WLAN 技术的 CBTC 系统研发。另一方面,近年来城市轨道交通信号系统的建设和改造都几乎首选 CBTC 信号系统,如纽约、巴黎、伦敦地铁的信号系统改造都选用了 CBTC 技术,我国在开通武汉轻轨 1 号线的 CBTC 信号系统后,新建的城市轨道交通项目也都几乎选择了基于通信的 CBTC 技术,如广州地铁 3、4、5、6 号线,北京地铁 4、10 号线和首都机场线、亦庄线、房山线、昌平线,上海地铁 6、7、8、9、10、11、12 号线,南京地铁 2 号线、苏州地铁 1 号线等。

11.6 CBTC 系统概述

11.6.1 CBTC 系统的定义

CBTC(Communication Based Train Control)系统,即基于通信的 ATC 系统。根据我国《城市轨道交通信号系统通用技术条件》(GB/T 12758—2004)的解释,CBTC 被定义为“前方列车与后续列车之间的最小安全追踪间隔距离单元不预先设定,并随列车的移动、速度的变化而变化的闭塞方式”。因此,CBTC 系统是预先没有设定的闭塞分区、可以实现列车最小安全间隔、可以连续检测列车位置和速度的一种闭塞方式。

CBTC 基本特性如下:

①具有高可靠、高精度列车自身定位系统;

②具有连续、高容量的车—地双向数据通信系统;

③方便运营调整和设备维护,降低系统全寿命周期内的运营成本;

④提高通过能力,缩短列车编组,降低建设投资,提高服务质量。

11.6.2 CBTC 系统的原理

CBTC 系统的主要设计目标是:在保持传统设计安全性的前提下,通过改进列车定位分辨率和移动授权更新频率来减少列车间隔距离,提供更大的通过能力。在 CBTC 系统中,线路上的前行列车经 ATP/ATO 车载设备精确定位该车的实际位置,通过车—地通信设备传送给轨旁的 CBTC 处理单元,并将此信息处理后生成后续列车的"移动授权",传送给后续列车的 ATP 车载设备。后续列车 ATP 车载设备根据这一信息和联锁及其他相关信息,使列车控制符合"目标—距离"原则,在保证与前车的安全防护距离的前提下,计算出列车的安全速度防护曲线及防护点。防护点位于前行列车的尾部,包括位置不确定性因素和后退误差。后续列车可以以最小的间隔接近防护点。由于系统具有实时双向通信能力,随着前行列车位置的不断更新,后续列车运行权限也随之更新,这样就可实现后续列车在与前行列车保持一定安全距离的条件下进行追踪运行,最大限度地缩短列车的行车间隔,完成高密度运行,从而增加线路运输能力。CBTC 系统原理见图 11-4。

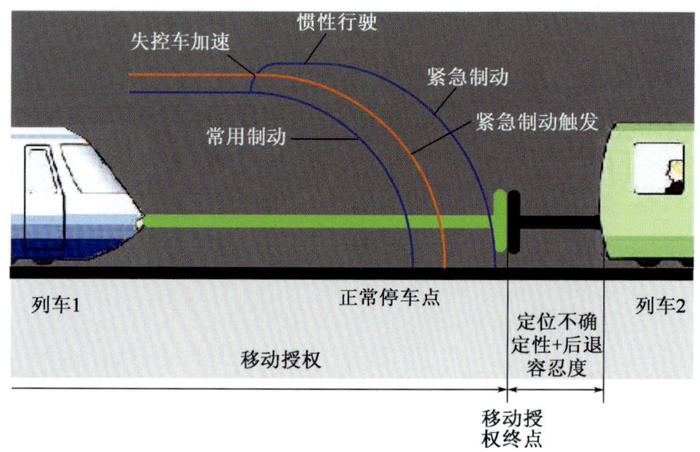

图 11-4　CBTC 系统原理图

11.6.3 CBTC 系统结构

IEEE 1474.1—2004 定义了 CBTC 系统的主要设备配置和主要功能模块，包括 ATS 子系统、联锁子系统、地面及轨旁 CBTC 设备、车载 CBTC 设备等。CBTC 系统典型的系统结构和功能模块如图 11-5 所示。

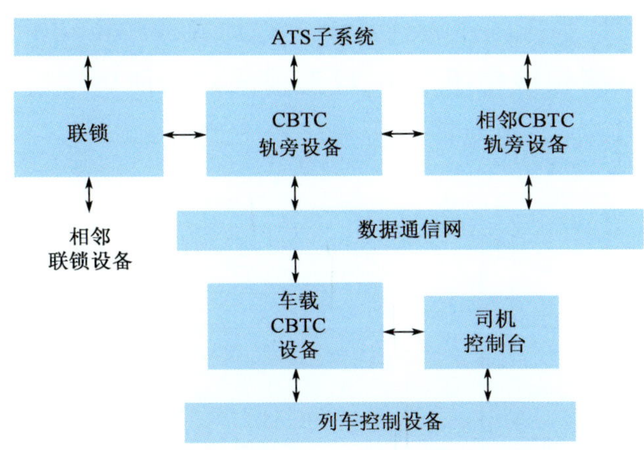

图 11-5　CBTC 系统典型的系统结构和功能模块图

CBTC 系统可分为四个主要的子系统：CBTC 轨旁子系统（ZC 和 DSU）、CBTC 车载子系统（CC）、ATS 子系统、数据传输子系统（DCS）。

11.6.4 CBTC 系统车—地通信方式

CBTC 系统采用独立于轨道的车—地双向通信设备，从而避免了钢轨传输信息的限制和钢轨牵引回流的影响，与列车的精确定位技术相结合，实现 CBTC 的功能。

各类型 CBTC 系统在系统结构和功能日趋一致或接近的情况下，车—地双向连续通信方式是系统的关键技术之一和主要区别。

目前 CBTC 按照车—地数据通信方式的不同可分为两类：

①交叉感应环线方式（CBTC-IL）；

②无线扩频通信方式（CBTC-RF）。

(1)交叉感应环线方式（CBTC-IL）

车—地通信采用交叉感应环线方式（图 11-6），传输特性好，抗干扰能力强。车对地通信为 56kHz/600Baud，地对车通信为 36kHz/600Baud。感应环线电缆敷设于轨道之间，每 25m 交叉一次。每组感应环线控制距离约为 1000m。车载控制器在经过每个交叉点时检测感应信号相位的变化，并以此来进行定位计算,定位精度为6.25m。感应环线电缆的敷设方法较为灵活,可根据道床、牵引轨和列车的情况灵活改变安装方式,但对轨道的维护有一定的影响。轨道换轨等维护需要信号人员配合,并且需要对环线交叉点重新精确定位。另外,感应环线数据传输速率较低,但能够满足CBTC对数据量的需求。

基于环线的CBTC系统的主要代表为THALES SelTracS40,其在世界范围的城市轨道交通和干线铁路领域使用多年,已形成成熟的使用经验。目前我国应用该技术的武汉轻轨1号线、广州地铁3号线已投入商业运营。

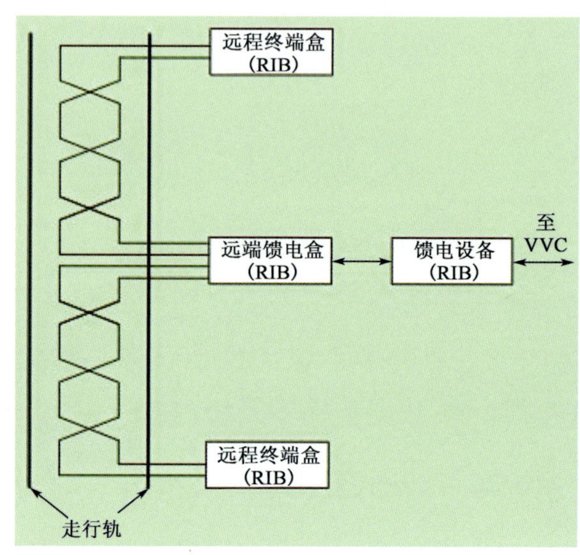

图11-6 交叉感应环线方式示意图

(2)无线扩频通信方式(CBTC-RF)

扩频通信,即扩展频谱通信(Spread Spectrum Communication)。ATC系统中的无线扩频通信多采用开放ISM(工业、科学、医疗)频段——2.4~2.4835GHz频段,不需要申请专用频段。也有ATC系统采用5.725~5.850GHz频段,但在我国该频段为非开放频段,需要申请并付费使用。系统通过轨旁设置的无线接入点(AP)设备与列车无线设备建立通信通道,各AP设备相应完成一定范围内轨旁通信场强的覆盖、传输。

扩频技术是近几年发展非常迅速的一种技术,将其用于无线局域网来使系统的各项性能得到改善,已较为常见。它不仅在军事通信中发挥出了不可取代的优势,而且广泛地渗透到了通信的各个方面,如卫星通信、移动通信、微波通信、无线定位系统、无线局域网、全球个人通信等。

无线扩频通信是一种信息传输方式,其信号所占有的频带宽度远大于所传信息必需的最小带宽;频带的展宽是通过编码及调制的方法实现的,并与所传信息数据无关;在接收端则用相同的扩频码进行相关解调来解扩及恢复所传信息数据。扩频技术包括以下几种方式:直接序列扩频(DS)、跳频(FH)、跳时(TH)、线性调频(Chirp)。

无线扩频通信技术具有以下特点。

①很强的抗干扰能力。

能将信号扩展到很宽的频带上,需要在接收端对扩频信号进行相关处理即带宽压缩,恢复成窄带信号。对干扰信号而言,由于与扩频伪随机码不相关,不能进入相关设备,因此扩频通信具有很强的抗干扰能力。其抗干扰能力与其频带的扩展倍数成正比,频带扩展得越宽,抗干扰能力就越强。

②可进行多址通信。

扩频通信本身是一种多址通信方式,称为扩频多址(SSMA,全称 Spread Spectrum Multipe Access)。实际上,它是码分多址(CDMA)的一种,用不同的扩频码组成不同的通信网。

③安全保密。

由于扩频系统将传送的信息扩展到很宽的频带上去,其功率密度随频谱的展宽而降低,甚至可以将信号淹没在噪声中,因此其保密性很强。要截获或窃听、侦察这样的信号是非常困难的,除非与发送端所用的扩频码同步后进行相关检测,否则对扩频信号是无能为力的。

④抗多径干扰。

在移动通信、室内通信等通信环境下,多径干扰是非常严重的,系统必须具有很强的抗干扰能力,才能保证通信的畅通。扩频技术具有很强的抗多径能力,是利用扩频所用的扩频码的相关特性来达到抗多径干扰的目的的,甚至可利用多径能量来提高系统的性能。

⑤良好的互用性。

互用性是基于无线电台通信方式的信号系统构成要求,其目的是实现各设备供货商的设备兼容,以便城市轨道交通线网的改造以及实现各条运营线路间的互联、互通。

正是由于上述特点,以无线扩频通信方式的 CBTC 系统得到了众多信号设备厂商的应用,代表供货商有西门子公司、阿尔斯通公司、庞巴迪公司、USSI 公司、泰雷兹公司、北京交通大学(北京交控科技公司)等。目前,国内及国际轨道交通的开通线路信号系统普遍采用无线扩频通信方式的 CBTC

系统。

11.6.5 CBTC 系统国内应用状况

我国城市轨道交通在20世纪90年代初期，主要是采用基于轨道电路的固定闭塞和准移动闭塞。到20世纪90年代末期，随着车—地通信技术的快速发展和逐步成熟，各信号系统供应商对CBTC系统投入的加大，以及CBTC系统相对于传统基于轨道电路的信号系统的巨大优势和前景，在世界范围内，越来越多的城市轨道交通项目信号系统选择了CBTC系统。近年来，CBTC系统日趋成熟，新建城市轨道交通项目大多选择该技术，使其逐渐发展为城市轨道交通信号系统的主流技术。

目前能够提供CBTC系统的信号供应商包括：北京交通大学（北京交控科技公司）、泰雷兹公司、西门子公司、阿尔斯通公司、庞巴迪公司、安萨尔多公司、日立公司等。它们都在我国取得了工程项目，部分项目已开通运营。北京交通大学研制的具有独立知识产权、完全国产化的LCF-300型CBTC系统已成功应用于工程中。

随着我国城市轨道交通进入快速发展期，国内厂家也积极研制开发CBTC系统。除北京交通大学已研制成功并实际应用于工程外，通号公司、卡斯柯公司、铁道部科学研究院等单位都正在开发国产的、具有完全自主知识产权的CBTC系统，研制的产品处于研发或上道试验阶段，根据各厂家的产品开发及推广计划，预计3年内将陆续应用于工程中。

11.7 信号系统的功能

ATC系统包括ATP、ATO和ATS功能。ATP功能必须满足“故障—安全”原则，以防止列车碰撞、超速和其他危害。ATO功能是指在ATP子系统的防护限制下完成基本的驾驶列车的功能。ATS子系统提供系统状态，监测系统的各种自动控制功能。联锁设备是ATP子系统的重要组成部分，是确保行车安全的基础设备。

11.7.1 ATP 子系统功能

ATP子系统的主要功能是监督及控制列车安全地运行，应满足“故障—安全”原则。CBTC系统提供双方向的ATP功能。

（1）列车定位/测速

ATP地面设备采用无线、应答器轨旁设备，并结合测速设备、多普勒雷达等定位列车位置,能连续地对列车位置进行检测,使 ATC 系统确定列车的运行方向、列车位置及速度。

(2)列车间隔控制

ATP 子系统应保证前行与后续列车之间的安全间隔,满足正向行车时的设计行车间隔和折返间隔。对反向运行列车也能进行 ATP 防护。

ATP 地面设备可通过车—地双向通信设备向列车发送必要的限制速度、距离、前方列车占用状况、线路条件、区段车次号、进路状况、信号元素封锁等信息,以供车载 ATP 子系统计算并确定列车运行的安全保护曲线,保护列车在安全保护曲线下运行。

(3)列车超速防护和制动保障

在 ATP 安全制动模型约束下,在建立、监测和执行 ATP 防护速度曲线时,系统必须确保在任何情况,包括故障情况下,列车的实际运行速度不超过它的安全速度。

ATP 子系统比较列车实际速度和由其根据列车位置所确定的防护速度曲线上的速度,当列车实际速度超过了同一位置上 ATP 防护速度曲线上的速度时,系统马上采取制动措施。

(4)列车倒退保护和零速度检测

ATP 子系统监视实际列车运行方向并必须将其与 CBTC 系统建立的运行方向相比较。当列车监视到一个超过规定范围的倒退运行时,会立即启动紧急制动措施。典型的倒退判定标准为 0.5 ~2m。

列车到达规定的停车位置停车后,进行零速度检查。零速度检查的一般标准为小于 1 ~3km/h(2s)。在零速度检查确定前,禁止打开或关闭乘客车厢的车门。

(5)不同编组列车的防护

ATP 子系统可根据需要支持不同编组的列车混合运行;根据 ATS 相关信息确定列车的编组情况及列车长度,并在系统中自动运用,保证安全行车间隔;满足站台区域不同长度列车精确停车的要求。

(6)轨道末端防护

轨道末端防护与超速防护联合作用来防止列车冲出轨道末端。如有车挡,可防止列车以超过设计的限速与车挡相碰撞。目前,我国一般按车挡碰撞速度 0km/h 来要求 ATP 子系统。

(7)车门及屏蔽门的安全监控

运行中的列车应连续检查列车车门的状态,在车门因故开启时立即紧急制动。

ATP 子系统向列车发送开车门以及向屏蔽门控制系统发送开屏蔽门的控制命令，待车门及屏蔽门关闭后，才允许起动列车。列车站台精确停车精度通常为±0.3m。当列车停车超出停车精度时，ATP 子系统将实施保护，不允许开车门及屏蔽门，这时允许列车前进或后退，但后退速度、后退次数及最大后退距离都受到严格控制。

在车门及屏蔽门因故不能关闭或接口电路出现故障时，ATP 子系统和屏蔽门可采用互锁解除方式。

(8)站台紧急停车功能

在每个车站的车控室、站台设紧急停车按钮。在按下紧急停车按钮后，应切断相应站台区域和离去区段的 ATP 速度命令，并须经人工确认后才能恢复，如有地面信号机，还应切断信号开放电路。

(9)进路联锁功能

联锁设备是实现道岔、信号机、轨道区段间正确联锁关系，以及进路控制的安全设备。

11.7.2 ATO 子系统功能

ATO 子系统是自动控制列车运行的设备。在 ATP 子系统的保护下，ATO 子系统根据 ATS 子系统的指令能够实现列车的自动驾驶，自动完成对列车的起动、牵引、巡航、惰行和制动的控制，确保其达到设计间隔及运行速度。

(1)列车运行合理控制

列车的起动、停止和速度调节必须按司机指令或 ATS 子系统的输入，由 ATO 子系统控制执行。ATO 子系统是在 ATP 的保护曲线下制订列车的运行曲线，实现对列车运行状态的合理控制，自动完成对列车的起动、加速、惰行、巡航及制动等，控制列车运行速度，使牵引及制动控制满足舒适度的要求。

(2)站台精确停车

ATO 车载设备根据 ATP 的保护曲线，在满足列车运行间隔要求的前提下，合理制订列车在车站内运行的 ATO 曲线，保证停车精度。

采用地面标志器、环线、多普勒雷达或其他措施实现列车车站定点停车，ATO 子系统自动驾驶时的停车精度应保证误差不大于±0.3m。

(3)车门及屏蔽门控制

ATO 子系统能根据停车站台的位置及停车精度对车门及屏蔽门进行监控，可人工或自动开启、关闭车门及屏蔽门。

(4)自动折返控制

ATO 子系统应实现列车有人监督和无人自动折返。

(5)节能运行

ATO 子系统可以实时控制和协调列车加速、惰行、减速,在确保列车按照运行图运行的基础上,合理控制列车运行,以达到节能及自动调整列车运行的目的。

11.7.3 ATS 子系统功能

ATS 子系统实现列车运行的集中监控及进路自动设置,按时刻表控制列车的运行,以提高运营管理水平、服务水平,降低工作人员的劳动强度。

(1)列车运行的描述

在控制中心采用列车识别号的移动和有关信号设备的状态变化来自动模拟和描述监控范围内列车的实际运行。

ATS 子系统显示全线运行列车的位置、识别号,并自动完成在 ATS 用户界面上自动跟踪、保持列车运行纪录和其他相关的数据。

(2)列车运行图/时刻表的编制及管理

通过运行时刻表编辑工作站完成对列车基本运行图的编制。

输入基本数据,包括各区间运行时间、车站停站时间、运行间隔、起始和终点站、时间段等信息,由计算机辅助自动编制基本列车时刻表和运行图。运行图编制过程中应能自动进行冲突检查,并给出明确提示。

基本运行图编制完成后,按不同种类(包括平日、节假日、特殊情况等)存入数据库内,以根据情况随时调用。

在工作站上,能够将当时的实施运行图、实迹运行图用不同颜色在一个画面中进行比较。

每日运行完的实迹图应存入数据库内保存,或存入磁带、磁盘、光盘中长期保存。

(3)列车进路的控制

ATS 子系统允许在列车的位置报告和列车的服务信息的基础上,按预先确定的排列进路原则或是 ATS 使用者(调度员)的直接操作,自动或是人工排列进路。

自动进路控制可分为 ATS 中央自动进路控制和 ATS 车站自动进路控制。人工控制列车进路可分为调度员控制列车进路和车站值班员控制列车进路。

自动列车进路只有在列车到达某一特定地点——“运行触发点”时才被启动,通过车次号中目的地编码来确定列车进路,检查进路的可用性,然后输出命令,并对联锁系统返回的信息进行确认。

列车进路必须显示在ATS用户界面上。

(4)列车运行的调整

ATS子系统必须有能力对照时刻表/行车间隔,自动监测和调整CBTC区域列车的运行。

当列车的实际运行与计划运行发生偏差时自动发出偏差报警,并根据列车实际的偏离情况,自动生成调整计划供调度员参考。当偏离时间在一定范围内时,系统能够自动调整列车运行计划并控制列车运行至正点状态。当列车的实际运行与计划运行发生的偏差超出一定的范围,使系统发出报警或调度员认为有必要对计划运行图/时刻表进行修改时,调度员可人工介入调整列车运行计划,系统自动执行调整计划并控制列车运行。

(5)停站

①在下一站停车:ATS子系统应可以控制一列列车在下一站停车,即使这列列车被时刻表定义为跳停那个车站。系统必须在司机及调度员的显示设备上指示ATS的停站信息。在ATO自动驾驶模式下,列车必须自动地在下一站停车。

②车站扣车:ATS子系统可以在车站扣留(和随后释放)列车,并能禁止列车自动开门。系统必须在司机和调度员的显示设备上指示列车的扣留信息,必须防止在ATO自动驾驶模式下列车自动离站。

③跳站停车:ATS子系统可以控制装备列车通过一个或一组车站而不停靠。系统必须在司机和调度员的显示设备上指示列车的跳站信息,在ATO自动驾驶模式下,列车必须自动地跳过指定的车站。

(6)列车运行限制

①临时限速:在监控范围内的任意一个轨道区段强制实施(撤销)临时限速。

②道岔/轨道封闭:单独封锁(随后释放)一个道岔、一架信号机、一个进路入口或一个轨道区段。

(7)操作和运营数据记录、输出及统计

ATS子系统能够自动进行运行统计,包括列车报告、车站报告、车次号报告以及各种运行指标等;具有自行制表功能,工作人员能对运行资料库进行访问,根据需求自行制表。

(8)监视报警

ATS子系统在运行模拟屏及调度台显示器上,能够对车辆段/停车场线路、正线车站及区间轨道区段、道岔、信号机、标识号、在线运行列车状态、命令执行情况及系统设备状态等进行监视。当列车运行或信号设备发生异常时,控制中心计算机会自动地将有关信息在行车调度工作站上给出声、光报警及故障源提示。通过诊断服务工作站可对 ATC 系统各设备的状态进行监测。

(9)提供乘客向导信息

通过 ATS 子系统和轨旁及车载的乘客信息(PIS)系统接口来自动触发乘客信息通知。

(10)提供司机发车指示功能

在列车运行正方向的站台端部或者驾驶室中,设置发车指示器,倒计时显示发车时间。

(11)与其他系统交换信息

在控制中心,中央 ATS 与时钟(CLK)系统、无线传输系统、综合监控系统(ISCS)、有换乘关系线路的 ATS 子系统等接口,提供或接受各系统联动或提高运营安全效率所需的信息。

(12)模拟培训

ATS 模拟培训设备主要为行车调度员及维修人员提供 ATS 子系统的模拟运行和操作培训。培训工作站提供与标准行车调度工作站相同的操作界面,模拟服务器除正常状态下的行车模拟,还可以模拟各种特殊情况,如故障、列车晚点等。

11.8 信号系统的运营模式

11.8.1 控制中心调度指挥模式

正常情况下列车的运行处于中央自动监控状态,联锁设备根据 ATS 子系统指令自动设置进路,列车在 ATP 的安全保护下,按照 ATS 子系统指令实现 ATO 自动驾驶模式,满足规定的行车、折返间隔及列车出、入段等作业要求并实现列车运行的自动调整,调度员和司机仅监督列车及设备的运转,当运行秩序被打乱而不能自动处理或遇到其他特殊情况时,可进行人工介入。

11.8.2 车站现地控制模式

设备集中站具备车站现地控制功能。车站现地控制模式为:车站联锁设备与 ATS 子系统结合,实现车站和中央两级控制的转换。当中央 ATS 系统故障或经车站值班员申请,中央行车调度人员同意后,车站 ATS、联锁设备可改由车站现地控制。

在中央 ATS 正常的情况下,在现地控制模式下,只要将信号机设为自动模式,中央 ATS 仍具有对联锁进路的控制及对列车的调整功能。在现地控制模式下中央行车调度人员应通过无线电通信系统与列车司机保持联系,并通过调度电话与联锁车站值班员通信,以了解列车运营情况及设备状况。

在车站的现地工作站上,可对信号机、道岔、轨道区段等信号控制元素实施封锁,以阻止列车通过该元素。当因线路维修保养或其他原因需要对某段线路实施临时限速时,车站(场)值班员可根据 OCC(控制指挥中心)行车调度员指令在现地工作站上对要求的限速区段设置单一的或多种不同的临时低速区以确保行车安全。故障排除后,车站值班员可解除设置的限制速度,但此操作必须慎重并需得到 OCC 行车调度员的授权。

列车运行模式有 ATO 自动驾驶模式、ATP 监督下的人工驾驶模式、ATP 限制下的人工驾驶模式、无 ATP 监督非限制人工驾驶模式。

ATO 自动驾驶模式、ATP 监督下的人工驾驶模式为正常驾驶模式,ATP 限制下的人工驾驶模式、无 ATP 监督非限制人工驾驶模式(包括自动折返模式、关断模式)为非正常驾驶模式(车辆段除外)。

11.9 列车驾驶模式

列车具有下列驾驶模式:

ATO 自动驾驶模式、ATP 监督下的人工驾驶模式、ATP 限制下的人工驾驶模式、自动折返模式和关断模式。

11.9.1 ATO 自动驾驶模式

在此模式下,列车由 ATO 子系统根据 ATS 子系统的指令控制列车自动地在站间运行,进站时控制列车精确定位停车,司机只监督列车的运行状态。

在车站,开门、关门自动完成,也可由司机人工操作,屏蔽门与车门联动。

在 ATO 自动驾驶模式下,列车可采用巡航、惰行等手段,达到节能的目的。

11.9.2 ATP 监督下的人工驾驶模式

在此模式下,ATP/ATO 车载设备在驾驶室的显示器上给出列车的实际速度、限制速度、目标速度以及目标距离等参数,司机根据车载设备显示信息驾驶列车,列车在 ATP 监督下运行,并由人工操作控制车门、屏蔽门的开启和关闭。

当列车速度接近 ATP 限制速度时,系统将对司机给出声、光报警信号,提醒司机减速。如列车的运行速度超过了限制速度,ATP 子系统将对列车实施紧急制动。

11.9.3 ATP 限制下的人工驾驶模式

在此模式下,由司机根据地面信号机的显示驾驶列车以不超过 ATP 限制速度运行(限速值可根据要求进行设定,如 15 ~ 25km/h)。若列车运行速度超过 ATP 限制速度,则采取紧急制动。此模式下的列车运行以及车站开、关车门和屏蔽门由司机人工控制。

此驾驶模式主要作为 ATP 设备故障等情况的列车降级驾驶模式以及车辆段内的列车运行模式。当载客列车因故按此模式运行时,应在就近车站组织乘客下车,空车返回车辆段或暂时进入车站停车线停放。

11.9.4 自动折返模式

在折返站,当所有车门和屏蔽门关闭后,司机在驾驶室按压驾驶室的自动折返按钮,关闭并离开驾驶室。然后,司机按压站台上的自动折返按钮。列车执行无司机折返,列车将驶离到达轨,经过折返轨抵达出发轨。在抵达出发轨后,无司机驾驶折返完成。ATP 释放车门后,ATO 车载设备打开车门和屏蔽门。

11.9.5 关断模式

在此模式下,ATP 子系统将不起任何监督作用,所有的牵引、制动命令失效,列车运行安全完全由司机人为保证,司机根据地面信号或调度命令驾驶列车。

11.10 信号系统的设备构成

ATC 系统按所在地域可划分为控制中心、车站及轨旁、车载、车辆段、试车线、维修中心和培训中心设备。

11.10.1 控制中心设备

控制中心设备属于 ATS 子系统,主要包括中心计算机系统、综合显示屏、调度员及调度长工作站、运行图工作站、培训/模拟工作站、绘图仪和打印机、维修工作站、UPS 及蓄电池组。其中综合显示屏、调度员及调度长工作站设于调度大厅;控制主机、通信处理器、数据库服务器、维修工作站设于设备室;运行图工作站设于运行图室;绘图仪和打印机设于打印室;培训/模拟工作站设于培训室;UPS 设于电源室,蓄电池组设于蓄电池室。

(1)中心计算机系统

中心计算机系统包括控制主机、通信处理器、数据库服务器、局域网及各自的外部设备。为保证系统的可靠性，主要硬件设备均为主/备双套热备方式，可自动或人工切换。该系统能满足自动控制、调度员人工控制及车站控制的要求。

(2)综合显示屏

综合显示屏用来监视正线列车运行情况及系统设备状态，由显示设备和相应的驱动设备组成。

(3)调度员及调度长工作站

调度员及调度长工作站用于行车调度指挥。

(4)运行图工作站

运行图工作站用于运行计划的编制和修改，通过人机对话可以实现对运行时刻表的编辑、修改及管理。

(5)培训/模拟工作站

培训/模拟工作站配有各种系统的编辑、装配、连接和系统构成工具以及列车运行仿真的软件。它可与调度员工作站显示相同的内容、有相同的控制功能，能仿真列车在线运行及各种异常情况，而不参与实际的列车控制。实习操作员可通过它模拟实际操作，培养系统控制和各种情况下的处理能力。

(6)绘图仪和打印机

彩色绘图仪和彩色激光打印机，用于输出运行图及各种报表。

(7)维修工作站

维修工作站主要用于 ATS 子系统的维护、ATC 系统故障报警处理和车站信号设备的监测。

(8)UPS 及蓄电池组

控制中心配备在线式 UPS 及可提供 30min 后备电源的蓄电池组。

11.10.2 车站及轨旁设备

车站分集中联锁站和非集中联锁站。集中联锁站一般为有道岔的车站，但也可能是无道岔的车站。非集中联锁站一般为无道岔的车站。

(1)集中联锁站及轨旁设备

集中联锁站设有 ATS 车站分机、车站联锁设备、ATP/ATO 系统地面设备、电源设备、维修终端、紧急关闭按钮、信号机及发车指示器、转辙机。

①ATS 车站分机。集中联锁站设一台 ATS 分机，用于采集车站设备的信息，接收控制命令，实现车站进路的自动控制。

②车站联锁设备。车站设计算机联锁，能接收车站值班员和 ATS 子系统的控制，用以实现车站进路的自动控制。

③ATP/ATO 系统地面设备。

a. ATP 地面设备包括 ZC 区域控制器、计轴器,以及与 ATS 设备、ATO 设备、联锁设备的接口,实现列车运行超速防护。

b. ATO 地面设备包括车—地通信设备,以及与 ATP 设备、联锁设备的接口,用于发送 ATO 命令,实现列车最佳控制或列车自动驾驶。

④电源设备。集中联锁车站设一套适用于联锁设备、ATS 设备、ATP 设备、ATO 设备的在线式 UPS 及可提供 30min 后备电源的蓄电池组。

⑤维修终端。维修终端设维修用彩色显示器、键盘及鼠标,显示必要的设备报警信息和维修支持信息,并能对信号设备进行自动、手动测试,但不能进行控制。

⑥紧急关闭按钮。紧急关闭按钮用于在遇到紧急情况、危及行车安全时,关闭信号,使列车停车。

⑦信号机及发车指示器。正线上防护信号机设于道岔区段,线路尽头设阻挡信号机,用于指示列车运行,防护列车进路。在正向出站方向的站台侧、列车停车位置前方设置发车指示器,指示列车出站。

⑧转辙机。转辙机用于转换道岔。对于直尖轨道岔,采用单机牵引;对于 AT 道岔,采用双机牵引。可采用外锁闭装置,也可采用内锁闭方式。目前采用的转辙机为电动转辙机或电动液压转辙机,有直流、交流两种类型。

(2)非集中联锁站及轨旁设备

非集中联锁站的设备只有发车指示器、紧急关闭按钮、车—地通信设备。

11.10.3 车载设备

车载 ATP/ATO 设备(图 11-7)主要包括:车载 ATP/ATO 计算机、司机表示盘、各种通信天线、测速电机、车载定位设备、与列车牵引及制动系统的接口等。

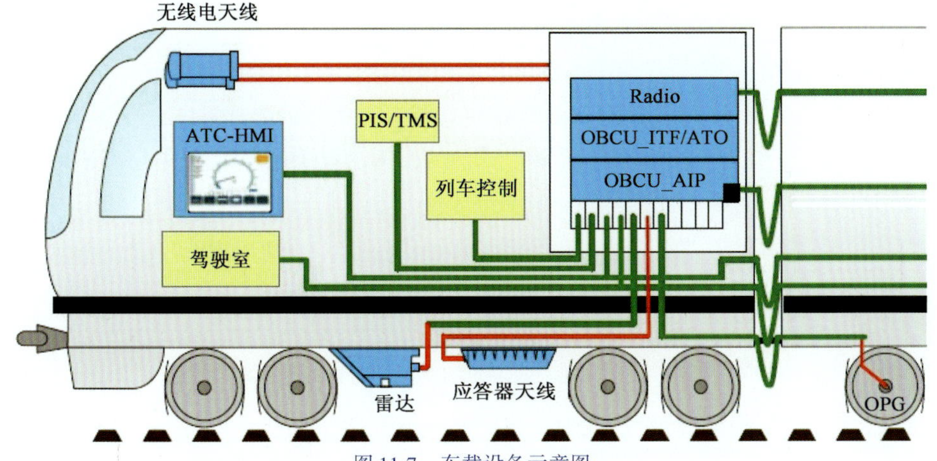

图 11-7 车载设备示意图

11.10.4 车辆段设备

车辆段设备主要包括:车站级 ATS 服务器和工作站设备,计算机联锁系统设备,微机监测设备,轨旁转辙机、信号机、轨道电路设备等。

11.10.5 试车线设备

试车线设备主要包括:试车线控制台设备、试车线 ATP/ATO 计算机及轨旁设备、车—地通信设备等。

11.10.6 维修中心设备

维修中心设备主要包括:维护及维修服务器、检测报警工作站、网络传输设备、打印机设备等。

11.10.7 培训中心设备

培训中心设备主要包括:培训服务器、学员工作站、网路传输设备、实物培训设备等。

第 12 章　通信及综合监控系统

12.1　通信系统

城市轨道交通通信系统是一个适应城市轨道交通运输效率、保证行车安全、提高现代化管理水平，并能迅速、准确、可靠地传递语音、数据、图像和文字等各种信息的机电系统。

通信在城市轨道交通中有其独特的地位和复杂的构成。从大的应用划分可分为专用通信、民用通信、公安通信三大系统（图12-1），服务于不同的应用领域。

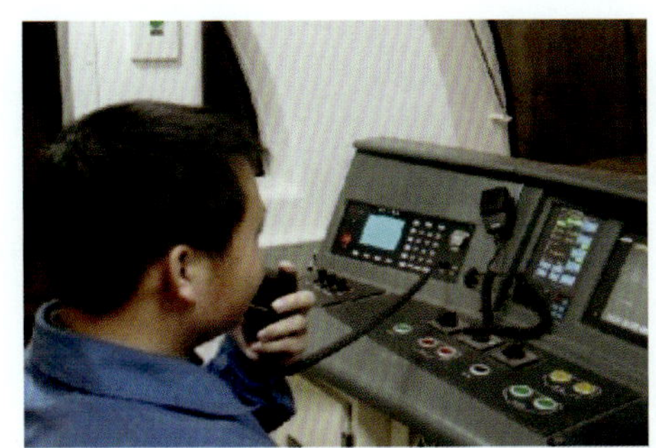

a）专用通信

b）民用通信

c）公安通信

图 12-1　通信在城市轨道交通中的分类

12.1.1 专用通信系统

(1)传输系统

传输系统作为各种业务信息基础承载平台,其功能是为通信系统的各子系统以及其他自动控制、管理系统提供控制中心至车站(或车辆段)、车站至车站(或车辆段)的信息传输通道。传输系统传输的信息包括语音、数据和图像三类,具体内容如下。

①语音信息:包括公务电话、专用电话、无线电话、宽带广播等。

②数据信息:包括监控信息、时钟及网络同步信号、列车控制信息、电力监控信息、自动售检票信息等。

③图像信息:包括闭路电视监系统的视频图像信号。

传输系统是通信系统中最重要的一个子系统,是一切需要传输信息和数据的机电系统(包括通信系统的各子系统)的基础。目前城市轨道交通常用的传输系统制式主要有开放式传输系统(OTN)、内嵌 RPR 的多业务传送平台(MSTP)、SDH+工业以太网。

(2)专用电话系统(图 12-2)

专用电话系统是为控制中心调度员、车站、车辆段、停车场的值班员组织指挥行车、运营管理及确保行车安全而专门设置的、封闭的电话系统设备。

专用电话系统主要包括调度电话、站间电话、紧急电话、区间电话、车站/段内直通电话。

(3)公务电话系统(图 12-3)

公务电话系统是为城市轨道交通系统内运营、管理、维修等各部门工作人员提供日常工作联系的手段,是集语音、中低速数据、窄带图像为一体的 N-ISDN 交换网络,可提供系统内部用户之间的电话联络、系统内部用户与公用电话网用

图 12-2 专用电话设备

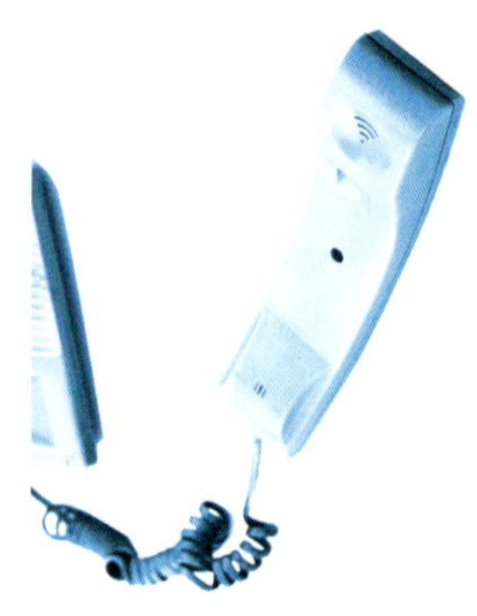

图 12-3 公务电话设备

户之间的电话联络，能将“119”、“110”和“120”等特种业务呼叫自动转移至公用电话网的“119”、“110”和“120”上。

在专用电话系统出现重大故障时，公务电话系统可作为专用电话的应急通信手段。

公务电话系统主要由程控电话交换机和自动电话机组成。程控电话交换机宜设置在负荷集中、便于管理的地点，交换机间通过数字中继线相连。

(4)无线通信系统(图12-4)

无线通信系统为城市轨道交通内部固定工作人员与流动工作人员以及流动工作人员之间提供移动语音和数据通信服务。

图12-5所示为无线通信系统类型、制式及常用组网方案。

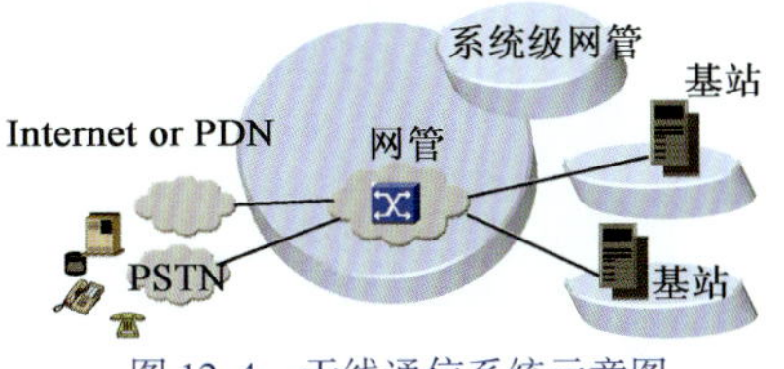

图12-4　无线通信系统示意图

(5)闭路电视监视系统

闭路电视监视系统是城市轨道交通安全管理的配套设备，为控制中心调度员、各车站值班员、列车司机等提供有关列车运行、防灾、救灾及乘客疏导等方面的视觉信息。

城市轨道交通闭路电视监视系统应由中心控制设备、车站控制设备、图像摄取、图像显示、录制及视频信号传输等部分组成。

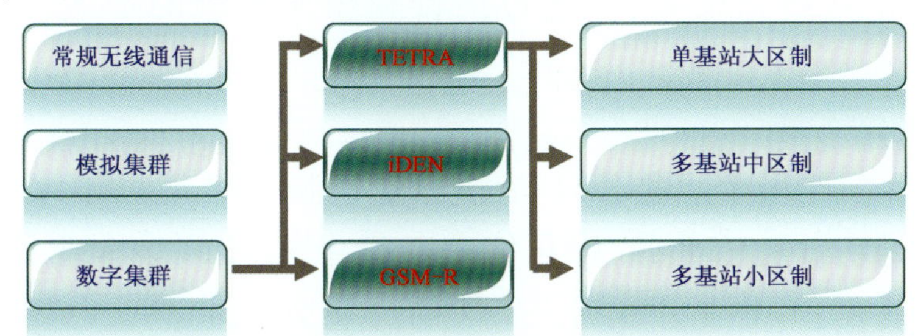

图12-5　无线通信系统类型、制式及常用组网方案图

注：TETRA——陆地集群无线电系统；iDEN——集成线路增强型网络；GSM-R——铁路专用全球移动通信系统

城市轨道交通闭路电视系统在下列场所应设置监控摄像机：售检票大厅旅客集散处所、上下行站台、自动扶梯、列车车厢、有消防设备及变电设备的地方。

(6)广播(PA)系统

城市轨道交通系统中广播的作用主要有两个方面。一是对乘客进行广播，通知列车到站和离站的信息，或播放音乐以改善候车环境，或在发生意外情况时安抚和疏导乘客；对乘客广播的播音范围主要是站台和站厅区。二是对工作人员进行广播,其播音范围除站台、站厅外,还包括办公区域、设备区域及车辆段范围内,以便及时发布有关通知信息,使有关工作人员协同配合工作。广播信息可以由控制中心广播台发出,也可由车站/车辆段值班室发出。

(7)PIS 系统

PIS 系统是城市轨道交通实现"以人为本"、进一步提高服务质量和运营管理水平、扩大对旅客服务范围的有效工具。图 12-6 所示为 PIS 系统。

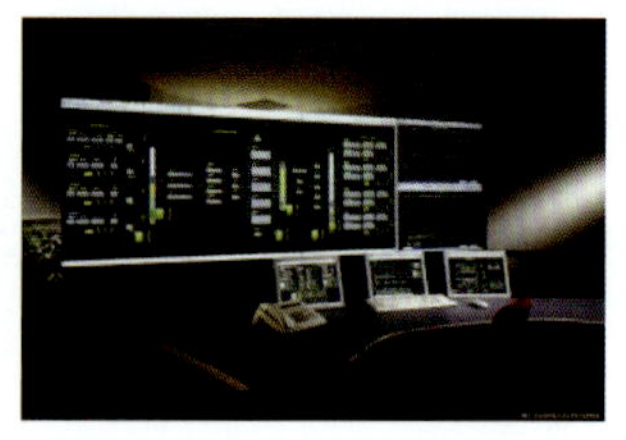

图 12-6 PIS 系统

PIS 系统是依托多媒体网络技术,以计算机系统为核心,以车站和车载显示终端为媒介向乘客提供信息服务的系统,是实现"以人为本"、进一步提高城市轨道交通服务质量、加快各种信息传递的重要设备。

PIS 系统可以持续地向乘客播放城市轨道交通列车到达预告、换乘信息、导向及时间等与乘车有关的信息,可以播放重要新闻、天气预报、娱乐、公益、宣传、广告等资讯信息,成为展示城市风貌的一个窗口。在发生紧急情况时,该系统可立即中断正常信息发布,并通过声音和图像报警的形式,提醒乘客紧急避险。

(8)信息网络系统

信息网络系统是一个以办公自动化、企业资源管理为主的网络系统,主要功能是通过构筑的内部通信平台,强化信息资源共享,实现企业业务流程智能化、经营和管理信息化,为企业管理提供实时的决策支持,提高企业的工作效率。

(9)CLK 系统

CLK 系统为各线、各车站提供统一的标准时间信息,为其他各系统提供统一的时钟信号。系统功能如下:

①为控制中心、车站等各部门工作人员及乘客提供统一的标准时间信息。

②为城市轨道交通 ISCS、FAS(火灾报警)、BAS(环境及机电设备监控)、SCADA(电力监控)、ACS(门禁)、ATC、AFC 等系统提供高精确的时间信息。

(10)通信电源系统

①通信系统的外供电源均按一级负荷供电。

②通信电源系统应保证对通信设备提供不间断、无瞬变的供电。

③在采用蓄电池进行备用供电时，通信电源系统的后备时间应满足通信系统要求。

④电源系统由UPS主机、蓄电池组(图12-7)和智能配电柜组成。

图12-7 蓄电池组

(11)集中告警系统

集中告警系统是在各通信子系统网管的基础上，将其主要的告警、故障、维护等信息集中送入本系统的监控终端，使通信维护人员能快速、简便地了解整个通信系统设备的运行状况和故障信息。

12.1.2 民用通信系统

(1)系统功能

①让乘客的移动电话在地下车站内和列车上都能够正常的使用。

②让乘客在城市轨道交通车站内使用公用电话、信息查询机等设备与外界进行联络。

③为其他种类的信息在城市轨道交通线的传播预留一个平台。

(2)系统组成

①民用通信传输系统；

②移动电话引入系统；

③电源及接地；

④公用电话和信息查询机。

(3)传输系统

一般宜选择通用性强、联网方便的MSTP作为民用通信的传输设备。

(4)移动电话引入系统原则

①各电话运营商将移动电话信号在控制中心集中引入。

②每个车站设置各种移动电话基站，基站由运营商提供并负责安装。

③城市轨道交通负责提供移动电话引入中心站至各车站的传输通道。

④采用POI(Point of Interface)多系统合路平台统一完成多频段系统的分、合路，并通过天线和漏泄电缆实现场强覆盖(图12-8)。

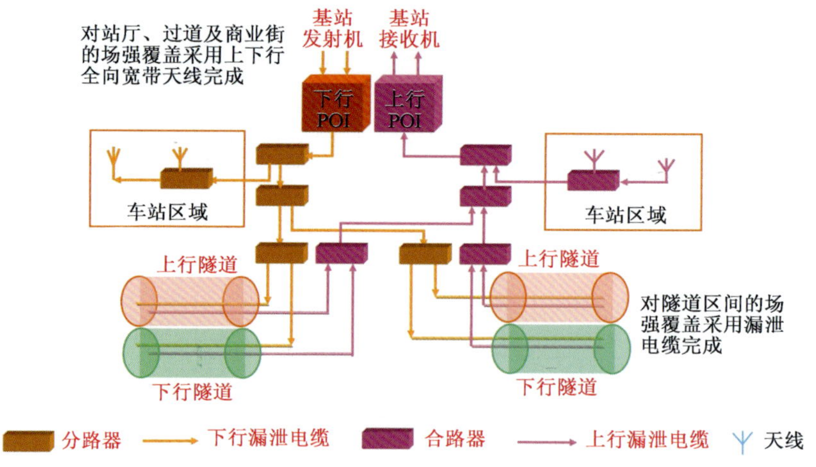

图 12-8　场强覆盖示意图

12.1.3　公安通信系统

(1)系统功能

①实时监视城市轨道交通范围的治安状况。

②保证公安、消防的无线电话在地下正常使用。

③确保城市轨道交通线内公安人员与其他公安部门的联系。

④满足信息查询比对、办公自动化、网上追逃等各项公安业务的正常开展。

(2)系统组成

公安通信系统主要由传输系统、公安视频监控系统、警用集群无线通信引入系统、消防无线通信引入系统、公安及专用电话及计算机网络五个子系统构成。

①传输系统。选择通用性强、联网方便的 MSTP 作为公安通信的传输设备。

②公安视频监控系统(图 12-9)。

图 12-9　公安视频监控系统

a. 使公安人员能够实时观察到城市轨道交通各个地段的视频图像，掌握治安状态。

b. 为破获刑事、治安案件提供线索及证据。

c. 要求在站内全方位布点，不留死角、无盲区。

d. 通常共享运营 CCTV(电视监控)固定设备监视站厅、站台、楼梯口等处的摄像头图像。

e. 根据公安人员需要在各车站的出入通道、站

台及其他敏感部位补充摄像头。

f. 可实现 110 指挥中心、派出所、车站警务站三级监控。

· 派出所可以监控所辖车站的所有图像。

· 车站警务站只监控本车站的图像。

· 110 指挥中心可以监控所有车站的所有图像，并可切换到大屏幕显示。

③警用集群无线通信引入系统。

a. 在各车站设分基站，分基站与集群交换机间的 2M 通道由传输系统提供。

b. 分基站采用三信道基站，设置两个话务信道，一个专用控制信道。

c. 站台和站厅层采用天线进行场强覆盖。

d. 区间采用漏泄电缆进行场强覆盖。

④消防无线通信引入系统。

a. 通常在各车站分别设置一套三信道转发基台，对地上和地下的信号进行异频转发。

b. 通常控制中心设控制器和网管，对车站转发基台进行远程开、关机控制并进行状态监控。

c. 通常与警用无线集群通信引入共用天馈线系统。

⑤公安专用电话及计算机网络。

a. 公安专用电话及计算机网络是城市公安专用电话和公安计算机网络在城市轨道交通范围的延伸。

b. 可满足城市轨道交通内的公安人员进行应急指挥联络及开展信息查询比对、办公自动化、网上追逃等公安业务需求。

c. 公安专用计算机网络可以自成体系，也可与公安视频监控系统的网络合建。

d. 公安局机房一般设有公安专用 PBX 和 IP 接入控制设备，车站警务站配 IP 网关、电话机、传真机等。

12.2　综合监控系统

综合监控系统（ISCS）属于城市轨道交通系统机电设备综合自动化的范畴，它以乘客、供电、环境及设备的监控和安全防灾为核心，并为安全行车和调度指挥提供应急处理方案及丰富的信息。其目的是为了进一步提高城市轨道交通的服务质量和运营管理水平，最大限度地保证乘客的安全，提高城市轨道交通的综合运营效率。

ISCS 围绕行车和行车指挥、防灾和安全、乘客服务等目的进行设置，通过单一的软件平台,将多个分立系统原有的管理监控功能集于一身,为OCC的各种调度员和车站值班员提供全面的资讯及辅助决策支持,提高城市轨道交通运营指挥的智能化水平,实现全线乘客、环境、灾害、供电及机电设备的综合管理,提供各系统之间的业务关联和触发联动,提高对事件的反应能力和速度,提供统一的运行和维护平台,减少岗位、业务的重叠和交叉,降低运营成本,避免资源浪费,提高整体运营效率(图12-10)。

由于综合监控系统模式具有明显的优点,所以取代了分立系统模式。分立系统模式的弊端如下:

①各系统功能单一,人机界面五花八门,所需值班和维护人员过多。

②系统繁多、杂乱,系统结构及通信协议种类繁杂,系统软硬件平台参差不齐,维护困难。

③资源不能共享,造成不必要的浪费。

④信息互通困难,系统之间联动实现难度大、功能弱。

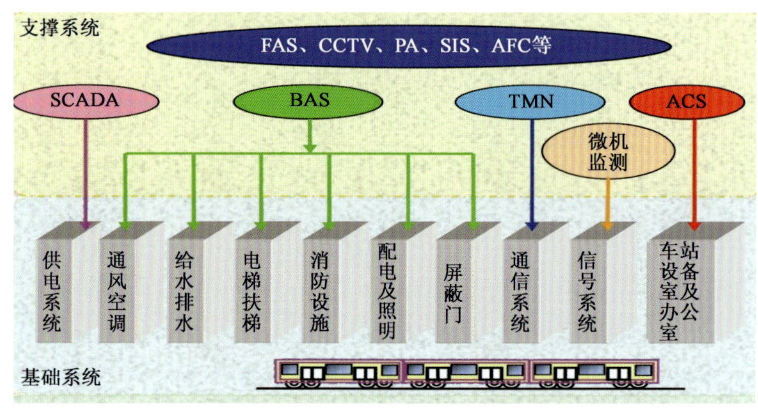

图12-10　城市轨道交通内部系统示意图

12.2.1　技术发展与系统集成

计算机技术和通信网络技术的发展,使得大范围大规模的系统集成成为可能。因此,将这些相互独立的系统进行跨系统、跨平台、跨专业的集成与整合,不仅必要,而且可行。ISCS正是将支撑系统中的多个分立系统集成为单一系统,形成统一的系统结构、统一的通信协议、统一的软硬件平台,实现统一的人机界面(MMI)(图12-11)。

12.2.2　系统方案

ISCS分为集成系统和互联系统两大方案,详见表12-1。

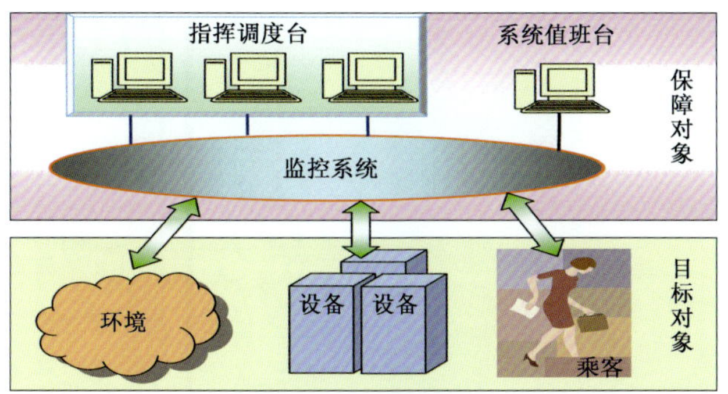

图 12-11　统一的人机界面示意图

ISCS　方　案　　　　表 12-1

系统方案	以行车调度指挥为核心	以环境调度、电力调度为核心
集成系统	ATS、PIS、PA、CCTV、SCADA、FAS、BAS	SCADA、FAS、BAS、PSD、FG
互联系统	ATC、AFC、ACS、CLK	PA、CCTV、PIDS、AFC、ATC、CLK

12.2.3　系统的层次结构

系统的层次结构见图 12-12。ISCS 配置示例见图 12-13。

12.2.4　软件的层次结构

软件的层次结构见图 12-14、图 12-15。

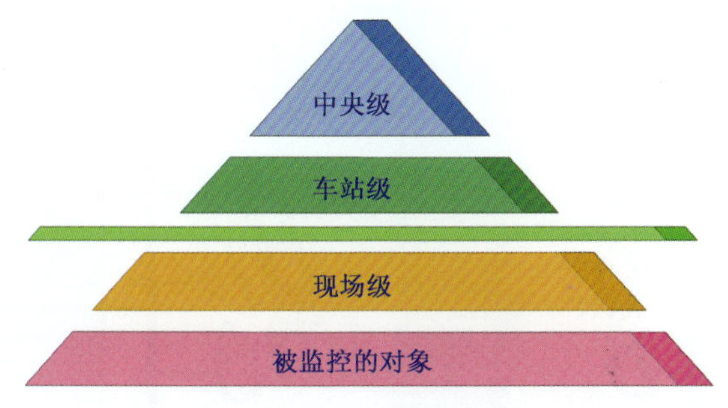

图 12-12　系统的层次结构示意图

12.2.5　ISCS 功能要求

(1) 中央级系统功能。

①各集成系统中央级原有功能。

②联动功能。

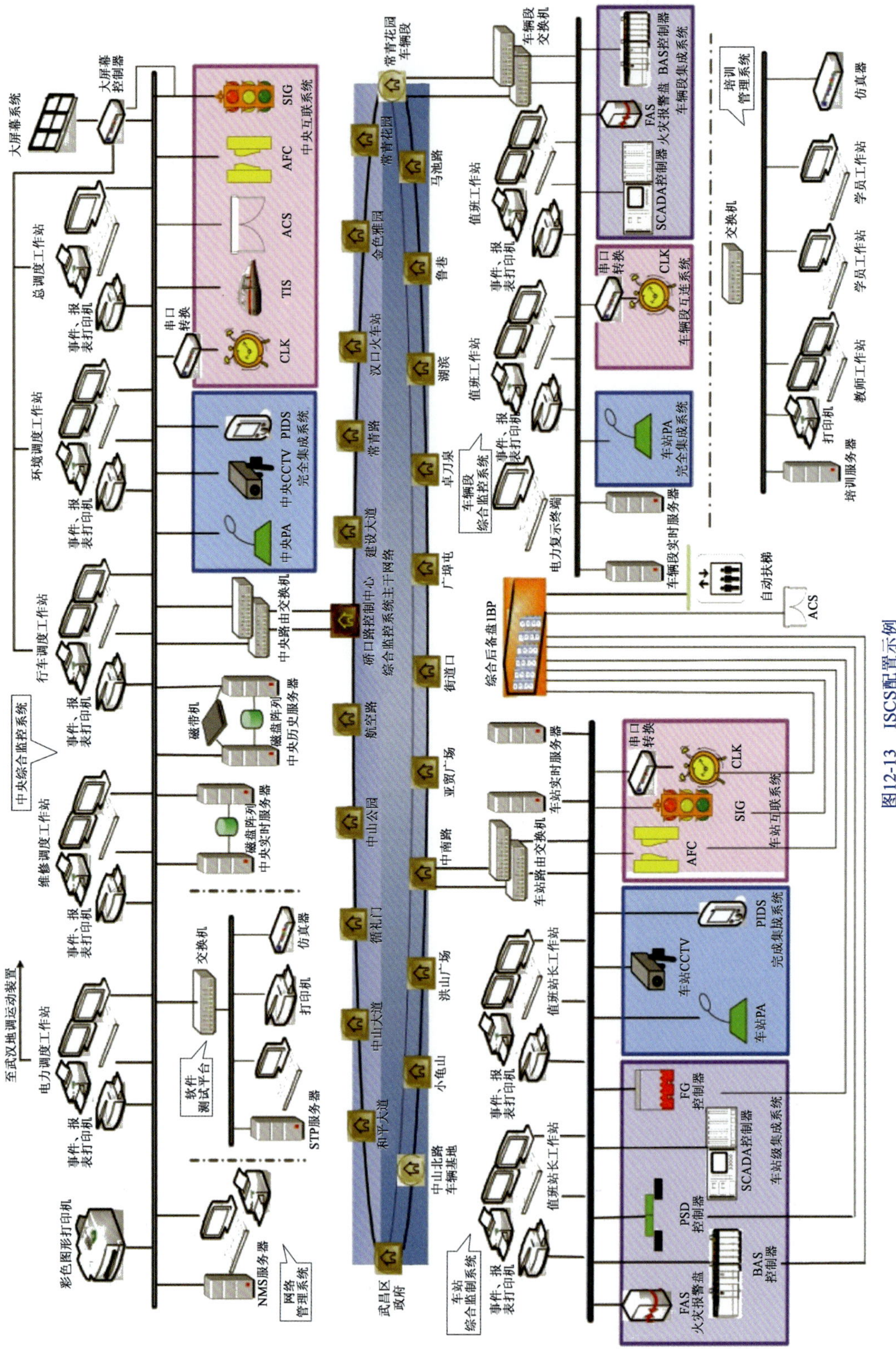

图12-13 ISCS配置示例

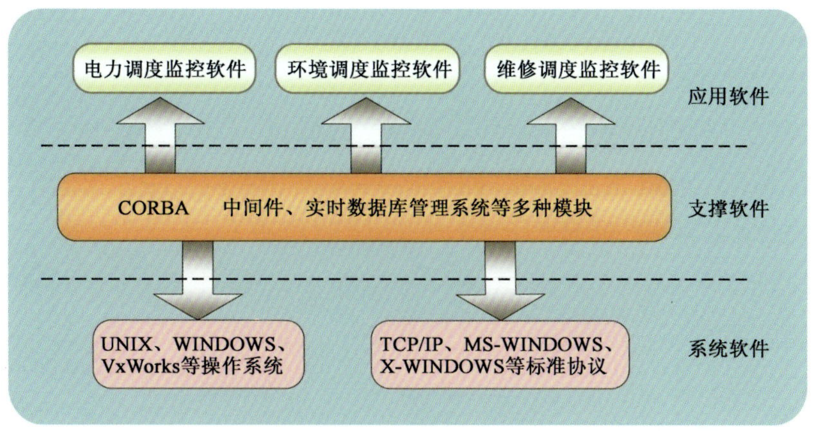

图 12-14 软件层次示意图

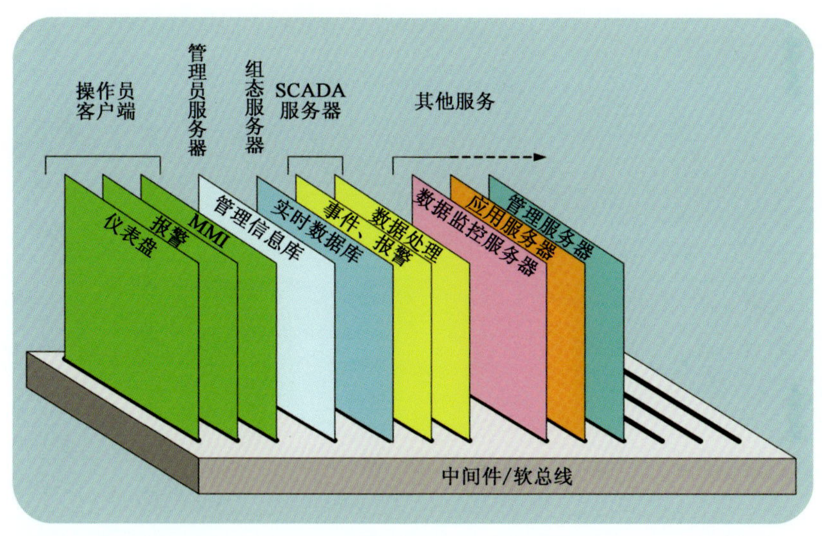

图 12-15 软件结构示意图

a. 正常情况：早起运、晚停运、列车到离站、节日、重大事件、节电、维护模式。

b. 灾害情况：列车区间火灾、列车站台火灾、车站站台火灾、车站站厅火灾、水灾模式、地震灾害、行车事故、突发恐怖事件。

c. 阻塞情况：站台受阻、区间受阻。

d. 故障情况：牵引供电、屏蔽门、环控设备、主干网络、中央及车站级 MCS 设备故障。

(2)车站、车辆段级系统功能。

①各集成系统车站级原有功能。

②车站联动功能。

a. 正常情况:早起运、晚停运、列车到离站、节日、节电、维护模式。

b. 非正常情况:车站紧急疏散、列车区间火灾、列车站台火灾、车站站台火灾、车站站厅火灾、水灾模式、屏蔽门故障、车站照明供电故障。

③车辆段功能:SCADA、FAS、ACS、PA 功能。

④综合后备盘(IBP)功能。

第 13 章　自动售检票系统

13.1　概述

(1) AFC 系统的定义

自动售检票(Automatic Fare Collection,简称 AFC)系统是城市轨道交通系统的重要组成部分,主要为乘客提供快捷、简易的购票和检票进站服务。

AFC 系统主要由清分中心(CCHS/ACC)、线路中央计算机(LCC)、车站计算机系统(SC)、车站 AFC 设备(SLE)和车票组成,是由计算机集中控制自动售票、自动检票及进行票务管理、财务结算、客流量统计分析的城市轨道交通票务自动化管理系统。

AFC 系统在城市轨道交通系统中是直接面向乘客的,所以其效果直接影响着城市轨道交通线的形象。

(2) AFC 系统的特点

①AFC 系统能为业主获得收益,产生现金流。

②AFC 系统是一个为用户定制的系统,没有两个城市的 AFC 系统是完全相同的。

③AFC 系统涉及机电一体化、通信、计算机、网络、IC 卡、芯片、安全防范、金融、财务管理等多个专业。

④AFC 系统投资大,生产周期长,市场门槛高。

13.2　AFC 系统制式的比选

(1) AFC 系统总体架构(图 13-1)

(2) AFC 系统制式

城市轨道交通 AFC 系统发展至今,主要有下列几种制式:

①磁卡式 AFC 系统;

②非接触式 IC 卡(也称 CSC 卡)AFC 系统;

③磁卡与非接触式 IC 卡混合式 AFC 系统。

磁卡的主要特点如下：

①传输机构复杂，且需频繁对磁卡票进行接触式读写，维护成本高。

②密钥随票携带，容易破解。

③磁卡票容易受磁场干扰而改变存储内容。

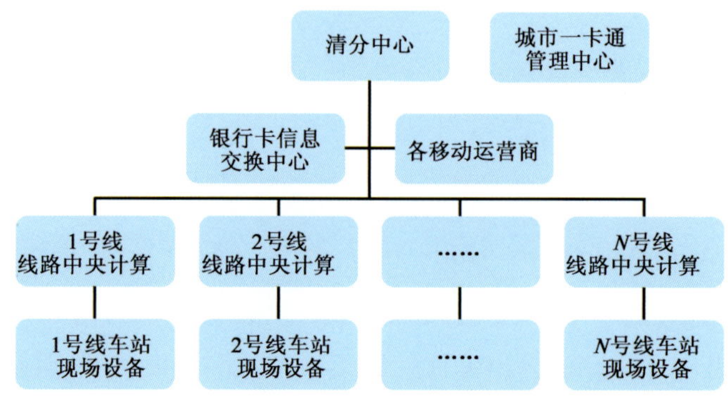

图 13-1　AFC 系统总体架构示意图

传统票与磁卡的样张分别见图 13-2、图 13-3。

图 13-2　传统票

图 13-3　磁卡

(3)闸机类型比选(图 13-4、表 13-1)

检票闸机主要有转杆式、回缩门式、平开门式和拍打门式四种。

①转杆式闸机：在经济性、维修方便性与防逃票性方面优于各种门式闸机，但在通过能力、使用方便性、安全性方面均弱于门式闸机。

②回缩门式闸机：为剪式扇门，开、关门采用水平方向回缩方式，速度较快，关门力量不大，安全性较好，同时闸机机身厚度较小。

③平开门式闸机：开、关门采用整个扇门垂直方向平移方式，速度慢于回缩门式，但防逃票性能强，闸机机身厚度较大，且设备耗电量较大，运营费用较高。

④拍打门式闸机：开、关门采用垂直方向旋转方式，关门力量较大，安全性较差，闸机机身厚度较小。

图 13-4 闸机

闸机类型比较表 表 13-1

闸 机 类 型	转 杆 式	拍 打 门 式	回 缩 门 式	平 开 门 式
平均通过能力	20～35 人/min	40～60 人/min	40～60 人/min	40～60 人/min
人流控制	单/双向	单/双向	双向	双向
紧急状态时	落杆/自由转动	常开	常开	常开
设备总价格	低	高	较高	高
防作弊逃票	好	一般	一般	一般
乘客安全性	低	低	较好	较好
人性化设计	较差	好	好	较好
使用方便性	一般	好	好	好
维修方便性	好	一般	一般	一般
发展趋势	一般	好	好	一般
综合评价	一般	较好	好	较好
国内应用情况	上海、广州、武汉、香港	北京、天津、香港、大连	广州、南京、深圳、香港	无
国外应用情况	米兰、加拿大	日本、韩国、吉隆坡	法国、新加坡、新德里	斯德哥尔摩

13.3 AFC 系统的架构

AFC 系统主要由清分中心、线路中央计算机、车站计算机系统、车站 AFC 设备和车票组成，见图 13-5。整个系统经由通信传输系统和网络设备连接构成。

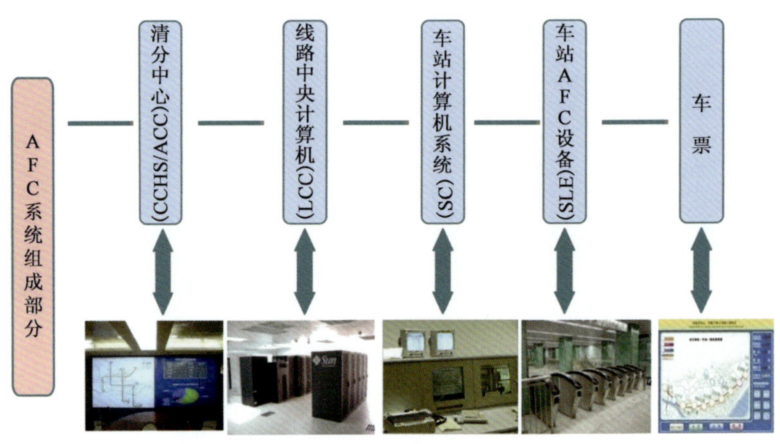

图 13-5　AFC 系统组成示意图

(1)清分中心(图 13-6)

①自从中铁第四勘察设计院在广州地铁 3 号线设计并开通了我国第一个城市轨道交通清分中心之后，建设清分中心已成为城市轨道交通 AFC 业界的共识。

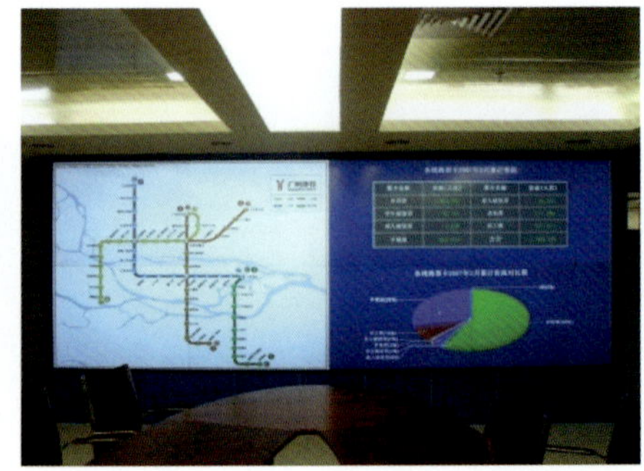

图 13-6　清分中心

②清分中心的主要功能包括：

a. 统一进行各线的 AFC 运营管理；

b. 统一发行城市轨道交通各类票卡；

c. 统一完成各线运营收益清分；

d. 统一完成与外部系统的收益清分；

e. 制订线网 AFC 系统建设标准。

(2)线路中央计算机(图 13-7)

①线路中央计算机定时从各车站计算机收集全线的客流、票务、交通情况和设备状况,采集和处理来自本线所有车站计算机等的设备信息。

②线路中央计算机具有本线 AFC 系统的审计、监视、管理和计划的功能。

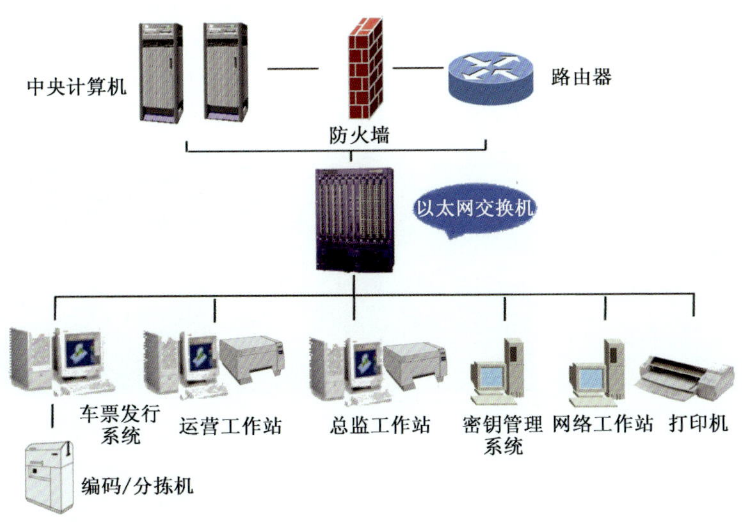

图 13-7 线路中央计算机示意图

(3)编码分拣设备(图 13-8)

①编码分拣设备对城市轨道交通专用的储值票、单程票和员工票进行初始化处理和编码、赋值。

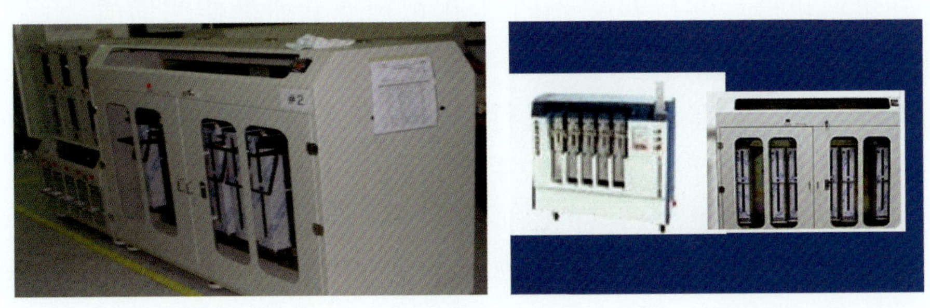

图 13-8 编码分拣设备

②车票编码/分拣机对回收的车票按需要进行分拣、重新编码或赋值。

(4)车站计算机系统(图13-9)

图13-9　车站计算机系统

①车站计算机系统监控车站现场设备运行状态、收益情况,收集运行状态、统计数据并上传到中央计算机系统。

②车站计算机系统接收下传的运营和系统参数及“黑名单”,并下载到车站现场设备。

(5)车站AFC设备(图13-10)

车站AFC设备包括票房售票机(BOM)、自动售票机(TVM)、自动检票机(闸机)、验票机(TCM)和便携式验票机(PCA)。

图13-10　车站现场设备

①票房售票机。

a. 票房售票机在票务处内,人工收钱,由票务人员操作。

b. 票房售票机主要用于发售储值票、纪念票等,完成对储值票进行加值,对超时、超站单程票进行补票等任务。

②自动售票机。

a. 各城市的自动售票机可能不同,但基本功能是一样的。

b. 自动售票机设在非付费区,用于发售单程票并对储值票加值。

③自动检票机(闸机)。

a. 闸机用于查验乘客车票的有效性和扣减乘车费用,决定乘客是否可以进站乘车或出站。闸机的设计满足乘客右手持票快速通过的需求。

b. 闸机主要有四种类型:转杆式、回缩门式、拍打门式和平开门式。

④验票机(图13-11)。验票机供乘客对车票进行检查,能读取乘客所持城市轨道交通专用车票和公交一卡通的数据,进行有效性及最近10次交易的查询,并通过显示器显示车票的查询结果。

⑤便携式验票机(图 13-12)。

a. 便携式验票机是站务员或稽查人员对乘客使用的车票进行检查的设备,能读取公交一卡通及城市轨道交通专用车票的数据。

b. 便携式验票机通过机座可与车站计算机或工作站相连,下载所需的系统参数、软件及上载数据。

c. 便携式验票机功能与验票机一致。

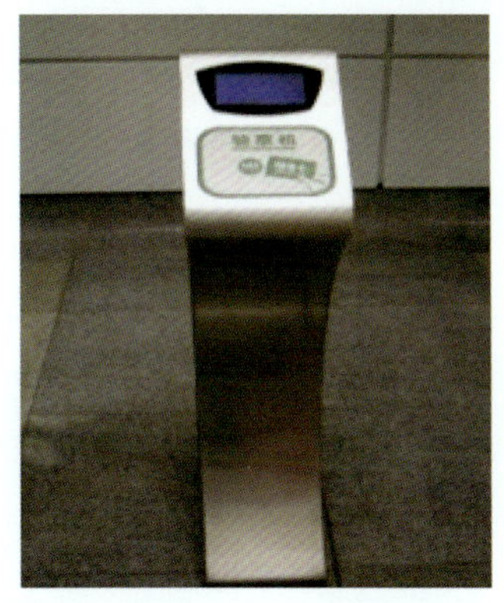

图 13-11 验票机

图 13-12 便携式验票机

(6)车票

车票一般分储值票、乘次票、纪念票和员工票四大类,详见图 13-13。

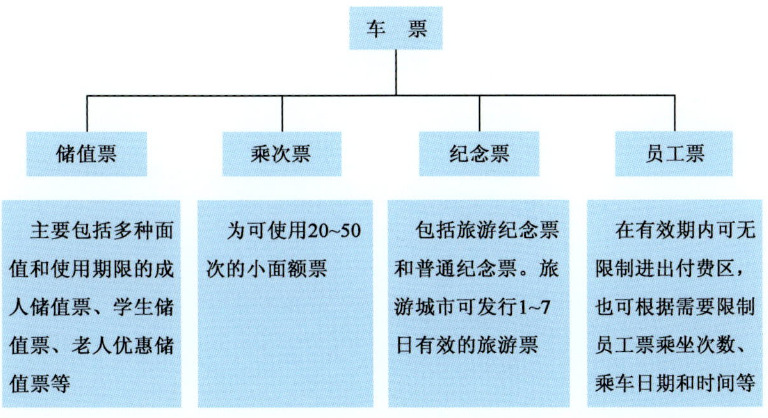

图 13-13 车票分类

此外,还有只能在车票发售的运营日内一次使用有效的单程票。在乘客出闸时,单程票被闸机回收。单程票可在城市轨道交通中循环使用。

单程票的装帧方式见图 13-14。

不同单程票的比较见表 13-2。

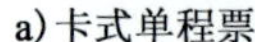
a)卡式单程票

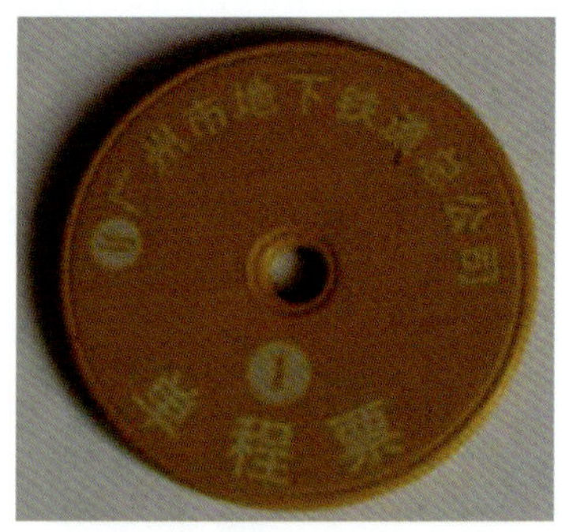

b)TOKEN单程票

图 13-14

单程票比较表

表 13-2

比较内容	TOKEN 单程票	卡式单程票
制作成本	较高	较高
使用寿命	较理想	目前不太理想
读卡成功率	较高	高
检票机处理装置	简单	较复杂
售票机处理装置	较复杂	简单
处理速度	快	较快
分拣机构	不用堆叠	需要堆叠
设备成熟性	较成熟	成熟
设备维护	简单	较复杂
入票方式	自由落体	坡带传送
回收方式	不用堆叠	需要堆叠
新建线路设备投资	较高	高
乘客使用	较习惯	习惯
表面印刷	一般	好
广告收入	难	较好
人为造成损坏	不容易	容易
选用标准	地方标准	参照国际标准(厚卡)
国内应用情况	广州、深圳、南京、武汉、天津地铁1号线、高雄	大连、重庆、上海、长春、北京、成都、
国外应用情况	新德里地铁、曼谷地铁	法国、新加坡

比较结论：

可以看出卡式单程票和 TOKEN 单程票，两者各有优劣，在我国也都有着广泛的应用。但无论选择哪种类型，后续线路一般只能遵循首次选择。

13.4 AFC 系统的特点与目标

(1) 优秀的 AFC 系统特点（图 13-15）

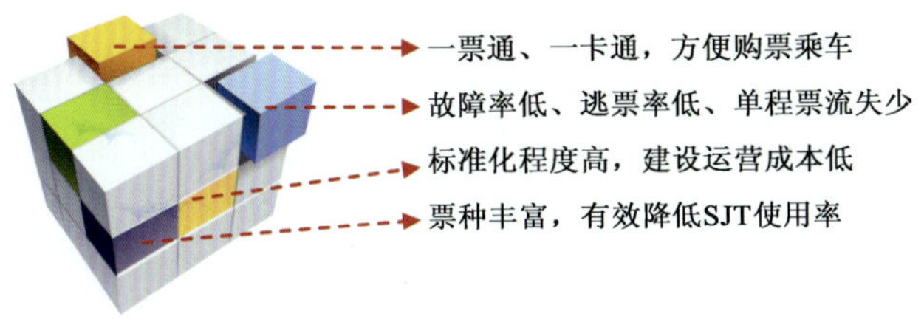

图 13-15

(2) AFC 系统设计目标

AFC 系统的设计目标是以最小的代价取得最大的运营收益。

第 14 章　自动扶梯、电梯和屏蔽门

14.1　电梯、扶梯系统

电梯、扶梯系统设备作为城市轨道交通车站的大型设备，是乘客使用最为频繁的设备，也是提高车站的集散效率，方便旅客进出站和上下楼层，满足无障碍出行要求，体现城市文明形象必不可少的设备。

14.1.1　自动扶梯

自动扶梯系统能在地面和城市轨道交通车站之间或站厅层和站台层之间快速、舒适地输送乘客，是城市轨道交通车站公共区不可缺少的组成部分。室内自动扶梯见图 14-1。高架站自动扶梯见图 14-2。

图 14-1　室内自动扶梯

图 14-2　高架站自动扶梯

(1)常用自动扶梯的主要设计参数

①梯级宽度:1000mm。

②理论输送能力:7300 人/h。

③工作速度:0.65m/s。

④水平梯级数量:上、下各四个水平梯级(长度不小于 1.6m)。

⑤倾斜角度:30°。

(2)自动扶梯的主要设计原则

①应选用公共交通重载型自动扶梯，其传输设备应采用不燃或难燃材料。

②露天出入口应选用室外型自动扶梯，应能经受雨、雪等恶劣天气。

③自动扶梯的设置数量，应按远期超高峰客流量、提升高度以及客流不均衡系数等通过计算确定。

④提升高度小于12m时，一般仅设上行自动扶梯，对客流量大的重要车站也可设下行扶梯；当提升高度大于12m时，设上、下行自动扶梯。

⑤自动扶梯应设就地控制和自动控制装置，必要时还可设远动控制装置。

⑥付费区自动扶梯采用一级负荷，出入口自动扶梯采用二级负荷。

⑦自动扶梯的安装位置应避开建筑物变形缝。

(3)自动扶梯的主要构成

自动扶梯系统的标准配置应符合《自动扶梯和自动人行道的制造与安装安全规范》(GB 16899—2011)的要求。自动扶梯(图14-3)主要由驱动系统、桁架、梯级和扶手带组成。

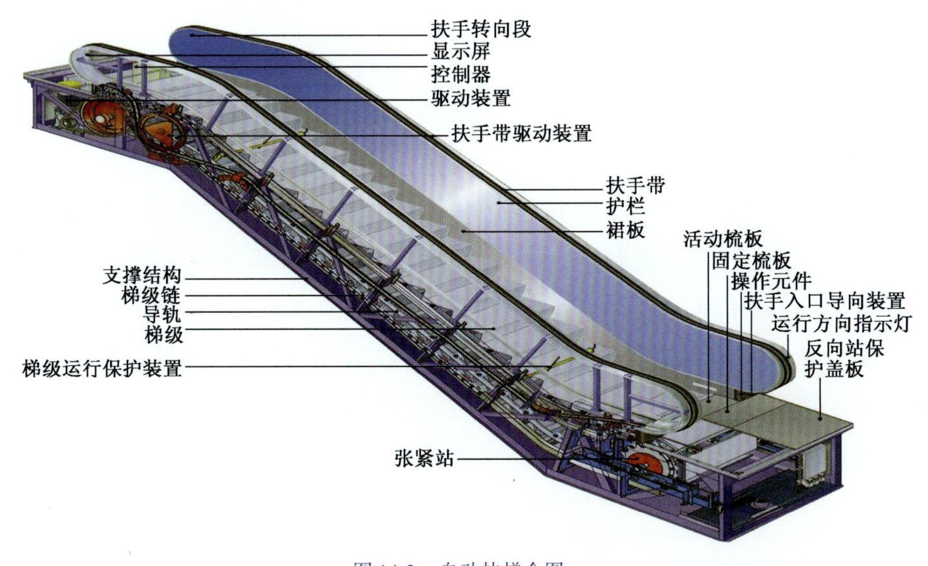

图14-3 自动扶梯全图

①驱动系统。驱动系统包括驱动主机、主驱动轴、主驱动链、梯级链、梯级链张紧装置、梯级滚轮、扶手带驱动装置等，其功能是驱动梯级和扶手带运动。

在主机与驱动轴之间可采用链条或齿轮传动，当采用链条传动时，链条至少为双排，安全系数不小于8。见图14-4。

梯级链的安全系数不得小于8，销轴比压不宜大于23N/mm^2。链条的链片应采用优质钢制造，销轴、轴套和滚子应用优质合金钢制造(如铬钼钢)，并经合理热处理。

提升高度大的扶梯的梯级链滚轮应在梯级链外侧，称为滚轮外置。小提升高度的站内扶梯,经慎重研究可考虑采用滚轮内置扶梯。

②桁架。桁架应用型钢制造,能承担自动扶梯自重、满载负荷,以及外包板、内部驱动机、控制柜和梯级等的重力。在 5000N/m² 负载下,实测的最大挠度不应超过支撑水平距离的 1/1500。表面处理采用整体热镀锌,包括焊在上面的机器底座和桁架底板及导轨支撑件,镀锌层厚度不小于 100μm,具有 40 年以上防锈寿命。对方型材制造的桁架,应保证型钢内腔也能镀上锌层。见图 14-5。

图 14-4　驱动系统示意图

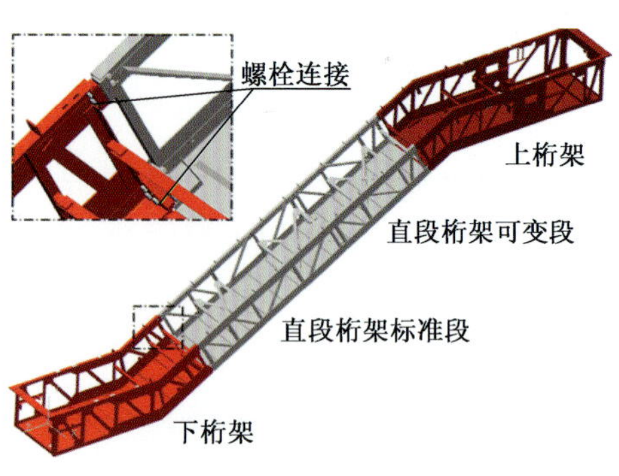

图 14-5　自动扶梯桁架示意图

③梯级。应采用整体压铸铝合金梯级,三边喷黄漆起警示作用。

④扶手带。扶手带的破断力应不小于 25000N,表面硬度合理,为黑色。滑动层(内衬)采用合成纤维。室外扶梯的扶手带,在雨天直接淋雨时应能正常工作,并能抗阳光暴晒。此外,应能阻燃,即燃烧的扶手带移开火源后能自动熄灭。扶手带应设有去静电的装置。扶手带驱动一般采用端部驱动(图 14-6)及大摩擦轮扶手驱动(图 14-7)。

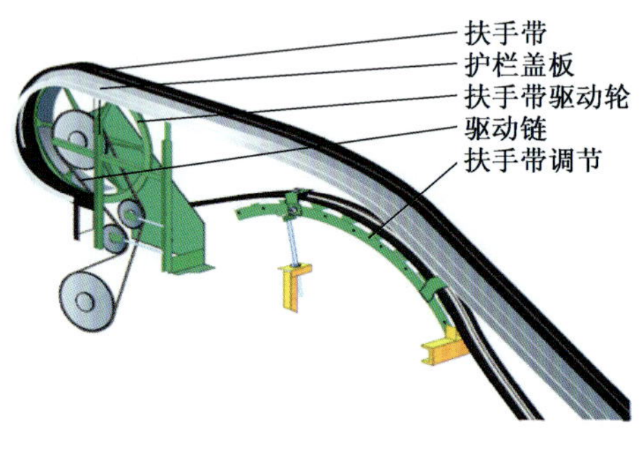

图 14-6　端部扶手驱动

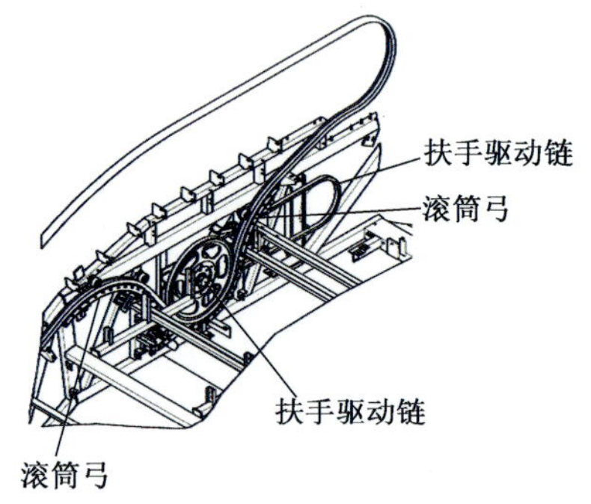

图 14-7　大摩擦轮扶手驱动

(4)自动扶梯主要技术要求

①在额定电压条件下,实际运行速度和额定速度之间的允许最大偏差为

±5%。

②扶手带的运行速度相对于梯级的速度允许偏差为 0～2%。

③空载运行时，在梯级及地板上方 1m 处的噪声值不大于 65dB(A)。

④当速度为额定速度(0.65m/s)时，在无载或带制动负载(120kg/级)下行时，制动距离应在 0.3～1.3m 之间。

⑤在任何 3h 间隔内，持续重载时间不少于 1h，其载荷达到 100% 制动载荷，其余 2h 载荷为 60% 制动载荷。

(5)自动扶梯的安全保护装置

自动扶梯至少应具备表 14-1 所列的安全装置。

自动扶梯安全保护装置一览表　　表 14-1

序号	安全装置	序号	安全装置
1	供电系统断相/错相保护装置	12	梯级防塌陷保护
2	电机保护	13	梯级运行安全装置
3	工作制动器	14	裙板安全保护
4	附加制动器	15	驱动链破断保护装置
5	超速保护装置	16	裙板保护
6	意外逆向保护	17	急停开关
7	梯级链保护装置	18	接地故障保护
8	扶手带保护装置	19	梯级安全工具机械式锁紧扶梯
9	扶手带速度检测装置	20	电机风扇罩安全保护
10	扶手带入口保护	21	梯级丢失保护
11	梳齿板安全开关		

14.1.2　电梯

(1)电梯的主要功能

①城市轨道交通车站电梯为出、入车站和上、下站层提供了一条无障碍通道，主要为残疾人及其他行动不便的乘客服务，也兼作设备更换维修时运输设备零部件用。

②为提高电梯的利用率，携带大件行李的乘客也可乘坐电梯，既保护了自动扶梯，也提高了车站的疏散能力。

透明井道电梯见图 14-8。

图 14-8 透明井道电梯

(2)电梯的主要设计参数

①额定载质量:1000kg(13 人)。

②提升速度:1m/s。

③操作方式:单台集选控制。

④负荷等级:二级。

(3)电梯的主要设计原则

①城市轨道交通车站的电梯按无机房电梯设计。

②乘客用的电梯应设在非付费区。站厅至站台的电梯原则上应设置在付费区。

③电梯厅门尽量避免面向轨道布置。轿厢内按钮、厅门召唤应设有盲文。轿厢壁应设有残疾人专用的扶栏,轿厢和车站控制室之间应有对讲电话。

④电梯应兼有运输设备零部件的功能。设备夹层和站厅层、站台层一样也应设有厅门和通道。

⑤电梯底坑按不渗水设计,底坑内不设排水设施。

⑥为了美观、通透,站内电梯轿厢和井道采用透明型。出入口电梯仅地下层厅门和轿厢门透明,地面层厅门可采用不透明型。

⑦电梯按二级负荷设计。

⑧车站控制室对电梯关闭、运行、故障、停靠位置等进行监视,在车控室设置事故灯光和警铃。

(4)电梯的主要技术要求

①额定载重范围内,轿厢的上、下行速度与额定速度的偏差不应超过±5%。

②平层精确度为±5mm。

③运行时轿厢内噪声不大于 55dB(A),开关门噪声不大于 65dB(A),井道内噪声不大于 75dB(A)。

(5)电梯的主要构成

无机房电梯主要由驱动主机、驱动柜、控制柜、轿厢、导轨、安全保护装置等组成,如图 14-9 所示。

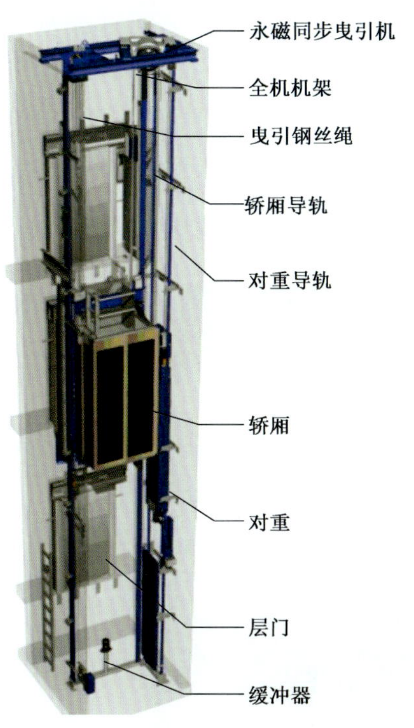

图 14-9 电梯主要部件图

(6)电梯安全装置

电梯应具备《电梯制造与安装安全规范》(GB 7588—2003)规定的安全装置。安全装置主要有超速保护,电梯终端限位保护,电梯撞底保护,错、断相保护,超载保护和满载直驶,应急通信,可视对讲,应急照明,电梯门保护,安全停靠等装置。

当电梯发生故障停止在非正常停靠的位置时,应能自动进行故障诊断,以慢速运动至最近楼层,开门疏散乘客。

14.2 屏蔽门系统

屏蔽门系统具有保护乘客安全、在运营过程中节约通风空调系统能耗的功能,是体现“以人为本”和彰显城市文明形象的重要标志。习惯上,对不具备节能功能的半高屏蔽门称为安全门。

除此之外,屏蔽门系统对改善乘客候车环境、增进社会效益、节省劳动力资源方面均有重要作用。随着社会的不断发展,屏蔽门/安全门的应用范围将越来越广,包括应用在城市轨道交通、机场轨道运输线等方面。

14.2.1 屏蔽门系统的主要功能

(1)基本功能

①提供乘客上、下车安全通道。屏蔽门/安全门设置于车站站台有效长度范围内,以站台中心线为基准向两端对称布置。长度与列车编组辆数相匹配,活动门数量及位置与车辆的车门相对应,在乘客上、下车时能自动开启,为乘客提供安全便捷的通道。

②确保运营的安全性。站台设有屏蔽门/安全门可防止乘客因拥挤或意外落入轨道,防止因物品掉入轨道而产生的入轨拾物危险,同时还可防止乘客蓄意跳轨,保证了乘客的候车安全。屏蔽门系统的设计,从门体结构、材质选择,到使用中可能对人体产生的各种影响,全方位考虑了安全的需求(图14-10)。

a. 使用高强度的门体结构材料及安全玻璃。

图14-10　意外发生

b. 障碍检测,以便采取相应的安全对策。

c. 降低动能,避免可能对乘客造成的撞击。

d. 在关闭位置锁定,以保证安全。

③节能省电,降低运营费用。屏蔽门设置在站台边,将站台公共区与列车行驶隧道隔离开,避免列车运行活塞风进入站台,减少站台区域气流热交换,使车站空调负荷降低,节省用电、节省能耗、降低运营费用。

④营造舒适的乘车环境。

⑤避免意外安全事故的发生,提高整个城市轨道交通运营的正点率。

⑥站台设置屏蔽门后,列车可以采用较快速度进站,为确保列车班次的准确性提供有利条件,并为实现无人驾驶创造条件。

(2)可靠性功能

安装屏蔽门系统采用具有高可靠性及高性能的设备及零部件。

滑动门能否正常工作,将直接影响旅客上、下车是否畅通,对列车的正常运营影响极大。因此,屏蔽门系统设计有多种冗余系统来提高其可靠性,以便在紧急情况下使旅客上、下车和列车的运行不受影响。

城市轨道交通屏蔽门系统中的冗余系统包括以下内容:

①应急门。在列车不能正确停靠或其他紧急情况时使用。

②就地控制盘。当信号系统的开、关门指令受阻时,使用PSL进行屏蔽门的开关控制。

③滑动门的手动释放机构。在滑动门不能自动打开时使用。

④电池。在车站电源发生故障时提供电源。

屏蔽门系统中的监视系统主要包括以下功能:

①监视发往ISCS接口的报警和状态信息。

②监视在中央接口盘上的报警及状态指示。

③监视在单个门单元上的屏蔽门状态指示灯。

14.2.2　屏蔽门系统的主要构成

屏蔽门/安全门系统(图 14-11)主要由门体、门机、电源与控制系统四部分组成。其中门体是屏蔽门/安全门系统的主体。

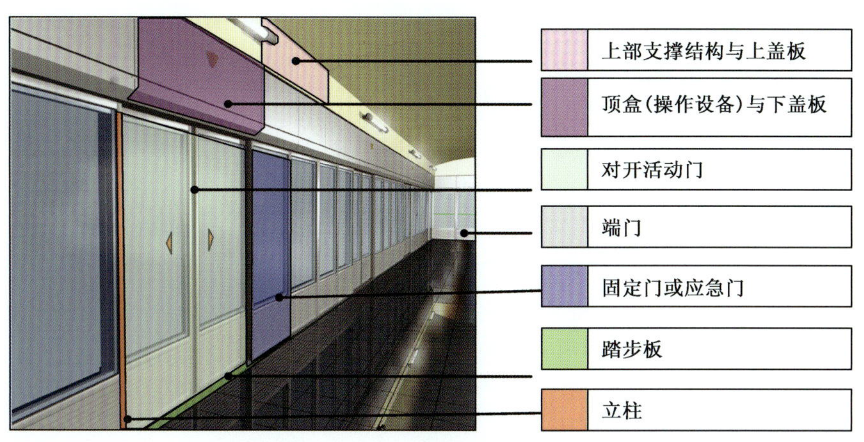

图 14-11　屏蔽门系统主要部件

屏蔽门门体包括顶箱结构、支撑结构、门槛、滑动门、固定门、应急门、端门等(图 14-12)。门体需要有足够的强度与刚度,以防止列车运营时的隧道风压与站台侧乘客的撞击所造成的破坏,并且需要选用低导热材料和适当的密封性能,降低城市轨道交通车站的冷风消耗,以达到节能的目的。

a)屏蔽门滑动门　b)屏蔽门固定门　c)屏蔽门端门

图 14-12　各种屏蔽门

端门设置在车站两端,用于隔离车站公共区与设备区。当列车在区间故障时,可通过屏蔽门端门将乘客疏散至站台。

当列车不能停在指定地点时,可用应急门安全离开列车(图 14-13)。从轨道侧按压应急门压杆,即可使门体向公共区开启。

安全门门体则不包括顶箱结构,取而代之的是在站台面上位于固定门和滑动门之间的固定侧盒(图 14-14)。此外,它还包括门槛、滑动门、固定门、应急门、端门等。

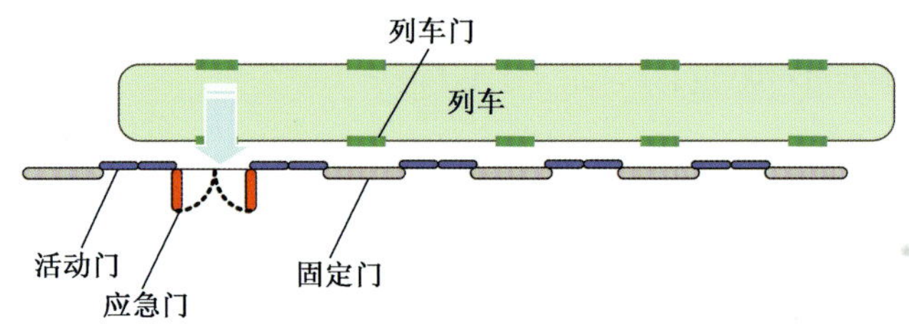

图 14-13　应急门布置示意图

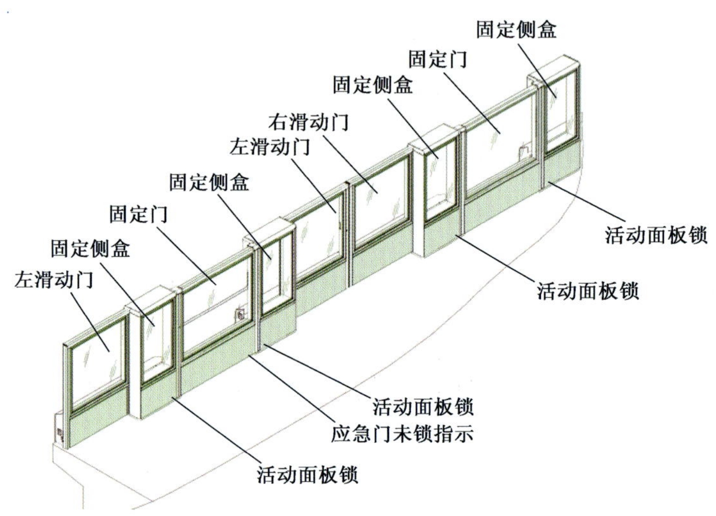

图 14-14　安全门标准单元布置示意图

安全门主要形式按其通透性可分为全通透门、半通透门和不通透门三种,见图 14-15。

图 14-15　安全门分类

14.2.3 屏蔽门控制系统

屏蔽门控制系统采用系统级控制、站台级控制和手动操作三级控制方式。三种控制方式中以手动操作优先级最高,系统级最低。

14.2.4 屏蔽门/安全门系统滑动门传动方案

(1)屏蔽门传动方案

屏蔽门传动方案分螺杆传动和皮带传动两种。

①屏蔽门螺杆传动(图14-16)。螺杆传动装置有较高的工作效率,且稳定性高,不受操作环境的影响,允许使用重型的门扇。

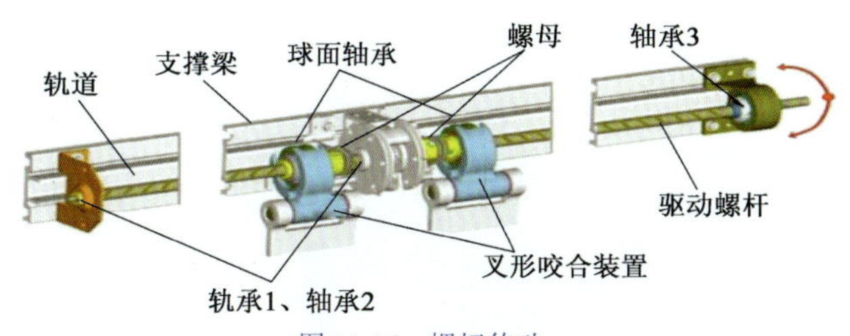

图14-16 螺杆传动

②屏蔽门皮带传动(图14-17)。皮带传动结构简单,齿形同步带传动不会出现打滑现象,保证了传动比的准确性。皮带传动装置价格较低。

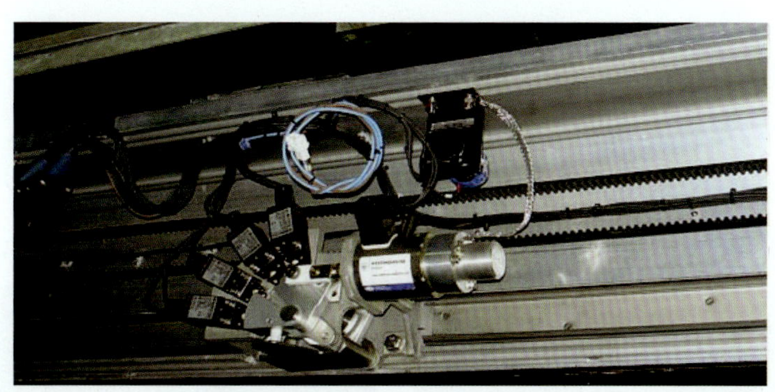

图14-17 屏蔽门皮带传动装置

(2)安全门传动方案

安全门传动装置采用双门机齿轮齿条机构。

14.2.5 屏蔽门系统安装

根据与梁相对位置的不同,屏蔽门可分为顶梁底部安装和顶梁侧面安装方式。顶梁底部安装多用于后期加装方案。

14.2.6 屏蔽门的安全方案

(1)等电位连接

屏蔽门与列车之间存在电位差。为确保乘客和工作人员的安全,在屏蔽门与车辆之间设计并安装等电位装置,采用电缆与钢轨相互连接消除电位差。整个屏蔽门门体保持等电位连接:通过等电位铜排以及等电位导线将屏蔽门的各金属部件相连,满足等电位的要求。

(2)绝缘方案

屏蔽门绝缘安装位置包括上部与站台顶梁间绝缘、下部与站台板结构层间绝缘、屏蔽门门槛与站台板装修完成面间绝缘。上、下部的绝缘通过对受力部件加绝缘垫的方式实现。绝缘示意图见图 14-18。

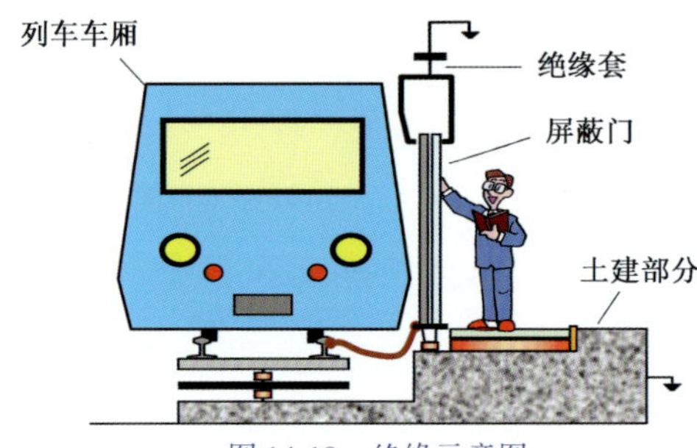

图 14-18 绝缘示意图

注:在站台屏蔽门侧约 900mm 宽度范围内做绝缘处理;端门两侧宽度约 1.5m 的墙面及地面上也需做绝缘处理

(3)安全防护装置

屏蔽门门体与车体间的间隙需要进行有效的防护,以防夹人事故发生,见图 14-19、图 14-20。

图 14-19 物理防夹设施　　图 14-20 光学防夹设施

第 15 章　控制中心

控制中心是城市轨道交通运营管理的中枢。控制中心是对列车运行、电力调度、车站设备管理、防灾报警、票务管理实行统一调度指挥的监控中心，在非常情况下，也是对各类事件处理的指挥中心。在领导和组织相关线路下属各车站完成日常运营各项工作的同时，控制中心还是城市轨道交通全线所有信息服务的集散地和交换中枢。图 15-1 所示为武汉轻轨 1 号线控制中心。

图 15-1　武汉轻轨 1 号线控制中心

15.1　控制中心的主要功能

(1)对全线所有运行列车、车站、车辆段和区间实施集中的指挥、调度、监视、控制和维修管理等工作。

(2)根据城市轨道交通的客流、车辆配置、信号情况，编制出合理的运营计划和列车运行图，对客流进行动态的分析和预测，为全线的运营决策和指挥提供直接的数据，以满足行车指挥的需要。

(3)实现控制中心管辖线票务的统一编码、制作、管理以及票务统计、审计和财务核算等业务。

(4)具备应急处置的功能，能够及时组织运营线路的抢险和救援的指挥工作。

(5)实现对管辖线路的通风、空调、供电等系统实施远程集中监控等工作，并完成中央级统一调度工作。

(6)实现城市轨道交通线网内的信息汇集、处理、交换和转发工作，直接支持各系统的信息联系，直接服务于运营和乘客。通过城市公用通信设施，实现线路与路网、与外界系统的通信联系。

(7)协调好线路各系统、各部门以及与相关线路的关系，运用科学的方法和手段,提高城市轨道交通线网的运输能力、服务质量和安全保证。

15.2 控制中心各系统的功能

(1)ISCS 功能

ISCS 的中央级设在控制中心,将原有各分立系统(FAS、BAS、SCADA、CCTV、PA、PIS……)的中央级全部集成,为运营管理提供统一的软、硬件平台。同时,将控制中心的 FAS 子系统、BAS 子系统、SCADA 子系统、PA 子系统等直接接入中央级网络。在中央级互联的系统有无线通信系统(RTS)、信号系统、ACS 子系统、AFC 系统和 CLK 子系统等。

(2)SCADA 子系统功能

SCADA 子系统对城市轨道交通各变电所设备进行实时控制监视和数据采集,使调度管理人员通过监控系统实时地监视供电系统设备的运行情况,及时掌握供电系统的各种事故和警报事件,准确实施调度指挥、事故抢险和故障处理,保证供电的安全性和可靠性。

(3)BAS 子系统功能

ISCS 系统对 BAS 子系统的控制主要是模式控制,对重要设备如隧道风机、射流风机可以在中央级和车站级进行监控。

(4)FAS 子系统功能

FAS 子系统接收并储存全线 FAS 系统设备(探头、模块、控制盘、电源)的主要运行状态,接收全线各车站、车辆段、主变电所的火灾报警并显示其具体报警位置。

(5)PSD 子系统功能

ISCS 系统中央能监控全线各车站屏蔽门/安全门的开关、故障和隔离状态,并可按月份、季度进行运营数据统计和查询。

(6)FG(防淹门)子系统功能

中央级 ISCS 能监控全线设有防淹门车站的防淹门开关、故障和隔离,不具备对防淹门的控制功能,但可以显示闸门运行状态和现场设备运行的有关情况。

(7)PA 子系统功能

中央级 ISCS 为总调度、行车调度和环境调度提供广播操控功能,实现对全线车站、车辆段、OCC 大楼的广播。此外,还可实现全线选站广播和选路广播,可以分为自动广播和人工广播。

(8)CCTV 子系统功能

中央级 ISCS 为总调度、行车调度、电力调度和环境调度提供 CCTV 操控功能，能够在总调度、行车调度、环境调度等工作站以及大屏幕上显示 CCTV 提供的视频图像信息；实现对全线车站、主变电站以及变电所等的视频监视。

(9)PIS 子系统功能

中央级 ISCS 提供乘客信息系统的信息源和编辑功能。这些信息包括由信号系统提供的列车到发信息、股票、新闻、天气预报、广告、通告及公益信息等。

(10)AFC 子系统功能

接收 AFC 客流信息，作为系统联动的重要参数。可以显示全线 AFC 系统的主要设备状态和报警信息。

(11)信号子系统功能

①根据列车运行图/时刻表、列车位置、各站联锁表自动生成并下达各站列车进路的控制命令。

②自动完成正线区段、车辆段的列车车次号的自动追踪。

③完成对列车基本运行图或时刻表的编制及管理，当发生偏差时，自动发出偏差报警并产生调整后的修改运行图。

④根据列车阻塞信息，可以经人工确认后启动列车阻塞模式。

⑤显示列车实时的实迹运营图信息，并可以通过 ISCS 提供的大屏幕显示。

⑥显示信号系统的关键设备状态及重要故障信息。

(12)通信子系统功能

①控制中心各调度员可通过调度电话系统与各车站、车辆段值班员以及与办理行车业务直接有关的工作人员进行(有线)调度通信。

②控制中心各调度员可通过专用无线通信系统与车辆段值班员、车站值班员(值班站长)及列车司机、现场运营和维护人员等有关用户进行无线通信。

③控制中心各调度员及其他人员可通过公务电话系统与城市轨道交通内部及外部人员进行公务联络，也可直接呼叫“119”、“110”和“120”等特服用户。

④在办公区提供城市轨道交通标准时间及日期的显示。

(13)ACS 子系统功能

中央级 ISCS 与 ACS 子系统互联，实现对全线 ACS 系统主要设备状态、重要房屋门状态、主要报警信息的监视。

15.3 中央控制室

调度大厅配置各专业调度设备(由行车调度台、行车调度辅助工作站、电力调度工作站、环境调度工作站、维修调度工作站以及总调度工作站组成)、大屏幕显示、各编辑工作站、各种电话机、时钟等设施。见图 15-2、图 15-3。

图 15-2　中央控制室

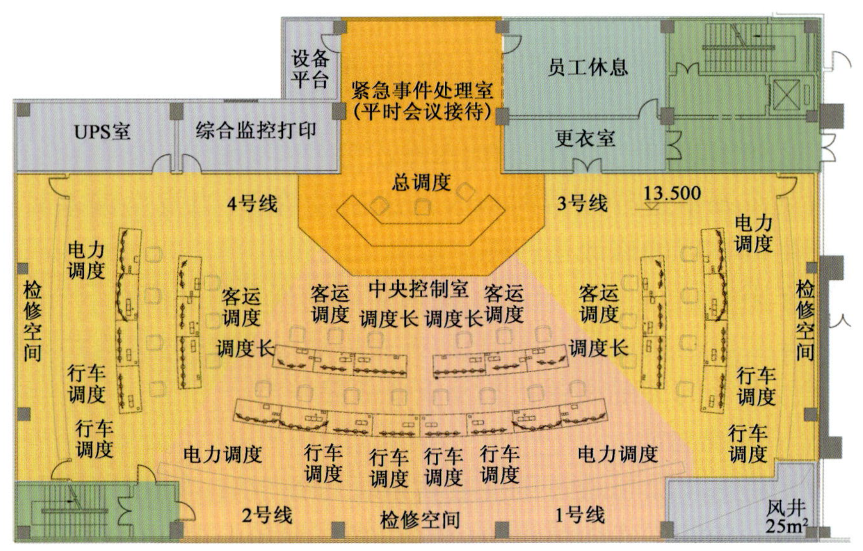

图 15-3　控制中心中央控制室布置示例

(1)行车调度工作台

实现信号 ATS 子系统功能,监控列车运行状况及信号设备状态。

(2)行车调度辅助工作站

实现对 PA、CCTV 等子系统的操控,显示全线列车运行状态和关键信号设备状态及重要报警信息;实现全线进站广播和进路广播;实现列车运行和乘客的图像信息监视。

(3)电力调度工作站

实现对 SCADA、CCTV 等子系统的操控,自动或手动完成对高压、中压、低压设备的遥测、遥信和遥控,具有紧急断电功能;实现电力视频监视。

(4)环境调度工作站

实现对SFA子系统设备的监视、BAS子系统的操控,自动或手动完成对消防设施、防烟排烟设备、机电设备、环境监控、阻塞模式等的监视和模式控制,对关键设备可以实现点控;实现防灾广播、防灾监视等。

(5)维修调度工作站

自动或手动完成对各子系统发送的主要设备报警信息、维修信息的收集和管理,做好维护管理工作;组织指挥定期或临时的现场设备维修工作;针对各种可能发生的突发事件,编制事故抢修、灾害救援方案;由突发事件触发调出相应处理预案,快速处理故障,减轻故障及灾害影响范围。

(6)总调度工作站

对PA和CCTV具有操控功能。正常情况下,总调度负责SISC各子系统的调度管理工作,协调相关调度台之间的配合工作,监视各系统设备的运行状态和各调度台工作状态。当火灾发生时,根据现场的实际情况制订相关的应急处理措施,及时决策,并监督防灾指挥台完成各项程序,有效指挥。在阻塞发生时,本台为ISCS指挥台,根据现场的实际情况制订相关的应急处理措施,协调各业务台间的工作,及时决策、有效指挥。

(7)PIS信息编辑工作站

显示PIS子系统的运行状态,查询历史运行记录,编辑播出时间表,控制下装各种媒体文件,修改预定义信息等;编辑ISCS给PIS子系统提供的各种信息。

(8)综合显示屏系统

控制中心设置综合显示屏,动态显示各变电所开关位置及接触网带电状态;显示全线火灾报警设备状态及报警信息,显示通风空调设备状态,显示各种机电设备状态;动态显示CCTV画面;通过与信号ATS在中央接口显示全线列车的运行情况和信号设备状态;可以灵活定义显示内容及显示窗口,支持多屏幕拼接显示方式。

15.4 控制中心选址与规模

控制中心的选址和建设规模应遵循以下基本原则:

(1)控制中心建筑选址应结合城市轨道交通线路网的规划通盘考虑,一般宜建设在线路中间或多线换乘车站附近。

(2)控制中心建筑规模应以满足多条线路调度指挥功能能力为依据,按资源共享原则,有效地利用人力、物力和土地资源。

(3)城市轨道交通有限公司、运营公司、工程建设部门等组织机构可与控制中心统一选址、共同建设,以有效利用地理资源。

参 考 文 献

[1] 中华人民共和国国家标准. GB 50157—2003 地铁设计规范[S]. 北京:中国标准出版社,2003.

[2] 中华人民共和国行业标准. 建标 104—2008 城市轨道交通工程项目建设标准[S]. 北京:中国计划出版社,2008.

[3] 中华人民共和国行业标准. CJJ 96—2003 地铁限界标准[S]. 北京:中国计划出版社,2008.

[4] 中华人民共和国行业标准. TB 10002.1—2005 铁路桥涵设计基本规范[S]. 北京:中国铁道出版社,2005.

[5] 中华人民共和国行业标准. TB 10002.3—2005 铁路钢筋混凝土和预应力混凝土结构设计规范[S]. 北京:中国铁道出版社,2005.

[6] 中华人民共和国行业标准. TB 10003—2005 铁路隧道设计规范[S]. 北京:中国铁道出版社,2005.

[7] 中华人民共和国行业标准. YB 9258—97 建筑基坑工程技术规范[S]. 北京:冶金工业出版社,1997.

[8] 中华人民共和国行业标准. JGJ 120—99 建筑基坑支护技术规程[S]. 北京:中国标准出版社,1999.

[9] 中华人民共和国国家标准. GB 50009—2001 建筑结构荷载规范[S]. 北京:中国建筑工业出版社,2002.

[10] 中华人民共和国国家标准. GB 10411—2005 城市轨道交通直流牵引供电系统[S]. 北京:中国标准出版社,2005.

[11] 中华人民共和国行业标准. TB 10006—2005 铁路运输通信设计规范[S]. 北京:中国铁道出版社,2005.

[12] 中华人民共和国国家标准. GB/T 12758—2004 城市轨道交通信号系统通用技术条件[S]. 北京:中国标准出版社,2005.

[13] 中华人民共和国行业标准. TB 210007—2006 铁路信号设计规范[S]. 北京:中国铁道出版社,2006.

[14] 中华人民共和国国家标准. GB 50019—2003 采暖通风与空气调节设计规范[S]. 北京:中国计划出版社,2004.

[15] 中华人民共和国国家标准. GB 50016—2006 建筑设计防火规范[S]. 北京:中国标准出版社,2006.

[16] 中华人民共和国国家标准. GB 50490—2009 城市轨道交通技术规范[S]. 北京:中国建设工业出版社,2009.

[17] 中华人民共和国国家标准. GB 50086—2001 锚杆喷射混凝土支护技术规范[S]. 北京：中国计划出版社,2004.

[18] 中华人民共和国行业标准. TB 10121—2007 铁路隧道监控量测技术规程[S]. 北京：中国铁道出版社,2007.

[19] 中华人民共和国国家标准. GB 50108—2008 地下工程防水技术规范[S]. 北京：中国计划出版社,2009.

[20] 中华人民共和国国家标准. GB 50015—2003 建筑给水排水设计规范(2009 年版)[S]. 北京：中国计划出版社,2010.

[21] 王梦恕. 中国隧道及地下工程修建技术[M]. 北京：人民交通出版社,2010.

[22] 施仲衡. 地下铁道设计与施工[M]. 西安：陕西科学技术出版社,1997.